JN436876

책의 길, 소원의 길

汎友 尹炯斗 文集 XII

책의 길, 소원의 실

윤형두

| 책머리에 |

일제 강점기지만 일본글을 알면서부터 책을 알게 되었고, 책을 읽기 시작하면서부터 많은 책을 갖고 싶어졌다.

만화책부터 동화책들을 사모아 놓고, 읽고 싶은 책을 이것저것 읽었다.

그러면서 책을 한없이 소유하고 싶었고, 읽고 싶은 책을 마음껏 읽는 것이 바라는 꿈이었고 소망이었다.

학교 교과서부터 대본점에서 빌려보는 책을 읽으면서 학창시절을 보냈다. 대학에 들어가서는 고학을 하느라 잡지사 견습기자가 되어 책을 만드는데 교정을 보고 제작을 배우고 책을 읽는 것을 권하는 영업도 하고 한때는 고서점 점원도 하였다. 책과 더불어 시간과 세월을 보내며 살아온 것이다.

나는 책으로 세상을 바로잡고 싶었다. 독일이 레크람문고를 비롯한 책을 앞세워 통일을 이뤘듯이 우리나라도 단일민족으로 단일 언어인 한글을 기본으로 통일을 이룩해보겠다는 소망을 버리지 못하고 있다. 사무실 나의 자리에 가장 가까운 곳에 출판입국(出版立國, 출판으로 나라를 세운다)이라는 액자와 독민제세(讀民濟世, 글 읽는 백성이 세상을 이끈다)라는 액자들을 걸어놓고 책과 더불어 한 평생을 살아가야겠다는 다짐을 하고 있다.

나는 그 바람 속에서 지금도 책의 길, 출판의 길을 걸어가며 출판과 관계되는 일을 즐겁게 하고 있다. 그 길이 나의 소원의 길이기 때문이다. 지금도 훌륭한 출판사를 갖고 책을 만드는 것이 나의 소원이요, 귀한 우리 고전을 찾아내서 그것을 갖고 자랑하는 것이 나의 소원이며, 또한 책을 좋아하는 사람들과 어울려 담소하고 앞으로도 그런 시간이 이어지기를 바라는 것이 나의 소원이다.

그 많은 책을 읽은 것 중에 내가 살아가는데 참다운 도리(道理)를 계시한 글은

"죽는 날까지 하늘을 우러러/ 한점 부끄럼이 없기를/ 잎새에 이는 바람에도/ 나는 괴로워했다./ 별을 노래하는 마음으로/ 모든 죽어가는 것을 사랑해야지./ 그리고 나한테 주어진 길을 걸어가야겠다./ 오늘 밤에도 별이 바람에 스치운다."는 윤동주 시인의 서시(序詩)이다.

또한 출판인으로서 살아가면서 마음 속 깊이 새겨놓은 좌표가 있다면, 백범 김구 선생이 쓰신 《백범일지》 속의 '나의 소원'이라 할 수 있다. 나의 소원은 늘 책 속에 있다. 그 소원을 하나하나 이룩해보고 싶다.

"오직 한없이 가지고 싶은 것은 높은 문화의 힘이다. 문화의 힘은 우리 자신을 행복하게 하고 나아가서 남에게 행복을 주기 때문이다."

그 문화의 바탕이며 근원이 되는 것이 출판이다. 나는 출판의 길

책의 길을 걸어오면서 나의 소원을 이룩하고 있다.

그 길을 걸어오면서 느끼고 또 말하고 써야 할 일들 중에서 남겨진 글들을 여기에 모이 보았다. 이것은 출판과 책을 아끼고 사랑한다는 다짐의 증표이며 상징이다. 한 권의 책이 사람의 운명을 바꾸며 사회를 정화하고 통일 국가를 이룩하여 선진국가의 문화인이 되겠다는 나의 신념과 소망이며 걸어온 길이요 걸어갈 길이다.

– 2020년 독서의 계절을 맞으며

| 차례 |

책의 길, 소원의 길

I 장 간행사와 권두언

II장 개회사와 축사

Ⅲ장 기사와 특별기고

Ⅳ장 대담과 인터뷰

V장 칼럼 및 기타

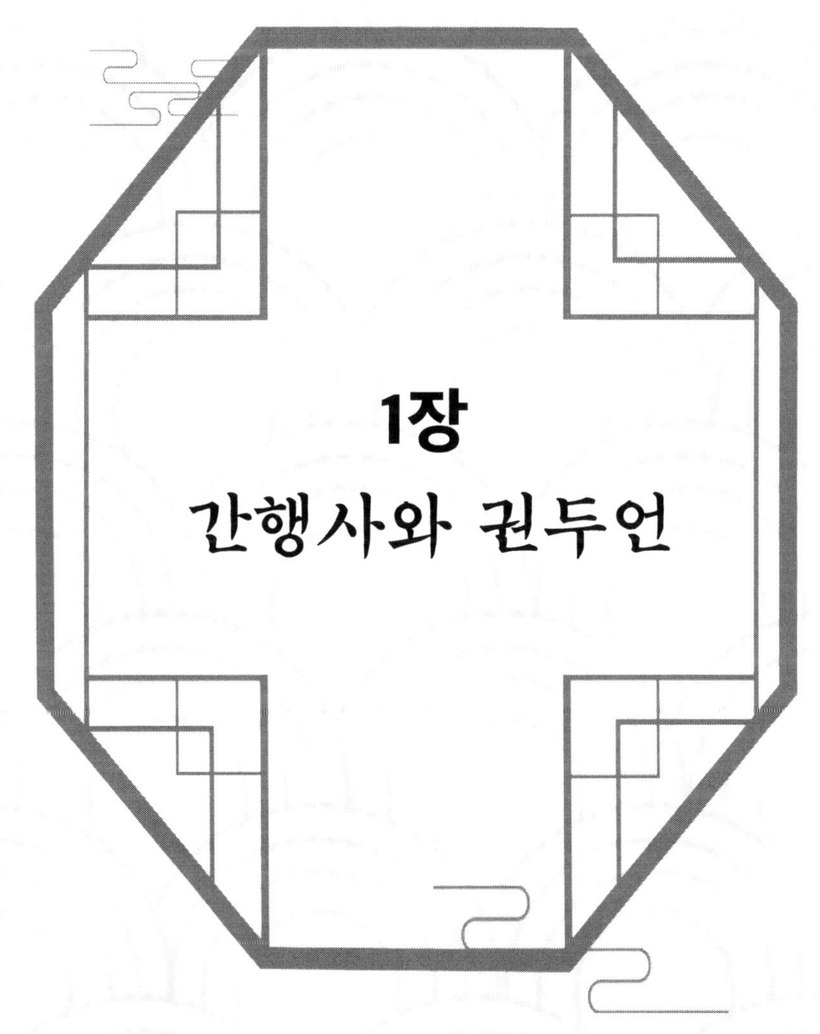

1장
간행사와 권두언

도쿄국제도서전 주제국 참가 결과보고서
— 2013 도쿄국제도서전을 마치고

한국이 주제국으로 참가한 '2013 도쿄국제도서전'(7. 3.~6.)이 성황리에 막을 내렸습니다. 무엇보다도 이번 주제국관 운영은 한일 양국의 소원해진 관계를 '책'을 통해 다시금 회복시킬 수 있는 계기가 되었을 뿐만 아니라, '책'과 '출판'의 본질적인 의미를 되새겨본 자리였기에 그 의미가 남달랐습니다.

특히 한국의 이번 주제국 선정은 아시아 국가 중 최초로, 그동안 도쿄국제도서전의 주제국이었던 프랑스, 네덜란드, 이탈리아, 독일, 이집트, 사우디아라비아, 스페인 등에 이어 출판강국 일본에서 우리의 도서를 비롯한 각종 문화행사를 펼칠 수 있는 기회가 되었기에 더욱 뜻깊었습니다.

한국은 이번 '2013 도쿄국제도서전'에서 국내 27개 사가 참가해 역대 최대 규모(500평방미터)로 마련한 한국관과 주제국관에서 부스를 운영했으며, 한민족의 정서와 문화를 담은 다양한 주제의 특별전과 부대행사를 진행함으로써 한국출판의 위상을 공고히 다지는 계기가 되었습니다. 무엇보다도 여러 어려운 상황 속에서도 주제국관 운영의 뜻과 의미를 십분 이해하시어 기꺼이 부스를 운영하시고, 또 여러모로 동참해주신 참가사와 관련 단체에 진심으로 감사드립니다.

출판협회의 '2013 도쿄국제도서전'에서의 주제국(주빈국)관 운영은 방콕국제도서전(2004년), 타이베이국제도서전(2005년), 프랑크푸르트도서전(2005년), 볼로냐아동도서전(2009년), 아부다비국제도서전(2011년), 베이징국제도서전(2012년)에 이어 일곱 번째입니다. 이에 앞서 지난 2008년에는 출판계의 문화올림픽으로 명명되는 국제출판협회(IPA) 총회를 서울에서 개최했으며, 총회 기간을 서울국제도서전 기간과 연계시킴으로써 서울국제도서전의 위상을 공고히 다지는 기회로 삼았습니다.

아울러 같은 해 처음으로 서울국제도서전에서 '주빈국 제도'를 도입해 초대 주빈국 중국을 비롯해 일본과 프랑스, 사우디아라비아에 이어 올해 인도와 컬처포커스로 참여한 캐나다에 이르기까지 매해 주빈국을 초청함으로써 주빈국으로 선정된 국가가 개최하는 각종 문화행사를 통해 국내 독자들을 비롯한 출판인들에게 세계 각국의 특화된 출판 정보를 파악해볼 수 있는 자리를 마련하고 있습니다. 또한 출협은 지난 2004년부터 시작해 근 10년 동안 이어진 일곱 차례에 걸친 국제도서전에서의 성공적인 주빈국관 운영으로 한국 출판의 위상 제고는 물론, 한국 도서와 한국 문화의 경쟁력을 높이는 데 기여하고 있습니다.

아울러 내년에는 한국이 지난 2005년에 주빈국으로 참여한 프랑크푸르트도서전에 이어 유럽의 양대 북페어로 꼽히는 런던도서전의 마켓 포커스(주빈국)로 참여함으로써 세계 주요 도서전(프랑크푸르트도서전, 볼로냐아동도서전, 베이징국제도서전, 도쿄국제도서전, 런던도서전)의 주빈국이라는 또 하나의 기록을 세우게 되었습니다.

'한일 양국을 잇는 출판의 전통과 현대와의 만남'이라는 콘셉트 아래 펼쳐진 이번 주제국관에는 필담창화筆談唱和 일만리一萬里, 한국의 세계기록유산, 한국미韓國美의 원형을 찾아서, 한일韓日 출판교류전을 중심으로 한 특별전과 '디지털 시대, 왜 책인가?'를 주제로 한 좌담회를 통해 국경과 시대를 초월한 '책'의 가치와 중요성을 짚어 봤으며, 한일 양국의 출판인들이 한자리에 모여 자국의 출판시장과 성공적인 번역출판 사례를 나눈 '한일 출판포커스 2013'을 통해 양국 번역출판물의 발전적인 개선방안을 모색해 보았습니다. 특히 양국의 출판이 함께해 온 과거와 현재를 조선통신사와 번역도서로 재조명해본 '필담창화 일만리'와 '한일 출판교류전'에 관한 찬사가 이어지면서, 모든 관계가 '책'을 통해 소통하고 회복될 수 있다는 문화교류의 중요성을 일깨운 소중한 시간이었습니다.

아울러 이번 주제국관 운영은 참가사들을 비롯한 여러 출판인들이 양국 출판시장의 현황을 직접 보고, 듣고, 파악함으로써 향후 일본 출판시장 진출을 위한 구체적인 로드맵을 구상할 수 있는 계기가 되었다는데 그 의미가 크다 할 것입니다.

모쪼록 이번 〈2013 도쿄국제도서전 주제국 참가 결과보고서〉 발간을 통해 국내 출판사들의 국제도서전 참가와 출판협회의 주제국관(주빈국관) 운영의 의미를 되새겨보는 기회를 갖게 되어 매우 기쁘게 생각합니다. 아울러 보고서에 수록된 여러 프로그램을 원활히 진행하고, 성공적인 결과를 이끌어낼 수 있도록 협조해주신 참가사와 물심양면으로 후원해주신 문화체육관광부, 한국출판문화산업진흥원,

한국출판문화진흥재단, 네이버에도 깊이 감사드립니다.

또한 이번 '2013 도쿄국제도서전'의 주제국관 운영을 통해 이룬 여러 크고 작은 성과들이 마중물이 되어 한국 출판을 튼실히 세우는 계기가 되기를 바랍니다.

— 2013 도쿄국제도서전 주빈국 보고서 머릿글

(대한출판문화협회 회장 윤형두)

'역사는 기록으로 남기는 자의 것'
—《한국출판문화진흥재단 40년사》 발간사

재단법인 한국출판문화진흥재단이 지난 2009년에 창립 40주년을 맞이했습니다. 이에 즈음하여 우리 재단이 걸어온 발자취를 정리한 《한국출판문화진흥재단 40년사》를 펴내게 된 것을 매우 기쁘게 생각합니다. 우리 재단은 창립 15주년이 되었을 때까지의 연혁을 간략히 정리하여 《요람》을 발행한 일이 있었을 뿐, 오로지 본연의 과업에만 힘써왔습니다. 그러므로 우리 재단의 창립배경이나 걸어온 과정을 정리, 편찬한 것은 이번이 처음입니다. 따라서 40년의 역사를 정리한다는 책무를 완수한 기쁨과 더불어, 우리 재단의 존재 의의를 다시 한 번 되새겨보는 기회로 삼았습니다.

본인이 창립 40주년 기념사업으로 우리 재단의 발자취를 편찬할 것을 기획하고 이사회의 의결을 거쳐 자료수집과 정리에 착수한 것은 2008년 4월이었습니다.

우리가 이 40년사를 편찬하는 근본 취지는 '역사는 기록으로 남기는 자의 것'이라는 역사의식과 법고창신法古創新의 정신으로 그동안 우리가 해온 일들을 성찰함으로써 설립 당시의 목표와 자세를 가다듬는 한편, 우리에게 주어진 시대적 과업과 좌표를 모색하려는 데 참뜻이 있습니다. 이러한 작업은 급격하게 변화하고 있는 출판환경 속에서 우리의 위상을 보다 명확하게 확립하기 위해서도 매우 중요한 과제의 하나입니다.

우리 재단이 걸어온 역사를 올바로 평가하기 위해서는 적어도 50년에서 100년의 시간이 필요할지 모르겠습니다. 그러나 우리 재단의 설립을 발의하고 앞장서서 노력하셨던 많은 선배 출판인들이 이미 우리와 유명을 달리하고 있는 지금, 우리 재단에 대한 다각적인 사실들을 기록으로 남기는 일을 더 이상 늦춰서는 안 되겠다고 생각한 것입니다.

광복 이후 6 · 25 전쟁으로 나라 전체가 폐허가 되어버린 혹독한 상황에도 불구하고 우리 선배 출판인들은 장기적이고 종합적인 출판산업 발전을 도모하는 지혜를 발휘하였으며, 그러한 이상(理想)과 미래를 개척하기 위한 끊임없는 심사원려(深思遠慮)와 절차탁마(切磋琢磨)가 있었기에 오늘의 역동적인 출판산업을 이룩할 수 있는 공고한 기반이 마련될 수 있었습니다. 그러한 결실 가운데 하나가 우리 재단의 탄생인 것입니다. 이 40년사가 사단법인 한국출판금고를 탄생시키기까지의 배경과 과정에 큰 의미를 두고 자세히 기록한 것은 그러한 이유에서였습니다.

재단법인으로 개편하는 과정에서 정부의 지원을 받으면서도 자율적인 운영이 가능한 제도와 체제를 확보하고자 끈질긴 노력을 경주한 일이나, 250여억 원의 기금을 조성하기까지 선공후사(先公後私)의 봉사정신으로 노심초사하며 근검절약한 역대 임원들의 노고와 자세

또한 우리의 귀감으로 삼아야 할 소중한 교훈입니다.

이와 같은 선배 출판인들이 업계의 공동 발전을 위해 쏟았던 투철한 출판 철학과 뜨거운 열정, 그리고 순수한 의지를 우리는 이 40년사의 편찬을 통하여 후세에 계승, 전달함으로써 출판산업의 당면한 과제들을 슬기롭게 극복할 지혜와 불굴의 정신을 가다듬는 계기가 되었으면 합니다. 이제 우리는 이러한 창업 세대들의 정신을 우리 출판의 전통으로 이어가고자 노력해야 할 것입니다.

또한 우리나라에서 활동하고 있는 많은 출판단체들의 기능과 역할이 매우 다채로운 가운데, 우리 재단은 유일하게 출판자금 지원사업을 통하여 출판산업의 경영 기반을 공고히 하는 구실을 충실히 수행함으로써 출판문화의 향상을 기하고 출판산업 성장에 이바지하고 있습니다. 따라서 이 40년사는 우리 재단의 노력으로 출판사들이 어떻게 안정적인 발전을 이룩할 수 있었는가를 살펴봄으로써 또 다른 측면을 구축하는 디딤돌이 될 수도 있었지 않았는가 하는 자료적 가치로서도 큰 의미가 있다고 봅니다.

다시 한 번 오늘이 있기까지 우리 재단이 발전을 위해 앞장서서 격려와 협조를 아끼지 않으신 선배출판인 등 각계 출판인 여러분의 성원에 감사를 드립니다. 아울러, 40년사의 집필을 담당했던 이두영 교수를 비롯하여 원고를 꼼꼼히 살펴주신 편찬위원 및 사무국에 대해서도 이 자리를 빌려 감사의 말씀을 드립니다.

감사합니다.

2010년 3월

(재단법인 한국출판문화진흥재단 이사장 윤형두)

‘책을 펼치면 미래가 보인다’
— 2012 서울국제도서전 개막식 개회사

존경하는 국내외 귀빈 여러분 반갑습니다.

오늘 최광식 문화체육관광부 장관님을 비롯한 책을 사랑하시는 내빈을 모시고 책의 축제인 ‘2012 서울국제도서전’의 개막을 알리게 됨을 매우 영광스럽게 생각합니다.

특히 금년에는 수교 50주년을 맞는 주빈국인 사우디아라비아를 비롯한 세계 20여 개국에서 오신 많은 분들을 진심으로 환영하는 바입니다.

또한 이번 행사를 후원해주신 문화관광부와 코엑스 그리고 문화방송에 감사를 드립니다.

특히 금년은 여러 정치적인 행사와 여수 엑스포, 런던올림픽 등 다양한 행사가 중첩되어 있는데도 도서전에 참석해주신 국내외 560개사의 문화 단체와 출판사에게 이 자리를 빌려 진심으로 감사의 말씀을 드립니다.

본 도서전은 1954년 ‘서울도서전’이라는 이름으로 시작하여 1995

년부터 '서울국제도서전'으로 확대하여 출판산업의 경쟁력 강화와 독서하는 사회 분위기 조성에 기여해왔습니다.

2012년 서울국제도서전의 슬로건은 '책을 펼치면 미래가 보인다'입니다. 실제 우리 민족은 '책'을 통해 얻은 지혜와 지식으로 오늘의 대한민국을 일궈냈습니다. 이는 한국 출판의 근간을 이룬 책을 통해 외세의 침략을 막고 독립도 쟁취하였으며 민주화와 근대화도 이룩하였습니다. 이러한 과정을 거치면서 책은 한국 출판의 튼실한 역사가 되었습니다. 이에 이번 도서전에서는 한국의 금속활자와 한글판본, 그리고 고서의 의미와 가치를 살펴볼 수 있는 특별전을 마련하여 우리의 찬란한 기록문화의 우수성을 다시 한 번 되새겨보고자 합니다.

아무쪼록 책을 매개로 독자와 저자가 만나는 행복한 책 축제의 장, 국내외 출판 관계자들이 활발히 자사의 책을 알릴 수 있는 열린 홍보의 장, 비즈니스 역할을 수행하는 의미 있는 저작권 거래의 장이 되기를 바랍니다.

오늘부터 시작해 닷새 동안 진행되는 특별전과 북멘토 프로그램, 출판세미나 등 책을 통해 생산된 다양한 문화행사를 경험함으로써 우리의 과거와 현재, 그리고 미래를 여는 '책'의 가치와 의미를 재확인하는 소중한 시간이 되시길 바랍니다.

또한 돌아오는 8월 29일부터 중국 베이징에서 한국이 주빈국인 베이징도서전이 열립니다. 많은 성원 부탁드립니다.

끝으로 이 자리에 참석해주신 여러분의 건승을 기원하며, 끊임없는 책 사랑을 부탁드립니다. 감사합니다.

2012년 6월

(대한출판문화협회 회장 윤형두)

2012 베이징국제도서전 주빈국 참가 결과보고서
— 대한출판문화협회 회장 윤형두

지난 9월 2일, 한국이 주빈국으로 참여한 2012 베이징국제도서전이 성황리에 막을 내렸습니다. 한국의 이번 주빈국 선정은 한중 수교 20주년을 기념해 이루어진 중국 측의 초청이었기에 더욱 뜻깊었습니다. 아울러 자국의 도서 전시뿐만 아니라 문화를 알릴 수 있는, 국제도서전에서의 주빈국관 운영이 갖는 의미를 십분 이해해주신 여러 출판인들과 관련 단체의 적극적인 참여와 성원으로 진행된 사업이었기에 그 의미가 남달랐습니다.

이번 2012년 베이징국제도서전에서 한국은 역대 가장 많은 72개 출판사가 참가해 부스를 꾸밈으로써 한국 출판의 입지를 확고히 다졌으며, 도서전 개최 기간 동안 참가사들은 4천여 건의 저작권 상담을 진행함으로써 작년 대비 2.5배 상승의 저작권 계약 실적을 기록하였습니다. 무엇보다도 이 같은 성과를 이룬 데는, 어려운 출판 환경 속에서도 본 도서전에 참가해 책을 통한 문화사절단으로서의 면모를 성실히 수행해주신 여러 출판인들의 협조가 주효했기에 이 자리를 빌려 심심한 감사의 말씀을 드립니다.

출협의 이번 2012 베이징국제도서전에서의 주빈국관 운영은 방콕국제도서전(2004년), 타이베이국제도서전(2005년), 프랑크푸르트도서전(2005년), 볼로냐아동도서전(2009년), 아부다비국제도서전(2011년)에 이어 여섯 번째입니다. 이에 앞서 지난 2008년에는 출판계의 문화 올림픽으로 명명되는 국제출판협회(IPA) 총회를 서울에서 개최했으며, 총회 기간을 서울국제도서전 기간과 연계시킴으로써 서울국제도서전의 위상을 공고히 다지는 기회로 삼았습니다. 또한, 같은 해에 처음으로 서울국제도서전에서 '주빈국 제도'를 도입해 초대 주빈국으로 중국을 초청하였고, 이 같은 인연으로 한중 수교 20주년이 되는 올해, 한국이 2012 베이징국제도서전의 주빈국으로 초청받게 되었습니다.

출협이 서울국제도서전에 '주빈국 제도'를 도입해 시행한 지도 올해로 벌써 5년째입니다. 초대 주빈국 중국을 비롯해, 일본과 프랑스 그리고 올해 사우디아라비아를 주빈국으로 초청해 운영함으로써 주빈국으로 선정된 국가가 벌이는 각종 문화행사를 통해 국내 독자들을 비롯한 출판인들에게 세계 각국의 특화된 출판 정보를 파악할 수 있는 자리를 마련하고 있습니다. 아울러 출협은 지난 2004년부터 시작해 올해까지 이어진, 여섯 차례에 걸친 국제도서전에서의 성공적인 주빈국관 운영을 통해 한국 출판의 위상 제고는 물론, 한국 도서와 한국 문화의 경쟁력을 높이는 데 기여하고 있습니다.

또한 이번 2012 베이징국제도서전에서 '한글 IT, 그리고 기록문화와의 만남'이라는 주제 아래 한국 출판의 대표 콘텐츠인 '한글'을 주제로 한 다양한 전시를 비롯해, IT 강국의 면모를 보여준 '전자출판물', 한국의 우수한 출판 문화의 근간을 확인할 수 있는 '유네스코 세계 기록유산전' 등을 운영함으로써 세계 각국의 출판인들에게 한국 출판의 우수성을 널리 알렸습니다. 그리고 본 도서전의 주최 측이자 한국의 최대 저작권 수출국인 중국과 연계한 세미나와 저자와의 만남 및 토론회, 각종 교류 프로그램을 진행함으로써 한중 양국의 관계를 돈독히 다지는 기회를 가질 수 있었습니다.

무엇보다도 참가사들이 이번 2012 베이징국제도서전을 통해 거둔 저작권 거래 실적은 한국 출판의 가능성을 다시 한 번 확인시켜준 상당히 고무적인 일이었습니다. 또 이번 도서전을 통해 사회주의 국가인 중국과의 원활한 저작권 거래 유지를 위해 세심히 챙겨야 할 보고 방안 마련의 필요성을 점검한 점과 중국 출판시장 진출을 위한 구체적인 로드맵 구상에 필요한 여러 정보를 수집할 수 있었던 것은 한국 출판이 이번 도서전 참가를 통해 얻은 가장 큰 성과라 할 수 있을 것입니다.

아울러 이번 2012 베이징국제도서전에서의 성공적인 주빈국관 운영을 통해 한국 출판인들은 한중 양국의 경제 교역에 이어 문화 교역을 이끈 견인차 역할을 했으며, 이는 곧 2012년 한국 출판이 이룬 가장 큰 업적으로, 향후 '출판 한류'의 맥을 튼실히 다지는 중요한 디딤돌이 되리라 확신합니다.

모쪼록 〈2012 베이징국제도서전 주빈국 참가 결과 보고서〉 발간을 통해 각 출판사들의 국제도서전 참가와 출협의 주빈국관 운영의 의미를 되새겨보는 기회를 갖게 되어 매우 기쁘게 생각합니다. 더불어 보고서에 수록된 여러 프로그램을 원활히 진행하고, 성공적인 결과를 이끌어내기까지 물심양면으로 성원해주신 여러 출판인들에게 감사드립니다. 또한 주빈국 사업을 후원해주신 문화체육관광부, 한국출판문화산업진흥재단, 경기도와 파주시, 천재교육, NHN(네이버), 서울북클럽, 범우사와 '한중 출판인 · 서점인 교류' 사업을 후원해주신 7대 서점(교보문고 · 예스24 · 인터파크 · 알라딘 · 영풍문고 · 서울문고 · 리브로)에도 심심한 감사의 뜻을 전합니다. 이번 2012 베이징국제도서전을 통해 이룬 크고 작은 성과들이 침체된 한국 출판시장의 활로를 여는 중요한 마중물이 되기를 기원합니다.

2012 베이징국제도서전 주빈국 조직위원회 위원장

대한출판문화협회 회장 윤형두

한국출판학회 30년사는 미래를 위한 터닦기
—《한국출판학회 30년사》 발간사

한국출판학회는 1969년 3월에 한국출판연구회라는 동호인회로 출발하여 그 석 달 뒤인 6월 22일에 회원 9인으로 창립하였다. 올해로 31주년을 맞으면서 학회 창립 30주년을 갈무리하는 30년사를 발간하게 되었다.

한국출판학회가 걸어온 30년은 굴곡의 역사이다. 어느 때는 맥이 끊기기도 하였고 그러면서도 그 명맥을 면면히 이어오면서 오늘에 이르렀다. 그러나 한국출판학회의 융성기는 아직 없었다. 창립 이후 20년간 회장을 맡아오셨던 남애 안춘근 선생의 탁월한 영도력과 혼신의 애정이 이만큼이라도 명맥을 이어올 수 있는 원동력이 되었다.

창립 당시 안춘근 선생께서는《출판학》제1집의 권두언에서 "출판이 학(學)으로서 정립되었다기보다 학문적인 연구의 대상이 된 지가 오래지 않다. 따라서 선진국에서조차도 출판 과정을 거쳐서 비로소 이루어지는 도서의 수집 보존에 보다 비중이 무거운 도서관학만큼의 인식도 되어 있지 않을 뿐더러 역시 출판 과정의 일부에 지나지 않는 인쇄학은 알아도 출판학에는 외면하는 실정이다"라고 서술하였다. 그만큼 30년 전의 한국 출판계는 출판을 학으로 보는 시각이 전혀 없었던 것이다. 이웃 나라 출판 신진국인 일본도 우리와 같이 같은 해 일본출판학회가 창립되었는데 양국의 출판학회가 세계 최초의 출판학 연구 단체로 창립된 셈이다.

돌이켜보면, 본 한국출판학회 30년사는 우리나라의 출판학 연구사와 궤(軌)를 같이 하고 있다고 할 수 있다. 지난 30년을 통하여 출판 이론을 학문적으로 체계화하고 타 학문과 동등한 반열에 올려놓기 위해 부단한 노력을 기울여왔다. 그것은 미개발에 대한 땀의 도전이었고 하나의 소중한 문화운동이기도 했다. 그동안 출판학의 인접학문인 도서관학은 문헌정보학이라는 새로운 영역으로 그 기능이 차차 바뀌면서 출판사(出版史)와 횡적 맥을 같이하는 서지학 분야가 축소되고, 인쇄학은 급속도로 변하는 전자출판이란 기능의 물결에 따라 학문적인 정착보다는 기능에 치중하는 방향으로 흐르는 것 같다.

그러나 출판학은 30년 동안 우여곡절 속에서도 기대에는 못 미쳤지만 무에서 유를 창조하는 개척의 길을 걸어왔다.

한국출판학회를 창립할 당시만 해도 전국에 한 곳도 출판학을 강의하고 연구하는 기관이 없었다. 그 후 특수대학원에 8개의 출판 · 잡지 전공 강좌가 개설되었고, 13개 전문대학 과정에 출판 관련 학과가 생겼다. 그리고 출판학을 전공한 석 · 박사만도 150여 명이 넘는 괄목할 만한 성장을 가져왔다.

연구지도 초창기에는 현암사에서 용지를 원조받고 안춘근 회장이 인쇄업계와 제본업계의 협조를 받아 학회지인 《출판학(出版學)》을 발간하였다. 비록 국판 100쪽 이내의 학회지였지만 '한국 출판 세시론', '출판경영론' 등 알찬 내용으로 채워졌다. 이렇게 부정기 간행물로 19집까지 펴내오다가 1974년 8월 20일 정기간행물인 계간지 등록을 마치고 3호(1974년 12월 20일 발행)를 발간한 후 이어가지 못하고 폐간하고 말았다. 학회지의 발간이 7년간이나 중단되었다가 안춘근 회장이 1981년 6월에 정화인쇄소에 도움을 받아 《출판학논총(出版學論叢)》을 발행하였다.

그 후 1981년, 중앙대학교 신문방송대학원에 출판 잡지 과정이 생겨 안춘근 선생님이 출판학 강의를 맡으시고 이정춘 박사께서 교학부장을 겸해서 출판 잡지 전공 주임교수를 맡으셨다. 이러한 환경과 계기가 바탕이 되어 출판을 학문적으로 탐구하겠다는 대학원생들이 이어지면서 다시 한국출판학회가 재건하게 된 것이다.

학회지도 《출판학연구(出版學硏究)》라는 이름으로 24집부터 한 호도 거르지 않고 통권 41호를 발행하였다.

그동안, 월례 연구발표회를 비롯한 학술발표회도 100여 회에 달하였으며, 1984년 10월 13일에는 한 · 일 출판학회의 공동제의로 국제출판학회를 서울 출판문화회관에서 결성하고, 1985년 8월 20일에는 일본 도쿄 일본서적출판회관에서 제2회 국제출판학술회의를, 1987년 10월 24일에는 서울 아카데미하우스에서 제3회 국제출판학술회의를 개최하였다.

제4회는 일본의 도쿄, 제5회는 한국의 서울, 제6회는 중국의 베이징, 이렇게 한 · 중 · 일을 중심으로 2년마다 한 번씩 국제출판학술회의가 이어져가고 있다. 제7회는 필리핀의 마닐라, 제8회는 일본의 도쿄, 제9회는 말레이시아의 쿠알라룸푸르에서, 내년에 열릴 제10회는 국제학술회의의 종주국인 한국에서 개최하게 되었다.

그리고 한 · 중 · 일 3국은 출판학술 교류를 정기 또는 부정기적으로 연속성을 가지고 계속하고 있다. 또한, 공식적인 학술교류 이외도 상호 방문과 학술지를 통한 정보 교환과 미래지향적 논의 등을 활발히 전개하고 있다.

또, 본 학회는 어느 연구단체나 학술단체보다 빠르게 1991년 5월에 사단법인으로 등록되어 명실공이 법적으로도 공인받게 됐다. 한국출판학회가 사단법인체로 거듭날 때 한승헌 명예회장께서 기여하신 일 또한 오래 기억해야 할 것이다. 그런 가운데 본 학회는 국제적으로도 공신력이 가장 높은 학회로서의 위상을 인정받고 있다.

또한, 출판학과 출판관계 분야에 이바지한 인사나 도서를 엄선하여 표창하는 한국출판학회상 시상제도는 그 공정성과 공평성에 있어 어느 시상보다 높게 평가받고 있다. 제1회 자형(字型) 도안가였던 최정호 씨를 비롯하여 제20회에 걸쳐 40여 명에게 수여했는데, 그분들은 모두 수상에 걸맞게 한국 출판계와 출판학계를 위해 헌신한 분들이다.

이제 출판학이 학문으로서의 가치 구축의 토대에 산학협동이라는, 더 나아가서는 산학공존이라는 대전제 하에서 출판업계와의 공생적인 기틀을 마련해야 할 것이다. 그동안 출판학은 나름대로 학문적 이론을 가지고 많은 결과물을 양산해냈다. 그러나 출판 현업이 그것을 수용할 자세를 가지고 있지 않을 뿐만 아니라, 출판학을 출판업에 접목시키는 노력을 서로가 기울이지 않았다는 것도 사실이다. 모든 산업은 학문적 이론이 기본이 되어야 한다. 어느 산업도 이론적 바탕이 없이는 존재할 수 없다. 그동안의 산업사회가 그것을 증명하고 있다.

그러므로 이제 학문적으로 어느 정도 정립을 하고 정신적으로 무장된 출판학도들이 현업에 들어가 각 분야의 책임을 맡아서 한국 출판 풍토를 개선하는 첨병(尖兵)이 되어야 할 것이다.

이러한 임무를 새로운 천년을 여는 이 시점에서 우리 한국출판학회 회원들은 그것을 깊이 인식하고 무거운 책임과 더불어 중대한 사명감을 가져야 할 것이다.

우리 한국출판학회는 30년의 짧지 않은 역사를 쌓아왔다. 그러나 아직 출판학회의 르네상스는 없었다. 앞으로 10년, 20년의 자랑스러운 미래가 없을 때는 지나온 30년이 무가치한 허송세월로 치부되고 만다. 그러나 앞으로의 업적이 빛날 때 지난 과거는 더욱 돋보이게 될 것이다. 역사는 전진 속에서만이 또 하나의 새로운 역사를 창출해 내기 때문이다. 앞으로 한국출판학회의 50년사, 60년사를 발간할 때는 분명 한국출판학회의 절정기인 황금기가 올 것이다. 지금 출판학회의 중추적인 역할을 하는 회원이나 또는 새롭게 출판학에 입문하는 인재들을 볼 때, 그것은 명약관화한 현실로 다가오리라 본다. 그들을 위한 터 닦기로 이 30년사를 엮어내는 것이다. 이 30년사는 왜곡되거나 거짓이 첨삭된 허위의 기록이 아니라 진실의 기록이다.

추호라도 사실의 기록이 아니라 과장되거나 어느 한 사람의 주관이나 견해에 편중된 것이어서도 안 된다. 그런 면에서 본 30년사 편찬위원회 이종국 위원장을 비롯한 편찬위원들의 노고가 더욱 컸음을 감사드리는 바이다. 아울러, 출판학회 사무국장인 김기태 박사와 원고를 주신 회원님과 권호순 간사에게도 감사드리며, 편집을 맡아 진행해준 윤아트의 식구들에게도 감사드린다. 또한, 학회의 행사나 학회지 30년사 발간에 협찬해주신 여러분에게도 진심으로 감사를 드린다.

— 2000. 12월

(사) 한국출판학회 회장 윤형두

책, 사람 그리고 미래와 함께하는 축제
— 2013 서울국제도서전 개최에 앞서

국내 최대 규모의 책 축제인 '2013 서울국제도서전'이 오는 6월 19일부터 23일까지 서울 삼성동 코엑스에서 개최됩니다.

'책, 사람 그리고 미래와 함께하는' 표어를 내건 이번 서울국제도서전은 '책 제작의 원재료인 나무로부터 만들어진 책이 사람의 꿈을 키워 미래를 일군다'는 콘셉트를 모토로 하고 있습니다. 이를 위해 '책'을 만드는 활자와 아름다운 책, 그림책, 일러스트, 북아트 등을 주제로 한 특별전과 북멘토, 저자와의 대화, 인문학 아카데미 등이 부대행사로 열리며, 그 외 새로운 출판형태로 자리매김 되고 있는 독립출판물의 흐름을 살펴볼 수 있는 특별전도 진행됩니다.

특히 '조선 활자책 특별전'을 통해서 조선 초기의 활자인 계미자에서부터 구한말의 연활자에 이르는 100여 종의 옛 활자본을 전시하며, 김동리 탄생 100주년 기념특별전을 통해 한국문학의 거장인 김동리 선생의 육필원고와 관련 유품을 살펴볼 수 있는 자리를 마련합니다. 그 외 볼로냐아동도서전의 연계프로그램인 '주제가 있는 그림

책', 신진 일러스트레이터들의 작품을 전시하는 '일러스트레이터스 월(Wall)', 소형 출판사들의 전시공간인 '독립출판물 전시', '북아티스트 5인의 특별전' 등도 선보입니다.

아울러 박범신, 이승우, 이인화, 조경란, 신달자, 함민복, 원재훈 등 30여 명에 이르는 유명작가와 명사가 '저자와의 대화', '인문학 아카데미', '북멘토 프로그램'을 통해 독자들과 만납니다.

국내의 다양한 특별전과 부대행사 외에 20여 개국에 이르는 세계 각국의 책과 출판 동향을 살펴볼 수 있는 문화행사도 진행됩니다. 주빈국 인도가 준비한 세미나와 강연, 음식문화 체험 프로그램 등은 이국적인 인도의 문화와 특성을 이해하는 특별한 기회가 될 전망이며, 수교 50주년을 기념해 '컬처포커스'로 참여하는 캐나다의 애니메이션 상영, 퀴즈 프로그램 진행 등은 국제관의 볼거리를 한층 풍성하게 해 줄 것입니다.

서울국제도서전은 국내뿐만 아니라 세계 각국의 출판인과 에이전트들이 도서전 기간 동안 한 장소 안에서 만나 교류하며, 책에 관한 다양한 정보를 교환하는 최적의 장소입니다.

이를 위해 출협은 다채로운 문화행사 개최 외에 본 도서전을 저작권 거래를 위한 최상의 비즈니스 공간으로 만들기 위해 노력하고 있으며, 실제로 '저작권 센터'를 이용한 세계 각국의 많은 출판인들과 에이전트들로부터 좋은 평가를 받고 있습니다.

책, 사람 그리고 미래의 키워드인 '책'에 관한 다양한 정보와 만나게 될 '2013 서울국제도서전'. 모쪼록 오는 6월에 열리는 서울국제도서전에 관한 국민적 관심 증진으로, 본 도서전이 책을 매개로 독자와 저자가 만나는 행복한 책 축제의 장, 국내외 출판 관계자들이 활발히 자사의 책을 알릴 수 있는 열린 홍보의 장, 비즈니스의 역할을 수행하는 의미 있는 저작권 거래의 장이 되기를 바랍니다. 아울러 이번 서울국제도서전이 전하는 '책'을 통한 희망메시지가 불황으로 어려움을 겪고 있는 출판인들을 비롯한 국민 모두에게 위로와 힘이 되는 뜻 깊은 시간이 되기를 소망합니다. 감사합니다.

2013년 5월

(대한출판문화협회 회장 윤형두)

활력이 넘치고 희망이 샘솟는 한 해가 되시기를…
— 2014 출판인 신년 교례회

존경하는 출판인 여러분!

그리고 유진룡 문화체육관광부 장관님과 내외 귀빈 여러분, 갑오년甲午年 희망의 새해가 밝았습니다.

힘차게 달리는 말의 해를 맞이하여 뜻하신 모든 일들을 이루시고, 활력이 넘치고 희망이 샘솟는 한 해가 되시기를 기원합니다.

대한출판문화협회는 지난 한 해 많은 출판인들의 관심과 성원에 힘입어 서울국제도서전을 성공적으로 치러냈습니다. 또한 도쿄국제도서전의 주빈국으로 참가해 한국의 우수한 도서와 문화를 일본 전역에 널리 알렸습니다. 더욱이 서울국제도서전에는 박근혜 대통령께서 참석해주셨으며 도쿄국제도서전 한국관에는 일본 왕자〔아키시노노미야(秋篠宮, 46세)〕 내외분이 참석해주셨습니다. 이 자리를 빌려 감사를 드립니다. 오는 4월에는 런던도서전의 주빈국으로 참가합니다. 이로써 한국 출판은 유럽의 양대 북페어인 프랑크푸르트도서전과 런던도서전의 주빈국 참가라는 또 하나의 기록을 세우게 되었으며 출판협회는 이번 런던도서전의 주빈국관을 성공적으로 운영하기 위해 최선을 다하고 있습니다.

세계 출판 무대에 우뚝 선 한국 출판의 위상은 저작권 활로 개척을 위해 꾸준히 해외도서전에 참가해주신 출판인 여러분들의 노력에서 비롯되었습니다. 또한 한국 출판의 위상 제고에 힘쓰고 있는 출협의 추진사업을 지지해주신 관계 부처와 관련 단체 및 출판인들의 지원과 참여가 있었기에 가능한 일이었습니다.

존경하는 출판인 여러분!

본인이 출판협회 회장으로 부임해 첫 업무를 시작한 때가 엊그제 같은데, 어느새 임기가 한 달 보름 남짓밖에 남지 않았습니다. 3년 전 저는 당선소감에 부쳐, "발전적인 변화를 시도해 협회의 전통과 위상을 높이겠다"고 밝힌 바 있습니다. 아울러 급격히 변화하고 있는 출판환경에 대처하기 위해 출판인 모두가 하나로 뭉쳐 뜻을 공유해야 한다는 기치 아래 협회의 크고 작은 일들을 진행해왔습니다. 또한 아시아를 대표하는 베이징국제도서전과 도쿄국제도서전의 주빈국 참가를 통해 한국의 도서와 출판을 알리는 데 최선을 다했으며, 실제로 참가 출판사들의 저작권 거래가 활발해지는 등 여러 긍정적인 평가를 이끌어낼 수 있었습니다. 또한 지금 진행되고 있는 도서정가제 법안 통과 등을 비롯해 출판 유통 개선을 위한 여러 약속들이 잘 지켜져 올해가 출판환경 개선에 기여하는 원년이 되기를 소망합니다.

돌아오는 2월 20일에는 대한출판문화협회를 구심점으로 우리 출판계를 이끌어갈 제48대 임원을 선출하는 총회가 열립니다.

이번 임원선거는 진정한 출판인에 의한, 출판인을 위한, 깨끗하고 정의롭고 존경받는 문화단체로서 출판계의 화합과 결속을 다지는 축제 분위기 속에서 원만히 진행될 수 있도록 협조하여주시기 바랍니다. 모쪼록 변화의 시대를 이끌어나갈 신임 회장 선출과 새 집행진 구성에 출판인 여러분의 많은 관심과 참여를 부탁드립니다.

지난 3년간 든든한 후원자로, 또 지지자로 힘을 실어주신 제47대 집행진과 이사님, 그리고 회원 여러분과 사무국 요원들에게 고마운 마음을 보냅니다. 또한 우리 출판계 발전을 위해 함께 고민하고 지원해주신 유진룡 장관님을 비롯해 문화체육관광부 관계자 여러분께도 이 자리를 빌려 심심한 감사의 말씀을 드립니다.

갑오년 새해, 땅을 울리는 역동적 기운과 진취적 기상을 가진 청마처럼 출판인 여러분의 가정과 사업에 만복이 함께하시길 기원합니다.

새해 복 많이 받으십시오.

감사합니다.

2014년 1월

(대한출판문화협회 회장 윤형두)

출판인 여러분의 열정과 노고에 박수를 보내며
— 제67차 정기총회 개회사

존경하는 출판인 여러분!

오늘 귀한 시간 내시어 총회에 참석해주신 회원 여러분께 먼저 감사를 드립니다.

제가 출판협회 회장으로 당선되어 첫 업무를 시작한 지가 엊그제 같은데, 오늘로 임기 마지막 날이 되었습니다.

지난 3년간 저는 "출판협회와 출판인의 위상을 높이고, 업계를 선도하는 신뢰받는 대한출판협회를 만들기 위해 노력하겠다"는 당초의 공약을 실천하기 위해 최선을 다하였습니다.

국내외적으로 많은 어려움이 있었음에도 불구하고 별 탈 없이 임기를 마무리하기까지 여러모로 힘을 실어주신 출판인 여러분의 관심과 협조에 다시 한 번 감사드립니다.

특히 지난 3년간 회원 여러분의 도움으로 성황을 이룬 세 번의 서울국제도서전과 베이징국제도서전, 도쿄국제도서전의 주빈국으로 참가해 한국 출판의 위상을 높였으며 아울러 오는 4월에는 런던도서전의 주빈국으로 참가해 세계 출판 무대에 우뚝 선 한국 출판의 우수성을 알리기 위해 만반의 준비를 다하였습니다.

서울국제도서전에는 박근혜 대통령과 김윤옥 영부인이 개막식에 참석해 출판인들을 격려해주셨으며, 일본 도쿄도서전에는 아키히토 일왕 차남인 아키시노 노미야 왕자 내외가 오픈식에 참석하고 한국관을 방문하여 축하해주는 등 국제적 위상을 높여주었습니다.

그 밖에 출판계는 병영도서관의 개관과 완전한 도서정가제 확립을 위한 할인 범위 조율 등을 비롯해 사재기 근절을 위한 법안 마련 등 출판문화를 살릴 여러 해법을 찾기 위해 지혜를 모았습니다.

무엇보다도 이 같은 출판 현안들이 출협을 구심점으로 하여 논의되고, 이로 인해 출협이 추진하는 여러 사업들이 오늘 회장으로 입후보하신 두 분의 공약 중 출판물 유통의 개선이라는 항목이 첫째로 전제되고 있으니 출판시장의 환경 개선에 이바지하는 계기가 되리라 믿습니다.

이 같은 취지에서 오늘 진행되는 제48대 임원선거는 67년 전통의 출협의 입지와 위상을 공고히 다지는 매우 중요한 시간이 될 것입니다. 모쪼록 오늘 선출되는 신임 회장을 중심으로 새로 꾸려질 임원진들에게 회원님들의 관심과 협조를 당부드립니다.

아울러 참다운 출판인에 의한, 출판인을 위한, 가장 존경받는 문화단체로 대한출판문화협회가 거듭 태어나는 개혁을 감행해주실 것을 부탁드립니다. 저 또한 최선을 다해 출협과 우리 출판계의 발전을 위해 힘을 보탤 것임을 약속드립니다.

존경하는 출판인 여러분!

'출판'이라는 일이 어떠한 것보다도 의미 있는 이유는 밝은 세상을 바라보는 아름다움을 추구하는 숭고한 일이기 때문입니다. 어려운 환경에도 불구하고 묵묵히 자신의 일에 최선을 다하고 계신 '출판인' 여러분의 열정과 노고에 박수를 보내며, 저는 이제 현역 출판인의 자리로 다시 돌아가 앞으로도 출판환경 개선에 기여하는 일에 여생을 바치겠습니다.

이렇게 제가 3년의 임기를 마칠 수 있었던 것은 특히 저와 같이 일했던 제47대 집행진 여러분과 출협 사무국 요원들의 부단한 노력과 투철한 봉사정신의 소산임을 밝혀드립니다.

끝으로 지난 3년간 보내주신 회원 여러분의 각별한 애정과 성원에 거듭 감사드립니다. 늘 건강하시고 가정과 사업에 행운과 번영이 함께하시길 기원합니다.

감사합니다.

2014년 2월 20일

(대한출판문화협회 회장 윤형두)

또 한 해의 족적을 남기면서
—《93 출판학연구》 발간에 부쳐

한국출판학회가 발족된 지도 24년이 지났습니다. 그동안 여러 선배들의 헌신적인 노력에 의하여 출판학회는 이제 황무지 같던 초창기의 어려움을 극복하고 본격적인 출판학의 정립기를 맞이하고 있을 뿐만 아니라, 국제학술교류에도 주도적인 역할을 담당하고 있습니다. 그러나 우리는 올해에 이러한 학회의 창립과 발전에 중추적 역할을 맡아오신 안춘근 명예회장을 다시 뵐 수 없게 되었습니다.

금년 1월 22일, 67세로 돌아가신 안춘근 선생님이 1969년 6월 22일 한국출판학회 창립총회에서 회장에 추대되신 후, 주위의 무관심과 방관 속에서도 신념을 잃지 않고 줄곧 장래를 내다보시며 학회를 이끌어오신 분입니다. 오늘의 한국출판학회가 이처럼 성장하고 출판학 분야에서 상당한 연구 업적이 쌓이게 된 것은, 선생님의 남다른 헌신과 투철한 사명의식이 바탕을 이루었기 때문입니다.

남애 안춘근 선생님은 1963년 《출판개론》을 내놓으신 이후 계속된 저술활동, 대학과 대학원에서의 후진 양성 그리고 각종 모임에서의 강의 및 지도 등으로 분망한 삶을 사셨던 분입니다. 남애 선생님을 잃은 우리 학회는 지금 커다란 공백을 느끼고 있습니다. 그러나 이제 모두가 힘을 합쳐 그 공백을 채우고 학회의 발전을 위해 더 열심히 정진해야 할 것입니다. 올 여름에는 남애 안춘근 선생님의 업적을 기리기 위하여 남애출판문화상을 제정하기 위한 발기위원회가 있었습니다. 이 상은 앞으로 출판학 관련 분야에서 공로를 세운 연구자에게 시상할 계획입니다.

또한, 올해는 제6회 국제출판학술회의가 중국 베이징에서 열렸습니다. 1984년 제1회 때부터 이 학술회의를 제의하고 주도해온 한국출판학회에서는 이번 베이징회의에 참석하신 본 학회의 한승헌 부회장, 이정춘, 이종국 이사 세 분이 논문을 발표하여 각국 대표들로부터 좋은 반응을 얻었습니다. 베이징회의의 주제는 〈출판 산업의 현황과 발전전망〉이었는데 90년대에 당면한 자국의 출판현상과 미래의 비전에 중심과제를 둔 것이었습니다. 참가국은 한국을 비롯하여 중국, 일본, 필리핀, 말레이시아, 싱가포르, 홍콩, 대만, 내몽고 등 8개국이었습니다. 이번 회의에서 얻은 커다란 성과의 하나는 '아시아 출판계'라는 영향권의 형성입니다. 참가국 대표들은 '출판의 국제적 교류를 넓히고 출판학 연구를 더욱 활성화시키며 연구 인력을 육성하자'는 데에 만장일치로 합의했습니다. 회의 폐회식에서 저는 한국출판학회의 대표로서 이렇게 제안했습니다. "종이를 최초로 만든 중국, 금속활자로 최초로 책을 제작한 한국, 현대적 출판문화를 선도하고 있는 일본, 무한의 잠재력을 지닌 동남아시아의 여러 나라가 협력하여, 동양에서 서양으로 문명을 역류시켜야 합니다. 가장 한국적인 것이 가장 세계적이듯이, 우리가 각자 자국의 개성적인 출판물을 제작하여 그것을 서로 교류할 때, 우리들의 조국과 우리들의 아시아 그리고 우리의 세계가 발전하리라고 믿습니다."

2년마다 열리는 국제출판학술회의는 내후년(1995년)에 필리핀의 마닐라에서 개최하기로 결정되었습니다. 회원 여러분들께서는 한국이 바로 이 국제학술회의의 주도국이라는 긍지를 갖고 1995년 마닐라회의에 많이 참가해주시기 바랍니다.

올해에는 또 책의해 조직위원회와 공동으로 '책의 해 기념 학술세미나'를 개최하였습니다. 주제는 〈21세기 출판전문인 육성책〉으로 본 학회의 민병덕 부회장, 오경호, 김희락 이사 세 분이 발표하였습니다. 21세기를 향한 출판계의 발전을 위해서 무엇보다 체계적인 교육을 받은 출판전문인 양성의 중요성을 다시 한 번 사회에 환기시킨 계기가 되었다고 생각합니다.

이번에 발간되는 《93 출판학연구》는 본 학회의 발전에 공로가 크신 정산 민병덕 박사와 항심 윤병태 박사 두 분의 화갑을 기념한다는 각별한 의미가 있습니다.

민병덕 교수는 안춘근 선생과 함께 한국출판학회를 창립하고 학회의 초대 간사를 지낸 이래, 편집위원, 이사, 부회장 등을 맡으면서 지금까지 한국출판학회를 꾸준히 이끌어오신 분입니다. 또한 학회의 학술활동을 통하여 출판학의 연구방법론과 학문적 성격, 출판학의 교육과정 등에 관한 많은 논문을 발표하여 출판학의 정립에 크게 기여하셨습니다. 이런 노력은 지금까지 계속 이어져 12권의 저·역서와 60편의 학술논문 그리고 각종 저널리즘을 통해 의견을 낸 관련 논문을 합친다면 모두 300건을 상회할 정도입니다. 동시에 민병덕 교수는 우리나라에서 최초로 개설된 출판학과(혜전전문대)의 교수로서 출판교육에 필요한 교육과정을 편성하는 데 직접적으로 기여한 분입니다.

또한 한국 서지학계의 원로이신 윤병태 교수는 1980년대 초반, 본 학회에 가입한 이래 현재까지 적극적으로 학회를 위해 힘쓰고 계십니다. 윤병태 교수의 학문적 업적은 너무 방대하여 헤아리기 어려울 정도입니다. 《조선후기의 활자와 책》과 《한국고서종합목록》을 비롯한 25종의 저서 · 편서, 23종의 공저 · 공편서, 100편의 학술논문 등을 발표하였으니 분량만으로도 일반의 상상을 넘습니다. 윤 교수의 연구 업적은 서지학 분야의 학문적 발달에 크게 기여하였으며 그분이 이룩한 한국 고서목록의 집대성 작업은 국학의 발달에도 크게 공헌하였습니다. 또한, 연구뿐만 아니라 한국도서관계에 끼친 공로로 도서관협회가 주는 한국도서관 공적상, 도서관 봉사상을 수상하기도 했습니다.

민병덕, 윤병태 박사 두 분의 공로와 연구 업적은 그 분야가 다소 차이가 나지만 검약정신과 각고의 노력, 그러면서도 사람들과 담소를 즐기고 특히 후학들을 친절히 이끌어주는 면모는 두 분의 공통점이라 하겠습니다. 그래서 두 분 모두 회갑이 믿어지지 않는 건강으로 오늘도 바쁘게 활동하고 계십니다.

올해는 본 학회가 앞서 말씀드린 대로 국제학술회의 참가 등으로 인하여 국내의 학술활동에 다소 소홀했던 것 같습니다. 내년에는 학회를 활성화시켜 우선 학술세미나를 자주 열어야 하겠습니다. 본 학회의 활동이 점차 알려짐에 따라 최근에는 지방의 몇몇 대학으로부터 출판학술발표회를 유치하고 싶다는 제안을 받은 바 있습니다. 반갑고 고마운 격려의 말씀이 아닐 수 없습니다. 내년은 출판학을 보다

넓고 깊이 있게 연구하며 학문적으로 끌어올리는 계기로 삼아야 될 것입니다. 회원 여러분의 적극적인 참여를 부탁드립니다.

끝으로 《93 출판학연구》에 귀한 원고를 주신 분들께 감사드리고 회갑을 맞으신 민병덕, 윤병태 두 분 교수님께 다시 한 번 축하드리며, 이후로도 계속해서 왕성한 연구활동으로 후학들을 이끌어주시기 바랍니다. 본 학회도 내년은 이제까지 쌓아올린 기반 위에 새로운 비약적 발전을 이룩하는 한해가 될 것을 다짐해봅니다.

〈정산 민병덕 박사 · 항심 윤병태 박사 회갑기념집〉

—《'93 출판학연구》 1993. 12. 20

(사)한국출판학회 회장 윤형두

인화(人和) 위에 학문(學問)의 축적을 …
— 1991 《고서연구》에 부쳐

〈한국고서연구회〉가 창립된 지 열다섯 해가 되어갑니다. 1982년 5월 21일 창립 당시에는 한국고서동우회라는 이름으로 발족을 하였습니다. 고서를 통하여 회원 상호 간의 친목을 도모하고, 고서 및 국학자료에 관한 의견을 교환하는 것을 목적으로 이룩된 모임입니다. 그래서 무엇보다 옛 책을 좋아하는 사람들이 주축이 되어 인간관계를 돈독히 하고, 서로 상부상조하며 인화를 도모하는 것이 으뜸 되는 정신이 되어야 할 것입니다.

이런 바탕 위에서 고서 및 국학자료에 관한 의견도 교환하고, 옛 책을 발굴하고 연구 발표하는 수순이 이룩되어야 할 것입니다.

선조들이 남긴 귀중한 문화재로서의 전적을 발굴, 수리, 보전하여 새로운 학문적 가치창조를 기도함도 우리들이 할 일입니다. 또한, 무관심 속에 사장(死藏)되고 방치되어 있는 옛 책들에 대한 인식을 새롭게 하고, 또한 옛 책의 위상을 높이는 일도 우리들이 할 일입니다. 더 나아가서는 옛 책을 통하여 국내외의 문화교류에 초석이 되고, 남북통일에도 이바지할 수 있는 계기도 마련해야 되리라 봅니다.

옛 책을 사랑하는 것은 또한 새 책을 사랑하는 것입니다. 옛 책이 새 책의 뿌리라면 새 책은 옛 책의 꽃이요, 열매입니다. 그래서 우리는 옛 책 사랑과 더불어 새 책 사랑 운동을 병행하여야 되리라 봅니다. 이 새 책 사랑 운동 중에 가장 중요한 것은 독서운동입니다.

책 읽는 풍토가 꽃필 때 애서정신이 빛을 발하고, 애서정신의 빛이 사회에 뻗어나갈 때 옛 책 사랑의 풍조가 성숙되리라 봅니다.

우리 고서연구회는 지난 15년 동안 이러한 정신 속에서 부단히 노력하고 발전해왔습니다. 항일 민족운동 문헌전시회를 비롯한 수차례의 전시회와 학술발표회, 고서경매전, 좁쌀책 만들기, 지방 책방 나들이 등 숱한 행사를 해왔습니다.

그리고 애서가 상을 제정하여 옛 책을 모으고 사랑하는 사람에게 격려도 하였으며, 이 상은 지속적으로 발전 · 확충시켜 나갈 것입니다. 몇 권의 회갑 기념 논총도 발간하고, 매년 거르지 않고 우리 회원들의 연구 업적이 담긴 《고서연구》를 14호까지 발간하였습니다.

이런 모든 결실들은 창립 당시 회장이셨던 고 남애(南涯) 안춘근(安春根) 선생님을 비롯한 역대 회장들과 집행진 그리고 묵묵히 〈고서연구회〉에 후원을 보내주시는 회원 여러분들의 성원의 결정입니다.

남애 선생께서는 한국고서동우회보 창간호의 창간사에 "잊혀져가는 문서, 사라져가는 고서들을 하나하나 정성스럽게 가꾸어나간다는 것은 그만큼 새로운 창조가 될 수도 있고 발견이 될 수도 있을 것이다. 이 회보는 그런 창조와 발견을 기록하는 것이므로, 다른 어떤 회보보다 귀중한 문헌이 될 수 있을 것이다"라고 강조하셨습니다.

우리들의 이 연구회지가 더욱더 성숙된 발전을 기하기 위해서는,

옛 책을 아끼는 사람들의 인지(人智 ; 사람의 슬기나 지식)와 공동체 참여의식이 더욱 드높아야 되리라 봅니다. 그 바탕 위에서 학문적 성과를 거두고, 참된 열매를 수확하는 지혜를 가져야 할 것입니다.

끝으로 이 연구지를 발간하기 위하여 수고하신 남윤수(南潤秀) 박사님을 비롯한 편집위원 여러분, 좋은 글을 보내주신 필진과 헌신적으로 책을 만들어주신 보경문화사의 이상하(李相夏) 사장님께 감사드립니다.

—《고서연구》 제14호, 1991. 3월

한국고서연구회 회장 윤형두

출판물 유통과 영업사원의 역할
— 1986《도서유통회보》8호 발간에 부쳐

얼마 전에 앞으로의 유망한 학문과 직업에 대해서 H일보가 소개한 것이 있다. 거기에 보면 예술 분야에 있어서는 산업디자인, 인문 분야에 있어서는 고고학을 들었으며 사회 · 경영 분야에서는 경영관리를 유망한 학문 또는 직업으로 뽑았다.

그런데 거기에 첨서하여 더 세분하면, 산업디자인 중에서도 장정디자인이 가장 유망하다고 나는 생각한다. 그리고 고고학 분야에 있어서는 활자 · 서지 · 인쇄에 관한 옛날의 물질적 유물에 관한 연구가 아직도 다른 학문에 비하면 미개척 상태라 볼 수 있다.

특히 경영관리 분야에 있어서는 출판물의 경영관리 쪽은 아예 황무지라 해도 무방할 것이다. 출판회계, 도서유통론, 서점경영론, 창고관리, 재무관리, 판매계획, 판매기술, 시장조사 등 어느 부분 하나 관심을 갖거나 연구를 하고 있지 못한 형편이다.

비근한 예로, 출판사가 만든 도서를 모아서 일반 공중에게 열람시키는 도서관에 대한 원리와 역사를 연구하고 도서관 자료의 선택 · 분류, 도서관의 운영 · 관리 · 시설 등을 체계적으로 연구하는 학문인 도서관학에 비하더라도 출판학 쪽은 너무 소외되고 방치된 실정이다.

우리나라에 4년제 정규 대학과정에 도서관학과가 설치되어 있는 대학은 30개이며 전문대학은 5개, 특수대학은 하나 석사과정이 개설된 대학원은 7개, 박사과정이 있는 대학원은 3개나 된다. 그래서 1년에 약 1천 명의 도서관학을 연구한 인재들이 배출되고 있다.

그에 비해 출판에 관한 학문을 연구할 수 있는 코스는 충남 홍성에 있는 혜전전문대학 1개와 석사과정으로 중앙대학교 신문방송대학원에 출판잡지 전공 과정이 하나 있을 뿐이다. 여기에서 배출되는 인원이라야 한 해에 고작 50여 명에 불과하다.

이와 같이 타 학문이나 타 분야에 비해 소외되고 있는 출판은 크게 나누어 세 과정으로 분류할 수 있다. 즉 필자 선정 · 책의 형태 설계 등의 기획 과정, 편집 · 교정 · 인쇄 · 제본 등의 제작 과정과 완성된 출판물을 독자의 손에까지 전달하는 유통 과정이 그것이다.

그런데 이 세 과정 중 기획과정과 제작과정은 그동안 인재들의 유입과 최신 기계의 도입 및 기술혁신 등으로 어느 정도의 궤도에 올랐으나 유통과정만은 전혀 발전을 보지 못하고 있는 실정이다.

어떻게 보면 출판에 있어서 유통이라는 것은 어느 분야 못지않게 중요한 것이라 볼 수 있다. 아무리 기획을 잘하고 제작을 잘했다고 해도 한 권의 책이 한 독자에게 전달되지 않았을 때 그 책은 책으로서의 가치를 부여받지 못한다. 그러므로 제본소나 출판사의 창고에 팔리지 않고 쌓여 있는 책은 죽은 책에 불과하다고 본다. 그래서 책의 탄생은 한 권의 책이 한 독자를 만나는 순간이다.

따라서 이렇게 중요한 유통과정을 담당하는 사원에 대한 문제도 매우 심각하다. 기획 · 제작과정을 맡고 있는 편집부서 쪽은 유능한 사원들이 몰려드는데 영업 관리직 쪽은 그에 비하면 지원이 현격하게 적다. 이러한 현상은 오랜 인습으로 내려오는 유교적 병폐인 사농공상(士農工商)의 폐습인 것 같다. 어떻게 보면 영업 관리직을 맡은 사원이 더욱 유능한 사람으로 채워져야 하고 그 반대급부로 더 우대받은 현상으로 바뀌어져야만 타업종에 비해 출판업종의 발전 템포가 빨라질 수 있을 터인데, 그러한 기미는 아직 보이지 않고 있는 듯하다.

일본을 비롯한 선진국의 출판사는 영업 관리 직원을 우대하고 있다. 편집부 출신은 편집 책임자가 되었다가 정년이 되면 자료실 근무나 하청업체인 편집교정센터에서 일한다. 그들은 종신고용제를 많이 채택하고 있기 때문에 정년 후에도 연장계약을 하여 계속 일한다. 그런데 영업 관리부서 출신은 오랜 근무를 마치고 나면 큰 과오가 없는 한 중역이 되는 경우가 많다. 그리고 대부분의 사장들이 바로 영업 관리 출신들이다. 미국 대기업의 회장 중 70% 이상이 영업직 출신이며 우리나라 역시 할부 판매로 대출판사를 창업 · 성장시킨 사장들은 거의가 영업직 출신이라는 것만 보아도 영업 관리직의 중요성을 증명할 수 있다.

선진국에서 영업 관리직을 우대하는 이유는 그만큼 영업이라는 것이 어렵기 때문이다. 특히 출판사 영업부서에서 근무하면서 책을 판다는 것은 더욱 어려운 일이다.

출판도서의 고전이라고 불리어지고 있는 영국의 스탠리 언윈이 쓴 《출판의 진실》이란 책에 소개된 펠릭스 단의 글을 보면 더욱 그것을 절실하게 느낄 수 있다.

"책을 쓴다는 것은 쉽다. 펜과 잉크 그리고 언제나 마음대로 쓸 수 있는 종이만 있으면 되기 때문이다. 책을 인쇄한다는 것은 그보다 어렵다. 왜냐하면 천재란 읽기 어려운 글귀를 써놓고는 흔히 좋다고 우쭐대는 수가 많기 때문이다. 책을 읽는 것은 그보다 더 어렵다. 졸음이 오게 마련인 까닭이다. 그러나 생명을 부지하기 위해 손을 대고 있는 온갖 일 가운데 제일 어려운 것은 책을 파는 일이다"라고 하여 그는 영업이 얼마나 어려운가를 역설하였다. 출판물 판매가 타상품 판매보다 더 어려운 이유는, 저자와 편집자의 정신적 소산인 개성적이고 다양한 상품을 개성과 생활이 각기 다른 다양한 독자들에게 사게 하려는 데는 무척 커다란 어려움이 따르기 때문이다.

이렇게 어려운 영업 행위를 수행해 가야 할 역원들을 우리 출판계는 얼마만한 관심을 가지고 대해왔는가 뒤돌아보아야 한다.

나는 수차 대한출판문화협회에서 영업사원 교육을 편집사원 교육 못지않게 시행하여야 한다고 주장해왔다. 그런데 금년 봄부터 작년까지의 '편집인 대학'을 '출판인 대학'으로 개편하고 편집과 영업 두 코스로 분리 개설하였다. 이것은 진정 기쁜 일이다. 하지만 영업사원 교육과정을 보고 느낀 점은, 내가 기대했던 것처럼 좀 더 성의 있는 운영이 되어주었으면 하는 것이다. 교육 기간이 10일 이내란 너무 짧다. 그리고 커리큘럼도 더욱 실질적으로 짜였으면 한다. 영업사원이 출판계 발전을 위해 얼마나 중요한가를 깨닫고 아울러 그 중요한 역군을 우리 스스로 양성해야 한다는 책임의식을 명확히 가져야 하리라 본다.

1986년 9월 15일

(한국도서유통협의회 회장 윤형두)

한국출판학회 창립 4반세기를 돌아보며…
—《94 출판학연구》 발간사

한국출판학회가 창립된 지 꼭 4반세기가 되었습니다. 출판학에 대한 선각자적인 생각을 가지신 남애 안춘근 선생님과 민병덕 박사 등이 주축이 되어 만드신 학회가 25년의 역사를 쌓게 된 것입니다. 그동안 어느 때는 웅비의 기세로 치솟았다가 또 어느 때는 좌절의 소강에 빠지기도 하였습니다만, 1982년 이후 차분한 발전을 거듭해온 이후 이제는 안정된 기반이 구축되었다고 봅니다. 그리고 사단법인이 된 지도 5년이 되어갑니다.

매호 발간하는 회지인 《출판학연구》도 한 번도 거름이 없이 간행되고 있으며, 그 내용도 충실하고 회원들이 보내주시는 원고도 다 게재하지 못하고 편집위원들의 심사를 거쳐 게재할 정도로 눈부신 발전을 거두었습니다. 회지의 지면도 1982년 재건 당시 100여 페이지에 불과하였던 것이 그 4배인 400여 페이지에 달하게 되었으며 기획 · 제작 · 장정 등 어느 것 하나 타학회지에 뒤지지 않는 학술발표지를 우리 학회는 갖게 되었습니다.

지난 1986년에는 남애 안춘근 선생님의 화갑기념호를 상재하였으며 1993년 《출판학연구》는 정산 민병덕 박사와 항심 윤병태 박사의 회갑기념호로 꾸며 두 분들께 봉정하였습니다.

그리고 우리 한국출판학회는 54회의 연구발표회와 6회의 학술세미나를 개최하는 등 꾸준하게 학문적 성과도 거두어왔습니다. 또 대외적으로는 1984년 10월 13일에 국제출판학술대회의 창설국으로 서울에서 제1회 국제출판학술대회를 개최한 후 6회의 국제학술대회 중 3회를 한국이 주최하였으며, 또한 일본과 중국 등이 주관한 국제학술대회에도 참가하는 등 한국의 출판학회는 국제적으로도 눈부신 활동을 해왔습니다.

또 우리 학회는 한국의 출판문화와 출판학의 발전을 위해 힘쓴 인사나 단체에게 포상을 하는 한국출판문화상을 제정하여 지금껏 16회에 걸쳐 40여 명의 수상자를 내었습니다. 또한 학부과정에서의 출판학과 신설과 문화체육부 내의 출판 분야의 위상 정립과 출판계에서의 연구소 및 자료실 설치를 위한 건의서 등 학회는 정부, 학계, 출판계에 꾸준하게 발진적 발언을 계속해왔습니다.

이제 우리는 출판학회 창립 4반세기를 맞으면서 출판학에 관한 학문으로서의 질을 높이는 데 전력을 기울일 때가 되었다고 봅니다.

아직 출판학에 관한 종합적이고 본격적인 조사연구소 하나 설립되지 않고 학뮤연구의 기초가 되는 출판에 관계된 자료나 문헌을 체계적으로 관리하는 자료실이나 출판정보센터 하나 없는 실정입니다.

그리고 학문의 제도적 주축이 되고 핵이 될 수 있는 4년제 학부에 출판학과도 출판광고학과, 문예출판학과 등의 이름으로만 개설되는 형편입니다.

출판사(出版史)의 분야에도 서지학적 방법론으로 형태서지학이나 내용서지학적 측면에서 다루어지고 있을 뿐 출판학의 측면에서 출판사의 체제 확립은 이루지 못하고 있습니다.

출판도 매스커뮤니케이션의 입장에서 기초적으로 다루고 있으나 커뮤니케이션과 출판의 관계, 출판의 본질, 기능, 유통 판매, 독자관리 등 각론적이고 구체적인 이론 접근은 아직 초보단계를 벗어나지 못하고 있습니다.

또 출판에 관계된 실증적 통계파악도 되지 않고 있으며 그로인해 비과학적인 숫자에 의해 한국출판계의 모든 통계분석이 이루어지고 있습니다. 가장 기본적인 발행종수, 발행부수 등도 출판사와 문체부 납본 숫자에 의존하고 있으며 그 납본 자체가 통계로서의 신빙성을 결여하고 있는 실정입니다.

특히 몇 개월 후면 개방되는 출판물 유통문제에 있어서도 연구가 부진한 상태이며, 출판광고에 대한 연구와 출판유통의 핵이라 할 수 있는 서점에 관한 문헌이나 통계분석연구는 전무한 상태입니다.

이제 이러한 황무지적 바탕 위에 학문의 기틀을 굳게 다지기 위해서는 우리 한국출판학회가 앞장서서 출판 관계 도서 및 문헌자료를 체계화시키는 출판도서관이나 자료관을 설립하는 일 등이 급한 임무라고 생각합니다.

올해는 산민 한승헌 변호사님의 화갑년입니다. 한승헌 변호사님께서는 그동안 한국의 저작권 문제에 있어 개척자적 소임을 맡아오셨으며 한국출판학회와 연을 맺으신 후로는 특히 국제학술교류 분야에서 많은 공을 남기셨습니다. 우리 한국이 주최한 세 차례의 국제대회 중 제3회와 제5회 국제대회를 성황리에 끝맺는 데 중추적 역할을 해주셨으며 도쿄, 베이징국제대회에서는 돋보이는 학술발표를 해주시어 우리 한국출판학회의 위상을 높여주셨습니다. 그리고 5년 전 임의단체인 본 학회를 사단법인으로 격상시켜주시는 데도 큰 힘이 되어주셨습니다.

이렇게 한국출판학회에 기여해주신 한승헌 변호사님의 화갑을 맞아 우리 학회의 뜻과 정성을 모아 논문집을 헌정하게 되었습니다.

한 변호사님이 민주화에 기여한 공헌과 우리 학회에 끼치신 업적에 감사드리며 앞날의 행운을 빌겠습니다.

끝으로 《94 출판학연구》에 옥고를 보내주신 회원님께 감사를 드리며 돌아오는 새해에 모든 회원님의 뜻하신 바가 이룩되기를 빕니다.

— 《'94 출판학연구》 1994. 12. 10

〈산민 한승헌변호사 화갑기념 논문집〉

((사)한국출판학회, 회장 윤형두)

'출판시장 개방과 출판정책 방향' 세미나를 마련하며
— 1994년 제6회 출판학술세미나

"출판시장 개방에 어떻게 대처할 것인가?" 이것은 국제화의 물결 속에서 한국의 문화사업을 발전시켜야 할 우리 모두의 과제가 아닐 수 없습니다. 이제 출판시장 개방은 내일의 문제가 아니라 우리 눈앞에 닥친 오늘의 문제가 되었습니다. 바로 내년부터 출판유통 시장이 국제적으로 개방됩니다. 그리고 1997년부터는 출판생산 시장마저 개방해야 합니다. 이보다 앞서 베른조약의 가입 문제는 발등의 불로 다가와 있습니다.

그러나 지금 우리 출판계는 가장 시급한 문제인 베른조약의 가입에 대해서도 상황을 너무나 낙관적으로 안이하게 바라보고 있는 것이 아닌가 하는 생각이 듭니다. 물론 여러분이 잘 아시다시피, 1989년 10월 미국은 베른조약 가입 이전의 출판물에 대해서는 소급보호 의무를 지지 않는다는 조건으로 베른조약에 가입하였습니다. 즉 미국은 소급보호 의무를 규정한 베른조약 제18조 제3항의 특별조항을 근거로, 가입 5개월 전에 재빨리 '베른조약 시행법(Berne Convention Implementation Act of 1988)'을 제정하여 "대통령 포고에 정해진 범위 내의 저작물만 보호한다"라는 규정을 둠으로써, 불소급보호로 베른조약에 가입하였던 것입니다. 이러한 소급보호는 발빠른 국내법의 정비와 초강대국이라는 이점이 작용하여 가능한 일이었습니다.

그런데 아직 우리 출판계 일각에서는 이러한 미국의 경우를 믿고 '우리도 미국처럼 그렇게 해결되겠지' 하는 안이한 생각에 빠져 있습니다. 국내 최대의 현안이었던 쌀 개방 문제도 막연한 낙관론과 개방 불과 원칙의 천명만을 반복하다가, 아무런 대책도 세워보지 못한 채 그대로 당하고 만 사실을 우리는 기억하고 있습니다. 개방 압력을 맥없이 수용해놓고, 그것이 우리의 현실이라고 강변하며 오히려 어려운 문제가 해결된 듯이 말하는 사람들도 종종 봅니다. 이는 마치 조선시대에 과부인 자기 딸을 보쌈으로 약탈당하자 처음에는 애통해하다가 곧 체념하고 오히려 보쌈이 딸의 문제를 해결해준 것으로 치부해버리는 부모와 신배없는 일이라 하겠습니다.

지금은 막연한 낙관론에 안주해 있을 때가 아닙니다. 배른조약을 앞세운 저작권 문제만이 아니라 출판유통, 출판생산, 기획과 작가 섭외 등 출판의 전 분야가 어리석은 낙관론에 안주할 수 없는 상황에 처해 있습니다. 더욱이 현대는 정보산업의 가속적인 발달로 인하여, 전자출판의 시장도 날로 대형화하고 있습니다. 그러므로 이제는 출판산업에서도 첨단의 과학기술을 갖춘 선진 각국의 시장 진출이 더욱 위력을 발휘할 수밖에 없는 때입니다. 출판인 자신은 물론, 관련

단체 및 학계의 지혜를 모으고 대책을 수립해야 할 시급한 시기입니다. 그럼에도 불구하고 현재로선 그 논의마저 미미한 형편입니다.

이에 본 학회에서는 출판시장 개방을 주제로, 대책마련을 위한 본격적인 논의의 장을 마련하였습니다. 이러한 논의를 위하여 문화부 장관이셨던 이어령 박사님과 문화체육부 문화산업국의 정문교 국장님을 기조연설과 주제발표를 위해 특별히 모셨습니다. 그리고 해당 분야의 학자, 출판 현장의 전문가 여러분을 발제 및 토론 진행자로 함께 초청했습니다. 따라서 오늘의 세미나는 정부의 전현직 책임자와 관련 학자, 현장의 출판인 등이 함께 어우러져 빚어내는 값진 성과가 기대됩니다.

이러한 논의의 활성화를 통하여, 정부의 입장과 대처방안을 경청하고 전문가들의 지혜를 활용하고 출판인들의 역량을 결집시켜야 합니다. 그리고 출판시장 개방의 대책을 수립하여, 그 충격을 최소화시키는 쪽으로 대비할 뿐만 아니라, 좀 더 나아가 한국 출판이 세계무대에서 새롭게 발돋움할 수 있는 전화위복의 기틀을 마련해야 할 것입니다. 그리고 남북통일에 대비한 출판기금 마련 등의 현안도 심도 있게 다루어질 때가 되었다고 봅니다.

이러한 관심사를 위하여 제6회 출판학술세미나에 참석해주신 여러분께 감사드립니다.

1994. 6. 29

((사) 한국출판학회 회장 윤형두)

동서독 출판시장 통합효과와 시사점
— 2005년 한독출판정책개발 세미나

먼저 베를린자유대학의 프리더 귀골드 대외협력관과 한원정 주독 한국공사님, 그리고 이 자리에 참석해주신 내빈 여러분!

바쁘신 중에 이렇게 참석해주셔서 대단히 감사합니다.

아울러 오늘 주제발표를 해주실 포츠담대학의 로카티스 교수님, 고령임에도 불구하고 사회를 맡아주신 베를린자유대학 정치학과 울리 알브레히트 교수님과 훔볼트대학의 헬가 피드 교수님, 또한 이 세미나를 개최할 수 있도록 수고를 아끼지 않으신 통일연구원의 손기웅 박사님과 범우출판문화재단의 이두영 상무이사님, 통역을 맡아주신 분께도 심심한 감사의 말씀을 드립니다.

본인은 범우출판문화재단이 베를린자유대학과 공동으로 '동 · 서독 출판시장 통합효과와 시사점'이란 주제의 세미나를 개최하게 된 것을 매우 기쁘게 생각합니다.

우리 범우출판문화재단은 출판에 관한 학술연구지원과 장학 및 독서추진사업을 목적으로 대한민국 정부의 허가를 받아 설립한 단체입니다.

우리는 최근 몇 년 동안 남북한 통일에 대비한 출판정책개발에 많은 노력을 집중해왔습니다. 그 과정에서 통일 이전 동 · 서독 간의 출판교류 협력사업에 대해서도 연구했습니다.

이 세미나도 그러한 일련의 연구 작업의 하나임은 두말 할 필요조차도 없을 것입니다.

아시는 바와 같이 한국 출판계는 프랑크푸르트 국제도시박람회의 주빈국으로 초청되어 지금 한국의 출판과 문화를 소개하고 있는 중이며, 베를린에서도 최근 한국주간행사를 성공리에 마쳤습니다.

이처럼 한독 간의 문화적 교류가 활발한 때에, 분단과 통일의 상징적인 도시인 베를린에서 출판 분야에서의 통일정책을 주제로 한 세미나를 개최하게 된 것은 대단히 기쁜 일이며, 감개무량하기 그지 없습니다.

한국은 지구상에 마지막 남은 단 하나의 분단국가입니다.

한국 정부나 민간레벨에서 통일을 앞당기기 위해 정치 · 경제 · 사회적으로 많은 노력을 기울여 왔으며, 완만하지만 지속적으로 남북한 간의 화해 협력관계를 증진시켜 왔습니다.

지난달에는 6자 회담을 통하여 북한의 핵개발억지방침에 대하여 합의함으로써, 앞으로 남북한 간의 교류 협력 분위기는 더욱 크게 개선 · 강화될 것으로 기대되고 있습니다.

그러나 출판 분야에서의 남북 교류는 아직 터널의 입구에도 도달하지 못하고 있습니다.

남북한의 출판 상황은 지난 60년 동안 완전히 단절된 상태에 있으며, 지금도 북한 주민들에게 남한 출판물의 접근은 사실상 원천봉쇄

되어 있는 실정입니다. '한글'이란 같은 언어와 문자를 사용하고 있으면서도 남북한 간에는 출판의 원천인 언어와 문화적 이질화가 날로 극심해지는 상황입니다.

만약 지금 당장 통일이 이루어지더라도 북한 주민에게 남한 책이 수용되는 데는 많은 장애가 걱정되고 있기 때문에 우리는 지금부터 이에 대비해 나가지 않으면 안 된다고 생각합니다.

이에 반하여 독일은 1950년대부터 통일될 때까지 일반도서는 물론 문학작품의 교류, 출판사 간의 제휴 협력 등이 다채롭게 이루어졌던 것으로 알고 있습니다.

그리고 마침내 통일을 이루어냈습니다.

그리하여 출판단체와 출판사 간의 재결합, 출판제도와 유통 시스템이 통합되었습니다.

출판 분야에서의 교류 협력이 '장벽 속의 구멍' 역할을 충실히 감당해 주었다고 알고 있습니다.

1990년의 통일 이후 15년이 경과한 현 시점에서, 이러한 출판 분야에서 일련의 통합 작업 성과들은 어떻게 평가되고 있으며, 또 이와 함께 새롭게 대두되는 과제들은 무엇인지 배우기 위해 우리는 왔습니다.

우리 대표단의 수는 결코 많은 것이 아니지만, 여기에는 한국의 출판인들과 출판을 전공하는 교수들, 통일연구원 손기웅 선임연구위원, 김인철 한국개발연구원 정책홍보실장과 산업연구원의 조계환 부장 등 국가의 정책연구기관에서 일하는 사람들과 김재윤 국회의원의 활동을 보좌하는 비서들까지 매우 다양한 분야에서 활동하는 사람들로 구성되어 있습니다.

따라서 본인은 이 세미나가 한국에서의 통일에 대비한 출판정책을 개발하는데 훌륭한 아이디어를 제공함은 물론 크게 기여할 것으로 믿어 의심치 않습니다.

아무쪼록 한독 출판관계자들의 진지한 토론이 활발하게 이루어지기를 기대하는 바입니다.

감사합니다.

— 독일 베를린 자유대학에서 2005. 10. 20

(범우출판문화재단 이사장 윤형두)

책을 사랑하는 모든 이들의 상場으로
—《책과인생》 창간호를 펴내면서

무수한 책이 쏟아져 나오고 있습니다. 20여 년 전만 해도 출판량이 적어서 독서인들은 서점에 나가면 자신이 읽고 싶은 책을 선택하는 데 그다지 주저할 필요가 없었습니다. 그런데 이제는 세상이 달라졌습니다. 책은 쏟아져 나오는데, 신간안내서를 보거나 서점 서가를 기웃거려도 자신이 읽어야 할 책을 선뜻 고르기 힘든 세상이 되었습니다.

모든 분야에 걸쳐 광범위하게 골고루 좋은 책이 나오지는 않고 있다고 불만스러워하는 독자들도 있지만, 우리는 이제 책이 없어 독서를 못 하는 세태는 면해가고 있습니다.

이제 어떤 책이 발간되어야 하는가 하는 문제와 발간된 책을 어떻게 읽게 하느냐 하는 문제, 더 나아가서는 좋은 책을 읽은 사람들이 어떻게 성장하였고 또 어떤 삶을 살아가느냐 하는 것을 알리는 책이 발간될 때가 되었다고 봅니다.

신간안내와 서평지는 이곳저곳에서 나오고 있지만, 어떤 사람이 무슨 책을 읽고 어떤 일을 하고 있다든지, 어떤 책을 읽은 결과 인생의 방향이 어떻게 달라졌다든지 하는 독서의 결과론과, 또 어떤 책이 나올 것이라는 사전정보를 담은 잡지는 아직 발간되지 않은 것 같습니다.

이번 본사에서 발간하는 《책과인생》에는 책을 읽음으로써 얻는 즐거움, 그 즐거움이 주는 인생의 보람, 그 보람이 인생에 끼치는 자그마한 의의 등을 싣고자 합니다.

독서가 한낱 한유객閑遊客의 '무료無聊의 소견법消遣法'으로 끝나거나 생활의 여백을 메우는 심심풀이 정도로 여겨지더라도 독서는 분명 독서로서의 크나큰 뜻을 갖는다고 봅니다.

독서가 사라진 그 생활의 공간을 보십시오. 극심한 경쟁에만 매달려 교양도서 한 권 읽은 적이 없는 비독서인들이 사회의 지도자가 된 현실을 보십시오. 독서가 없는 공간에서는 향락과 타락의 독버섯이 자라고, 비교양인이 지도자가 된 사회에는 부정과 부패가 만연되게 마련인 것입니다.

한 권의 책이 한 사람의 운명을 결정하듯이, 한 사람의 독서의 힘이 온 나라와 세계를 바꾸기도 합니다. 벤저민 프랭클린의 독서가 미국의 독립을, 에이브러햄 링컨의 독서가 노예해방 운동을, 안중근 의사의 독서가 침략자 이토의 저격을 이루어낸 것입니다.

책 읽기를 권하는 일은 너와 나, 국가와 민족, 세계와 인류를 위하는 길이기에, 험난한 길인 줄 알면서도 본사는 창립 26주년을 맞는 새해에, 1990년에 창간된 월간 《역사산책》에 뒤이어 대중독서 교양지인 월간 《책과인생》을 발행합니다.

《책과인생》은 일부 고급독자 취향의 고답적인 편집이나 엄숙주의를 벗어나, 폭넓은 대중독자층과 호흡을 같이 함으로써 독서인구의 증대와 출판시장의 저변확대에 기여하고자 노력하겠습니다. 모처럼 창간되는 독서교양지가 범 출판계와 책을 사랑하는 사람들 공유의 광장이 될 수 있도록 아낌없는 성원과 편달을 부탁드립니다.

1992년 3월

—《책과인생》 발행인 윤형두

과거와 현재, 그리고 미래로 이어지는 가교…
— 2002년 《순천대 인명록》 발간에 부쳐

영광된 오랜 역사도 그것을 닦고 추스르고 기록으로 남기지 않으면 잊히고 맙니다.

68년의 기나긴 역사와 3만 5천여 명의 졸업생을 배출한 호남의 명문인 국립 순천대학교 총동문회원 명단의 발간이 좀 때늦은 감은 있지만 오늘 이렇게 《순천대 인명록》을 발간하게 된 것은 다행한 일이라 여겨집니다.

1935년 고 우석友石 김종익金鍾翊 선생님이 호남 동남부의 중심지인 순천에 훌륭한 인재人材를 양성하기 위하여 향림香林골에 배움의 전당을 세우셨습니다. 그 후 일제日帝의 압박과 여순사건 그리고 6·25전란 등 숱한 역경과 고난을 극복하고 명실상부한 국립순천대학교로 발전하였습니다.

《순천대 인명록》은 첫째 모교母校의 오랜 역사와 전통 위에 배출된 숱한 인재들의 과거와 현재 그리고 미래로 이어지는 가교적架橋的 역할을 할 것이며, 둘째 직업 간 지역 간 여러 곳으로 흩어진 동문들

간의 정보를 공유公有하고 두터운 모교애의 바탕 위에 건설적인 현안을 나누는 광장廣場의 역할을 할 것이며, 셋째 위로는 선배先輩를 존경하고 동문 간에는 화목을 도모하여 후배後輩들 아끼고 놀보는 상부상조相扶相助의 몫을 하리라 믿습니다.

또 한편 이 책 한 권이 모교와 총동문회의 유대감紐帶感과 연대감連帶感을 쌓아가는 데 기여할 뿐만 아니라 도약과 발전에도 크나큰 밑거름이 되기를 빌며 여러분 곁에 항시 같이 하기를 바랍니다.

《순천대 인명록》은 순천대학교의 건실한 뿌리이기도 합니다.

이 명부가 나오기까지 물심양면으로 협조하여주신 임갑인 명예회장님을 비롯한 역대 회장과 선배님 그리고 특히 허상만 총장님과 동문회 부회장단을 비롯한 동문회 간부들과 총무이사 그리고 재경 동문회 허신행 회장을 비롯한 각 지회장, 협찬協贊을 해주신 동문과 인명록 편찬에 노고를 아끼지 않으신 여러분에게도 감사를 드립니다.

끝으로 동문 여러분의 건승과 발전을 기원하며 우리 동문회에 끊임없는 관심과 애정을 영원히 쏟아주시기 바랍니다.

— 2002년 5월

국립순천대학교 총동문회 회장

순천대 인명록 발간위원장 윤형두

모든 산악인의 간절한 소망…
— 1962~2003년 《대한산악연맹 40년사》를 펴내며

역사서歷史書를 편찬하는 작업은 그 과정過程과 느낌과 사고思考가 여느 창작물과는 다릅니다. 창작물創作物은 작가의 감성感性과 심정心情이 들어가야 살아 숨 쉬는 책이 됩니다. 그러나 역사를 풀어 엮어내는 것은 그렇지 않습니다. 역사서는 창작이 아니기 때문에 오로지 진실眞實을 찾아, 진실만을 발굴해 내어야 한다는 사명감이 있어야 합니다. 또한 사관史觀이 올바르고 정확해야 합니다. 사감私感이 들어가면 안 되기 때문에 절대 혼자서는 편찬編纂, 작성作成할 수 없는 것이 역사입니다. 또 당시 관련된 분들을 찾아가 수차례 검증檢證과 감수監修를 받아야 합니다.

《대한산악연맹 40년사》 편찬은 오랫동안 모든 산악인의 간절한 소망이었습니다. 10년 전, 안타깝게도 30년사 발간發刊이 이루어지지 않았기에, 40년사는 우리 필연必然의 의무義務가 되었습니다. 이번에도 발간하지 못하면 본 연맹의 태동胎動과 초창기草創期에 그 초석礎石을 다지기 위해 땀흘려 노력하신 원로 산악인들께서 점차 기억이 희미해질 염려가 있기 때문입니다.

40년사 편찬위원회가 구성되어 실질적인 작업作業이 시작되었으나 처음에는 여러 면에서 혼돈混沌과 방황彷徨이 있었습니다. 그러다가 서서히 불이 붙게 되었지요. 40년의 역사가 이런 과정을 거쳐 이제 한 권의 책으로 엮어지게 됨을 매우 기쁘게 생각합니다.

이 책이 빛을 보기까지 편찬위원회의 어려움은 적지 않았습니다. 지면을 빌어 전국의 편찬위원들과 관계 분들께 심심한 감사의 말씀을 드립니다. 슬기와 정성精誠으로 많은 도움을 주신 원로 선배님, 자문위원님, 격려해주시고 힘이 되어주신 수많은 산악인께도 머리 숙여 고마움을 전합니다.

많은 노력에도 불구하고, 초창기 등 자료보완의 미비로 만족할만한 기록이 될 수 없음을 안타깝게 생각합니다. 본 연맹의 40년 역사 속에 한때 몸담으셨던 산악지도자께서는 이 책을 어디까지나 '50년사'에 대비한 준비 또는 초록抄錄으로 여기시고, 혹 빠졌거나 틀리게 기재記載된 부분이 있으면 꼭 지적하여 주시길 갈망합니다. 역사는 사실 그대로 전해져야만 하고, 이를 성의誠意와 진실로서 후세後世에 지적해야 함이 바로 우리의 중차대重且大한 임무이기 때문입니다. 많은 지적과 함께 조언助言의 말씀도 부탁드립니다.

우리 산악인 모두 뜻과 힘을 합하여 보다 나은 역사歷史 편찬編纂을 위해 노력해 나아갑시다.

감사합니다.

2003년 3월 10일

대한산악연맹 부회장

대한산악연맹 40년사 편찬위원장 윤형두

활기찬 비평의식을 기대하며
— 1997년 《한국문학평론》 창간사

어떤 분야나 마찬가지로 문화예술의 발전도 비평의 바람직한 역할과 기능이 전제되어야 할 것이다. 우리나라는 냉전체제의 특이한 문화풍토 구조 속에서 모든 분야에 걸쳐 비평의식이 고갈되어가고 있는 것 같다. 비평의식이 없는 속에서의 성장과 발전이란 곧 시세와 유행과 다수의 물결에 휩쓸려 떠내려가 버릴 기초 없는 간이막사와 같은 것이 아닐까.

양적 팽창의 신화에 최면 당해온 우리 사회는 이제 더 탄탄한 발전을 위하여 모든 분야에 걸쳐 비평정신을 함양시켜야 할 시점에 이른 것 같다. 찬성과 지지만 있는 문화풍토로는 우리 문학이 세계문학적 단계로 진입하는 데 많은 어려움이 있을 것이다. 올바른 문학비평의 영역이 확산되어 문화뿐만 아니라 정치 · 경제 · 사회 전반에도 올곧은 비평정신이 스며들어 만신창이가 되어버린 정의불감증 등의 치유가 이룩되었으면 한다.

아무쪼록 《한국문학평론》은 보다 좋은 작품을, 보다 효율적으로 독자에게 접근시켜줌은 물론, 해외에까지도 우리 문학을 널리 알리는 데 전력을 다해줄 것을 기대하는 바이다.

— 계간 《한국문학평론》 창간호, 1997 봄

발행인 윤형두

산사랑 책사랑 나라사랑
―《한국애서가산악회 회보》 발간사

일 년에 두서너 번 발간했던 한국애서가산악회 회보 67회분을 한데 모아 합본으로 발간하게 되었다. 매우 기쁘고 감회 또한 깊다. 한국애서가산악회는 1985년 9월 22일 책을 사랑하는 사람들 20여 명이 관악산 애서가바위에 모여 산사랑, 책사랑, 나라사랑이란, 캐치프레이즈를 내세우며 창립되었다.

당시 창립멤버의 면면을 보면 모두 등산 경력 20년이 넘고 나이도 이순을 넘기거나 가까운 분들로, 우리나라 서지학의 대가이신 남애 안춘근 선생, 영문학자이면서《한국 근대 서양문학 이입사》연구로 학술원상을 타신 김병철 박사, 화학을 강의하신 문병열 박사, 국문학의 이상보 박사, 경제학의 송종극 교수, 불문학의 정봉구 선생, 영문학의 송관식 박사, 독문학의 최두환 교수, 소설가이신 곽하신 선생 등 우리나라의 학문과 문화계의 각 분야를 대표할 만한 거장들이었다.

매주 일요일 10시 정각 서울대 입구에서 만나 관악산에 올랐고 점심을 먹고 준비해간 커피 한 잔씩 마실 때쯤이면 세상 돌아가는 이야기에서부터 문학 · 역사 · 과학 등 다양한 주제가 막힘없이 토론되는 세미나장이 되었다. 나를 비롯한 50대 젊은 회원들은 석학들에게서 신지식을 공부할 수 있는 기회가 되었고 실제로 인생을 살아오면서 지표가 되고 교훈이 되고 있다.

등산으로 다져진 건강한 분들이었지만 세월은 어찌할 수 없었는지 기력들이 떨어지고 별세한 분들이 생기면서 회원들이 줄고 더구나 초대 산악회 회장을 맡으셨던 남애 안춘근 선생이 돌아가시면서 더욱 소강상태에 빠졌다.

그러나 송종극 교수와 나는 한 주도 빠짐없이 10시에 만나 관악산을 오르면서 애서가산악회 정신과 맥을 이으려고 노력하였다.

1994년 4월 초기회원 몇 분과 새로운 애서가 가족들이 애서가바위에 모여 한국애서가산악회를 재건하였다.

이제 창립 32년, 재건 23년, 산악회 역사로는 실로 오랜 역사다. 재건 후 회원들이 30명 넘게 늘어났고 시인이고 화가이면서 유치원을 경영하고 계셨던 조경훈 원장이 산악회에 나오시면서 1995년부터 일 년에 두서너 번 빠짐없이 회보를 발간하였다. 조경훈 원장은 매주 회원들의 출석을 체크하고 산행 중 회원들이 나누는 대화들을 기록했다가 회보로 발간했으니 이 합본 회보집은 우리 한국애서가산악회의 산 역사서다.

애서가산악회는 관악산 산행뿐만 아니라 국내외의 높고 유명한 산들도 등반하였다. 특히 일본의 후지산, 대만의 옥산, 중국의 황산 그리고 백두산 등 국내외 원정 등반도 두루 하였다. 애서가산악회의 아름답고 즐거운 추억들이다. 산악회 역사가 오래되다보니 슬픈 역사도 있다. 송종극 교수와 송규호 교장선생은 90을 넘기고 돌아가셨으니 백수를 가까이 사셨다고 할 수 있지만 산악회 총무를 맡았던 전태성 회원, 박원동 회원 그리고 산악회에 늦게 참여하였지만 가장 애서가산악회와 회원들을 사랑했던 임한규 회원이 천수를 다하지 못하고 일찍 돌아가신 것은 우리 애서가산악회의 가장 슬픈 기억으로 남아 있다.

애서가 산악회 재건 당시 50~60대였던 회원들이 대부분 70대 중후반, 80대 중반의 나이가 되다보니 산행거리도 짧아지고 활력들이 떨어지고 있다. 아직도 젊은 김승일 박사, 손용택 교수, 주혜옥 총무, 전주희, 권화식, 정선희 회원들이 젊은 회원들을 확보해서 활력을 불어넣고 한국애서가산악회의 정신과 전통을 이어갔으면 하는 바람이다.

23년 간의 애서가산악회의 산 역사서인 이 합본 회보집은 우리나라의 많은 산악회 단체와 수많은 산을 좋아하는 산악인들에게 귀한 자료가 되리라고 믿는다.

회보집 발간에 큰 수고를 해주신 조경훈 원장, 대소사를 담당하고 계시는 윤길한 총무님, 인쇄를 도와주신 한승욱 사장, 회보집 발간비를 협찬해주신 정진웅 전 감사에게 깊은 감사를 드린다.

—《한국애서가산악회 회보(1985~2017)》(2017년 12월 31일 발행)

한국애서가산악회 회장 윤형두

독서 인구의 저변 확대를 위한 독서교양지
―《책과인생》 창간 5주년을 맞으며…

먼저 감사하다는 인사를 드립니다.

창간 5주년을 맞게 된 데는 따뜻한 마음이 있었기 때문입니다. 광고효과적 측면보다 따뜻한 인간적인 정리로 광고신탁을 해주신 고마운 마음들이 있었습니다. 서점을 운영하기에도 벅찬 지경인데도 독서인구 저변확대를 위한 서비스용으로 독서교양지인 《책과인생》을 다량으로 매입하여 홍보용으로 써주신 서점 경영자들의 미래를 생각하는 마음이 있었습니다.

또한 체면이 되었건 권유에 못 이겨 신청하였건 정기구독을 해주신 애독자의 봉사적인 마음이 있었습니다. 이외에도 여러 가지 형태로 《책과인생》에 마음을 쏟아주는 분들과 정성스럽게 도와주신 정기구독자와 특히 분에 넘치는 협조가 있었기에 5년이란 시간을 견디며 버티어왔고 매월 소기의 발행부수를 유지할 수 있었습니다.

그 과정 속에서 마다않고 원고를 보내주신 필자님들, 열악한 여건 속에서도 잡지를 만드는 데 정력을 쏟아주신 일꾼들 모두가 《책과인생》이란 잡지를 아끼는 마음이 있었기 때문이라 생각합니다. 모두에게 감사를 드립니다.

잡지를 창간할 때 거창한 산울림보다는 심심풀이라도 "책을 읽읍시다"라고 하는 졸졸 흐르는 개울물의 얕은 소리로 시작하였습니다. 잡지를 한 권 한 권 발행하면서도 특집을 짜거나 특종을 기획하여 충격이나 센세이셔널한 잡지를 만들겠다는 것보다 햇볕이 화창하면서도 고요한 가을 날씨 같은 잡지를 만들고 싶었습니다.

또 어느 때는 색깔이 서서히 스며드는 한지와 같은 잡지, 투박하면서도 정감이 서린 질그릇 같은 잡지를 만들고 싶었습니다. 그러나 그 어느 한 점도 이루지는 못하였지만 지금도 마음은 그런 곳으로 향하고 있음을 솔직히 고백합니다.

어느 출판인은 《책과인생》을 자사 선전팸플릿이라고 말하였다고 합니다만 100여 쪽이 넘는 지면에 2~30쪽에 자사의 이익 된 기사를 실었다 하더라도 3분의 2는 출판서적계를 위하여 독자 창출의 일을 했다는 효과론적인 자위를 해보기도 합니다.

요사이 좋은 기획출판물이 쏟아져 나옵니다. 장정도 화려하고 읽을거리도 푸짐한 책들이 서점마다 서가를 채우고 있습니다. 거기에 비하면 책읽기 권장운동은 미약한 것 같습니다. 좋은 책을 만드는 일과 더불어 좋은 독자를 만드는 일은 병행되어야 합니다.

좋은 책은 쌓여 있는데 독자가 없으면 그 책은 책이 아니라 휴지입니다. 어느 날 한 중견 출판인이 "도서유통기구, 독서운동이 무슨 필요가 있느냐, 좋은 책만 만들면 되지" 하던 말이 저로 하여금 좀 힘들고 별 보람이 없다 해도 《책과인생》을 계속해 내야겠다는 마음다짐을 하게 되었습니다.

도서유통기구의 현대화와 끊임없는 독서운동이 우리 출판인들의 당면과제라는 것을 뼈저리게 느끼고 있기 때문입니다. 이 책 한 권이 그 소임의 민분의 일이라도 감당할 수 있다면 다행이겠습니다.

앞으로도, 그동안 애정 어리게 돌보아주셨던 분들이 저버리지 말아주시면 한 호 한 호 지령을 쌓아가겠습니다. 끝으로 창간 5주년을 맞으며 개인의 힘으로 독서교양지를 5년 정도 끌어온 경우가 얼마나 있는가 하는 자문을 해봅니다. 결과는 마음을 보태어주신 분들의 공덕의 총화라 생각하며 다시금 감사를 드립니다.

1997년 3월

—《책과인생》 발행인 윤형두

55년의 출판경험과 열정,
출판산업 부흥을 위해 헌신하겠습니다.
— 2011년 출판문화협회장 출마의 변

대한출판문화협회 제47대 회장으로 출마하며

삼가 출판인 여러분의 사업번창과 건강 그리고 모든 일들이 두루 평안하시기를 충심으로 기원합니다.

부족한 능력을 무릅쓰고 이번에 대한출판문화협회 제47대 회장으로 입후보한 범우사 대표 윤형두입니다.

회원 여러분의 따뜻한 사랑과 성원을 바라마지 않습니다.

저는 회장자리가 탐이 나고 명예욕에 이끌리어 입후보한 것은 결코 아닙니다.

제가 평생 몸담아온 "출판계를 위하여 헌신하라"는 동료 · 후배 출판인들의 열화 같은 성화를 차마 외면할 수 없어 긴 고민 끝에 제 경험과 열정을 마지막 봉사와 헌신의 기회로 바치기로 결심한 것입니다.

출판계는 지난 55년 동안 저의 꿈을 성취시켜준 삶의 터전인 동시에 제가 출판발전을 위해 혼신의 힘과 열성을 다해 끊임없이 도전해 온 희망봉이었습니다.

저는 두 번에 걸친 출협 부회장을 역임하면서 출판산업개방시대대책위원장으로 출판시장 개방 시기를 5년간이나 유예시키는데 일익을 담당했습니다. 또한 정관개정특별위원장직을 맡아 회장직선제 정관개정안을 관철시켰습니다. 책의 해 지정추진위원장과 조직위원회 부위원장으로 '책의 해' 사업을 성공적으로 개최하였습니다. 이때 오늘의 〈독서진흥법〉의 기반이 된 〈도서관 및 독서진흥법〉을 제정한 것을 큰 보람으로 여기고 있습니다.

한국도서유통협의회 회장으로 봉사할 때는 서련과 힘을 합쳐 출판유통질서를 어지럽히는 근본 원인이었던 '정가제'를 1977년에 정착시킨 것에 긍지를 느끼고 있습니다.

한국출판문화진흥재단 이사장으로 취임해서는 양서출판자금의 이율을 대폭 인하하여 출판인들의 금융 부담을 경감시키고자 노력했으며, 《한국출판산업사》와 《한국출판인명사전》 편찬사업을 기획, 현재 재단의 자금지원으로 진행 중에 있습니다.

만학을 무릅쓰고 대학원에서 출판이론을 공부하여 실무에 적용하고자 노력하는 한편, 현장에서의 실무경험을 이론화하여 《출판물 유통론》, 《한국 출판현장의 허와 실》, 《한국 출판의 제문제》 등 8권의 출판이론서를 펴냈으며, 해외 출판전문가들과의 교유 기록 등 12권의 에세이를 출판했습니다. 또한 중앙대학교 신방대학원 출판잡지전공 객원교수로서 20년 동안 젊은 출판인재들에게 이러한 경험과 지식을 전수하고자 열과 성을 다했습니다.

출판인 여러분!

저는 여러분의 성원과 지지로 회장이 된다면 소명의식을 가지고 우리 출판산업과 출협을 발전시키는 일에 최선을 다할 것을 약속드립니다. 이어 제 소신을 다음과 같이 밝혀 출판인 여러분의 동의와 지지를 구하고자 합니다.

출판이 살아야 '출협'도 살고 성장할 수 있습니다.

모두들 오늘의 출판 상황을 '위기'라고 합니다. 급격한 환경 변화에 기민하게 대응하지 못함으로써 야기된 산업경쟁력의 상대적 열세가 오늘의 위기적 상황을 초래하고 있는 것입니다. 책은 지식의 생산, 전파와 전승기능을 완벽하게 수행하고 있는 가장 역사가 오래된 미디어로서, 다양한 첨단매체들이 패권경쟁을 벌이는 디지털 시대에도 출판의 창조성은 더욱 빛나고 있습니다만, 출판의 경쟁력을 진흥시킬 체제와 제도를 서둘러 정비하여 힘찬 미래를 개척해나가지 않으면 안 됩니다.

이 일에 앞장서야 하는 것이 이 시대의 '출협'에 주어진 소명입니다.

출판산업의 역동적인 에너지가 용솟음치게 만들어야 합니다.

우리는 출판설비도, 자재도 전무한 상태에서 정부의 지원 없이 오로지 자력갱생을 위한 불굴의 의지로 창의성을 발휘하여 오늘의 출판강국이란 자랑스런 성공의 역사를 창조해왔습니다. 지금 우리에게 필요한 것은 구체제를 타파할 모험과 도전정신을 발휘하여 강인한 투지와 돌파력, 끊임없이 변화를 모색하는 창조적인 역동성, 단합된 의지와 자신감을 다시 한 번 되살려야 합니다. 유통정보화를 통한 시장동향의 신속한 수집 · 가공 · 활용체제와 정가판매(재판매가격유지제도)의 확립으로 출판시장을 지속적으로 확대해나가야 하며, 통일에 대비한 남북한 출판시장 통합전략도 마련하여야 하겠습니다. 출판물의 이용실태 및 출판인의 권리 확보 등 당면한 과제들을 해결할 지도 지기 절실히 요구되는 때입니다.

새로운 시대의 출판산업 창조를 목표로 매진하겠습니다.

출판산업은 현재 여러 방면에서 도전받고 있습니다. 저출산 고령사회 현상은 출판시장의 축소를 가져올지도 모릅니다. 디지털화는 출판산업의 미래를 개척할 가능성을 예견케 하는 한편, 이제까지 이룩한 출판문화에 심대한 변혁을 초래할 우려도 높습니다. 전자출판은 60년대 뉴미디어가 CD— ROM을 거쳐 현재는 'e— 북'으로 발전했습니다. 그러나 아직 전 세계 출판시장의 2%에도 미치지 못하고 있으며, 전자출판이 앞으로 또 어떻게 변화해갈지 모릅니다. 이렇게 계속 현재진행형인 출판의 디지털화에 대해 지나친 기대나 환상도, 불안도 가질 필요는 없고 현명하게 대처하는 지혜가 요구되는 때입니다. 오락과 여가산업도 출판의 발전을 가로막고 있습니다. 국제적인 움직임이 우리 출판산업에 직접적인 영향을 미치고 있는 상황에서 해외 선진 출판협회와의 제휴협력의 강회 필요성도 날로 높아가고 있습니다.

이렇게 급격하게 변화하는 출판환경에 기민하게 대처하기 위해서는 전문가들의 지혜를 빌려 출판산업의 비전과 미래전략을 수립하지 않으면 안 될 것입니다. 국민들이 책을 접할 수 있는 기회를 조금이라도 더 늘리고 독서의 즐거움을 일깨워야 합니다. 21세기에 적합한 참신한 출판비즈니스모델을 개발하여 새로운 수요를 지속적으로 창출하여야 합니다.

전형위원 여러분께 간곡한 당부의 말씀을 부탁드립니다.

우리 출판산업의 미래를 책임지고 이끌 원로와 중진, 연부역강한 차기지도자들이 골고루 참여하는 조화와 화합의 출협 이사회를 만들어주실 것을 간곡히 당부드립니다. 그리하여 우리 '출협'이 업계 발전을 선도하는 구심체로 거듭나도록 힘을 합쳐야 합니다.

제 나이는 거저먹은 나이가 아닙니다.

제 나이에 대해 우려하시는 분이 계신다고 듣고 있습니다. 평생 등산을 즐긴 저는 아직도 킬리만자로와 같은 높은 산에 도전하면서 강건한 체력을 확인하는 것을 즐거워하고 있습니다. 숫자보다는 일에 대한 열정과 참신한 생각, 현명한 판단이 새로운 가능성을 만들어냅니다. 현명함은 험한 시절의 어려운 세상살이 경험과 교훈에서 얻은 대응전략의 결과입니다. 저는 55년 동안 갈고닦은 경험에서 우러나온 철학과 지혜를 믿기에 "젊은 사람은 규칙만 알지만 노인들은 그 예외도 안다", 또는 "젊은이가 더 빨리 걷지만 그 길은 노인이 더 잘 안다"는 서양 격언을 굳게 믿고 있습니다. 보이지 않는 차이가 역사를 바꾸어놓습니다. 선수는 기회를 놓치지 않습니다. 저는 건강하고, 제 생각은 진취적입니다. 그래서 저는 다채로운 경험의 실체인 제 나이를 당당하게 생각합니다.

출판인 여러분!

이번에 기회를 주신다면 신뢰받는 출협, 새로운 가능성을 기대할 수 있는 출협 만들기에 제가 가진 지혜와 열정을 다해 헌신하겠습니다. 잘 부탁드립니다.

감사합니다.

— 〈대한출판문화협회〉 제47대 회장에 출마하며 2011. 2월

윤형두

애징어린 협조와 격려를 바라면서
— 서울정동로터리클럽 12기 회장에 취임하며

먼저 11년간 정동로터리를 이끌어 오신 선암(鮮岩) 신윤식(申允植) 초대회장님을 비롯하여 역대 회장님과 정동로터리 회원 여러분의 노고에 대하여 심심한 경의를 표하는 바입니다.

또한 특히 지난 일 년간 정동로터리클럽을 성공적으로 운영해 오신 청평(青平) 김문희(金汶熙) 회장님과 김규명(金奎明) 총무님 그리고 덕우(德優) 홍용수(洪榕秀) 프로그램 위원장의 노고에 대하여도 진심으로 감사를 드리는 바입니다.

어쩌다 제가 이렇게 서울정동로터리클럽 회장이란 중책을 맡게 되었는지 모르겠습니다.

처음 차차기 회장이라 하기에 시간이 지나는 동안 중책을 피할 수 있는 기회가 오겠지 하고, 그 당시 완강히 거절하지 못한 것이 지금 생각해도 후회 막급할 따름입니다.

정동로터리 창립멤버로 참여하여 지난 11년 동안 저는 본 클럽에 전혀 기여한 바도 없을 뿐만 아니라 로터리의 역사와 로터리 정신이 어떤 것인지도 잘 알지 못하고 그저 친구 따라 강남 간다는 가벼운 마음으로 지금껏 불성실하게 참여해왔습니다.

시간이 지나면서 좋은 선배 모시게 되고 새로운 친구와 후배 만나 좀 더 삶이 풍요로워진 것만은 사실입니다. 그러나 때로는 회의를 느낄 때가 있었습니다.

참으로 내가 봉사를 기반으로 하는 로터리 강령을 지키고 있는가 하는 반문을 하게도 되고 또한 로터리안으로서의 보람과 긍지를 갖고 있는가 하는 자문도 해보았습니다.

그러나 이제 피하려야 피할 수 없이 앞으로 1년간 혜강(慧江) 김현(金炫) 총무님과 김성일(金星一) 프로그램 위원장을 비롯한 집행진과 역대 회장이셨던 이사님들의 충고와 회원 여러분들의 협조 밑에서 회장직을 수행하게 되었습니다.

금년도의 RI 회장표어가 "이웃에 도움의 손길을"이라는 멋진 글귀여서 로러리 봉사정신의 진수를 잘 표현한 것 같습니다.

로터리 강령의 첫 번째인 봉사의 기회를 마련하기 위하여 교우의 범위를 넓히는 것도 중요하지만 이제 적은 것이나마 이웃에 도움을 주는 일을 하는데 의의를 가져야 할 때가 아닌가 봅니다.

아무쪼록 새로이 출발하는 정동로터리클럽 제12기 심부름꾼들에게 애정 어린 협조와 격려 있으시기를 바라면서 두서없는 인사말로 가름하겠습니다.

《서울정동로터리클럽 11년》, 2002~2003년

— 정동로터리클럽 회장 윤형두

한국 출판의 세계화를 위한 연구와 봉사를…
— 창사 50주년 〈범우 64집〉에 부쳐

올해는 범우사가 창사한 지 반세기인 50년이 되는 해입니다. 그리고 제가 출판계에 입문한 지 60년이 되는 해라 감개무량합니다. 오늘이 있기까지 많은 분들의 도움을 받았으며 특히 내빈 여러분께 먼저 감사를 드립니다.

또한 1991년에 범우장학회로 시작한 장학사업도 4반세기가 되어가며 270여 명의 장학생에게 장학금을 수여하였습니다. 금년에도 세 분의 장학생을 선발하여 장학금을 드리게 되어 장학금을 수여하시는 장학생에게 진심으로 축하드리는 바입니다.

범우사를 50년간 운영할 수 있었던 것과 장학사업 외에 범우문화재단을 통해 〈통일을 대비한 출판정책〉 등 여러 가지 사업을 할 수 있었던 것도 범우사를 도와주신 독자와 저역자 그리고 서점과 거래처 등을 비롯한 많은 분들의 협조의 결과라 할 수 있습니다. 특히 그동안 장학금을 기탁해주신 200여 분의 후원금이 밑받침이 되어 장학사업도 꾸준히 진행하고 있습니다.

범우장학회는 지난 2000년에 범우출판문화재단으로 정부에 등록한 후 장학사업만이 아니라 장학생을 주축으로 범우출판포럼을 조직하여 통일을 대비한 출판정책과 방안을 모색하는 작업 등을 계속하고 있습니다. 2005년에는 독일의 베를린자유대학에서 〈독일의 통일과 출판시장 통합 연구〉라는 세미나를 공동으로 개최하였으며 그동안 러시아, 타이완, 베트남에서도 공동세미나를 개최하였습니다. 그리고 2015년에는 중국의 연변대학 한국문화원대학과 공동으로 〈남북한 출판교류를 위한 과제와 전망〉이란 세미나를 마치고 지속적인 연구를 위해 용역사업도 진행하고 있습니다.

범우사가 그동안 5천여 종의 신간을 발간하였고 5천만 권의 책을 출판하였습니다. 그리고 잡지만도 월간 《다리》, 《상황》, 《역사산책》, 《교육마당21》, 《현대수필》, 《한국문학평론》, 《책과인생》 등을 발간하면서 단행본 저역자와 잡지 필진 등을 합하여 5만여 분의 도움을 받았습니다.

출판산업이 여러 미디어 환경의 변화와 독서인구의 감소로 불안해지고 있습니다. 그러나 책은 지식 기반과 사회의 근간을 이루는 핵심 콘텐츠입니다. 모든 문화는 책과 출판의 토대를 통하여 발전해왔다는 사실을 간과할 수 없습니다. 그러므로 출판인이란 기업인에 앞서 인간 생활에 있어서 가장 필요한 학문 · 예술 · 기술 · 오락 등 모든 분야를 출판매체를 통하여 밑받침하는 문화적 속성을 가진 직업인입니다. 이러한 긍지를 가지고 앞으로도 한국 출판의 세계화를 위해 끊임없이 연구하고 봉사하는 마음가짐으로 소임을 다해 나가겠습니다.

2016. 9. 27 〈범우 64집〉

(재)범우출판문화재단 이사장 윤형두

2장
개회사와 축사

편집학編輯學 연구사에 큰 업적 축하
— 2002년 중국편집학회 창립 10주년

우리 사단법인 한국출판학회韓國出版學會는 중국편집학회中國編輯學會의 창립 10주년을 맞이함에 대하여 진심으로 축하의 말씀을 드립니다.

귀 학회는 1992년 10월 베이징에서 창립을 본 이래 오늘에 이르기까지 10년 성상星霜을 보내오는 동안 참으로 경이적인 발전을 이룩하였습니다. 우리는 귀 학회가 그간에 보여주신 연구열에 대하여 깊은 감동을 받고 있습니다.

특히, 귀 학회는 귀국 내의 여러 지역을 두루 망라하여 지회支會를 건설하는 등 편집학 연구의 기반을 광범하게 넓혔을 뿐만 아니라, 국제적으로도 학술교류활동에 크게 기여하였습니다. 그러한 과정에서 귀 학회는 정기학술회의를 통해 젊은 연구자와 편집자, 출판 · 편집 학자들을 위한 연찬 기회를 적극 열어놓음으로써 그들의 연구 성과를 내외에 널리 공포케 하는 등 많은 사업을 열정적으로 수행하였습니다.

그런 가운데, 귀 학회는 '편집학이론 연토회編輯學理論硏討會'를 지속적으로 개설하여 매우 주목되는 성과를 거두고 있는 바, 이는 출판문화와 출판학의 핵심적인 대상인 편집 연구 분야를 '편집에 관한 영역의 학문'으로 끌어올린 중차대한 실현이 아닐 수 없습니다.

이와 같은 일련의 노력은 마치 10년을 1백 년처럼 정진해 온 역동적인 연구 활동으로 가능했다고 믿습니다.

이제 이번의 10주년을 맞이하여 앞으로를 향한 또 하나의 위대한 출발기지로 길이 기념되기를 바라마지 않습니다. 우리 한국출판학회는 다시 한 번 중국편집학회의 무궁한 발전을 축원하며, 우정과 성원하는 뜻을 이 글에 담아 보냅니다.

—〈중국편집학회〉 창립 10주년 기념식, 2002. 8. 16.

한국출판학회 회장 윤형두

중국편집학회 창립 10주년 개회식
— 2002년 중국 쿤밍(昆明)에서

존경하는 리우가오(劉杲) 회장님, 그리고 샤오이원(邵益文) 부회장副會長님을 비롯하신 회직자會職者와 회원 여러분, 만당滿堂하신 귀빈貴賓 여러분!

저는 오늘, 이처럼 큰 상賞(제1회 편집출판학 국제교류상)을 베풀어주신 귀貴 학회學會에 대하여 어떤 감사의 말씀을 드려야 할지, 그저 영광스럽고 또 한편으로는 과분하게 생각할 따름입니다.

우선, 귀 학회의 창립 10주년을 맞이한 데 대하여 진심으로 축하하며, 또한 올해는 중한中韓 수교 10주년을 맞는 뜻깊은 해이기도 합니다. 이제 되돌아보면, 우리 양국 학회가 교류하게 된 것도 어느덧 10년이 흘렀습니다. 그런 가운데, 우리는 베이징北京과 서울, 도쿄東京와 마닐라, 그리고 쿠알라룸푸르를 오가며 출판과 출판학의 발전을 위한 상호 간의 공동 관심사를 논의했습니다.

우리는 어느 때는 서로의 상황과 당면한 문제에 대하여 함께 걱정했고, 또 어느 때는 국제적 문화 환경 속에서의 상호 협력과 나아갈 바가 무엇이어야 하는가에 대하여 허심탄회한 의견을 교환하였습니다. 그럴 때마다 멀고 가까운 나라에서 온 모든 친구들이 한 목소리로 동의한 것이 있습니다. 언제나 기억이 새롭습니다만, "출판은 문화의 중심축이며, 그 나라의 현재와 장래를 열어 가는 힘이다"라는 확인이 바로 그것입니다. 1993년 8월 제6회 국제출판연토회國際出版硏討會가 귀 학회 주최로 베이징北京에서 열렸을 때, 리우가오 회장께서는 10개항으로 된 매우 인상적인 말씀을 공표하셨습니다. 모든 귀한 말씀들로 넘쳐 있었는데, 이 중에 "출판은 늘 건강하게 존재해야 하며, 그러기 위해서는 젊은 인력을 새롭게 양성해야 한다"고 강조하신 것을 기억합니다. 그러면서, 국제 간 협력을 강화해야 한다고 주장하셨습니다. 이런 생각은 여전히 중요하며, 출판을 사랑하는 모든 사람들이 늘 되새겨 보아야 할 일이라고 사료됩니다.

저는 이 아름다운 도시 쿤밍(昆明)에서 귀 학회가 걸어오신 지난 10년이야말로 얼마나 값지고 자랑스러운 노정路程이었는가를 실감하고 있습니다. 여러분께서 그간에 보여주신 꾸준한 연구 열정과 국제교류에 힘써 정진하신 성과들을 엿볼 수 있기 때문입니다.

이제 우리는 과거를 딛고 미래로의 도약을, 고답적 안주로부터 개혁적 사고를, 그리하여 자국과 국제간의 출판문화를 보다 우월한 세계로의 지향을 위해 육성 · 발전시키는 사업에 힘을 합해야 할 것입니다. 이것이 오늘의 우리 출판인들에게 주어진 사명이며, 우리가 함께 모색해야 할 공동의 길임을 굳게 믿는 바입니다.

재삼 귀 학회의 창립 10주년을 거듭 축하하며, 어젯밤에 만찬을 베풀어주신 후팅우 운남 인민출판사 사장과 여러분의 건강하심과 행운을 빌어마지 않습니다. 특별히 오늘 저에게 주신 크나큰 명예에 대하여 더없는 영광으로 생각하며, 이 자랑을 뜨겁게 간직할 것입니다.

감사합니다.

— 〈중국편집학회〉 10주년 기념 개회식에서, 2002. 9. 6.

한국출판학회 회장 윤형두

남애(南涯) 안춘근 선생 15주기에 부쳐
— 2008년《남애와 출판학》

생자의 삶도 이렇게 덧없이 흘러가는데 망자의 세월은 어떠신지요.

남애 선생님을 여읜 지도 벌써 열다섯 해가 되었습니다. 올해로 선생님의 15주기를 맞게 되었습니다.

선생님을 잃고 난 다음 선생님을 그리는 여러분이 그 아쉬움을 달래고 선생님 생존의 업적을 기리고 계승하기 위하여 남애출판문화상을 제정하였습니다.

선생님은 한국출판학의 창시자이시며 탁월한 출판기획자요 서지학연구가에다 장서가이셨습니다.

거기에다 책을 좋아하는 사람들과 건강을 위해 애서가산악회를 조직하여 매주 산에 가셔도 독서운동을 펴셨던 독서운동가이셨으며 주옥과 같은 에세이를 쓰셨던 수필가이기도 하셨습니다.

이러한 탁월한 업적을 기리며 계승하기 위하여 남애출판문화상을 제정하고 2001년 10월 서울에서 개최되는 제10회 국제출판학술회의

장에서, 국제출판학술대회를 공동으로 발의하시고 출판학의 연구와 교류에 선각자적인 위치에 계셨던 일본의 시미즈 히데오(清水英夫) 전 일본출판학회 회장을 제1회 수상자로 신정하여 시상을 하였습니다.

그리고 2003년 1월 22일 남애 안춘근 선생님의 10주기를 맞아 추모행사로 제1부 추도식과 묘소 참배, 제2부 기념 심포지엄 〈남애와 출판학〉을 한중일 대표가 주제발표를 하고 토론을 하였습니다. 제3부에 제2회 남애출판문화상 시상식에서는 제2회 수상자로 일본의 국제적 출판학자인 미노와 시게오(箕輪成男) 선생께서 수상하였습니다. 제4부 추모의 밤에는 프레스센터 19층 매화홀에서 출판학계를 비롯한 언론학계, 문화인 등 각계인사들이 참석하여 성대하게 남애 선생의 10주기 행사를 마쳤습니다.

그후 최소한 남애 선생님을 기리는 행사를 격년제도라도 행하려 하였으나 뜻대로 되지 못하고 5년의 세월이 흘렀습니다.

금번 IPA행사와 제13회 국제출판학술대회가 마침 남애 선생님의 15주기와 때를 같이하게 되어 남애안춘근선생기념사업회의 운영위원회에서 제3회 남애출판문화상 수상자로 중국의 중국편집학회 명예회장인 유고(刘杲) 선생에게 드리고 아울러 진심으로 축하를 드립니다.

끝으로 남애안춘근선생기념사업에 많은 협조를 아끼지 않으신 여러분께 항상 감사한 마음 잊지 않겠습니다.

《남애와 출판학》 제2집, 2008

— 남애 안춘근 선생 15주기 식장에서 윤형두

중국편집학회 10주년 기념식에서
— 제1회 국제교류장을 받고

이렇게 초대해주신 중국편집학회中國編輯學會의 리우가오〔劉杲〕 회장님과 샤오이원〔邵益文〕 부회장님을 비롯한 중국편집학회 회원 여러분에게 깊은 감사를 드립니다. 2002년 금년은 중국편집학회 성립 10주년으로 경축을 드림과 동시에 또한 올해가 중한中韓 수교 10주년을 맞는 뜻깊은 해이기도 합니다.

이러한 의미 있는 해에 중화인민공화국中華人民共和國의 대표적인 출판편집학술단체인 중국편집학회에서 저에게 편집출판학編輯出版學 제1회 국제교류장國際交流獎을 주신 데 대하여 한편 영광스럽고 또한 송구한 마음 금할 길 없습니다.

중국편집학회가 성립된 후 걸어온 기간은 10년에 불과하나 그동안의 업적은 창립 30여 년의 역사를 가진 한국출판학회韓國出版學會의 학문적 업적보다 월등히 넓고 깊다는 것에 대하여 경하慶賀를 드리지 않을 수 없습니다.

그동안 귀 학회의 편집사編輯史와 출판사出版史의 연구를 바탕으로 한 원고심사의 삼심제三審制, 출판에 있어서의 핵심이라 할 수 있는 편집자의 책임과 소질 그리고 지속적인 교육을 중요시한 정책과 중국편집센터의 개설 등은 괄목할 만한 공적이라 아니할 수 없습니다.

또한 1987년 중국출판과학연구소의 〈편집학논집編輯學論集〉, 1990년 중국대백과전서中國大百科全書 중 다이원빠오〔戴文葆〕 씨의 〈편집학編輯學〉 등 최근 10여 년 간에 이룩한 편집학 연구분야에서만도 50여 종이 넘는 풍성한 연구 성과를 볼 수 있었습니다.

그러고 더 나아가 다중매체多衆媒體에 대응하는 편집 작업과 편집학 이론 정립 등 그 학문적 심도는 선진 출판학 연구와 궤軌를 같이하거나 오히려 그 진도가 앞서고 있다고 볼 수 있습니다.

한국출판학회는 중국과의 출판학교류를 위하여 중한수교 이전인 1990년에 당시 회장이신 안춘근安春根 선생과 제가 중국 북경에 와서 다이원 빠오 선생과 샤오 이원 선생을 만나 뵙고 서울에서 개최하는 제5회 서울국제출판학술대회國際出版學術大會에 참석해줄 것을 요청하여 이듬해인 1991년 10월 서울국제출판학술대회에 다이원 빠오 선생과 샤오 이원 선생이 참석하여 "출판 발전방향—청소년도서를 중심으로"라는 주제로 발표를 해주셨고, 1993년에는 중국편집학회가 주관이 되어 "출판학의 현황과 발전 전망 및 출판산업의 발전 모색과 1990년대의 동향" 이라는 주제로 북경 올림픽호텔 국제회의실에서 성대한 학술토론이 있었습니다.

그 후 1995년 제7회 필리핀 회의, 1997년 제8회 도쿄東京 회의, 1999년 제9회 쿠알라룸푸르 회의, 2001년 제10회 서울 회의 등을 거치면서 중국편집학회의 출판편집학에 대한 학문적 탐구는 그 발전 속도에 찬탄을 금할 수 없었습니다.

중국과 한국은 가장 빈번하고 심도 있는 오랜 문화적 교류의 역사를 가지고 있습니다. 한국은 항시 수혜적인 입장에서 문화를 수용해 왔습니다. 이제 편집출판학의 연계로부터 중 · 한 출판산업 전반에 대한 연계로의 발전을 시도할 때라고 봅니다.

최근 2, 3년 동안에 출판학의 학문적 교류 및 출판산업적인 교류와 접촉이 눈부실 정도로 활발하게 전개되고 있습니다. 북경도서전시회에 한국출판인이 수백 명씩 참석해서 관람을 하고 또한 저작권 계약을 하는 등 희망적인 현상들이 전개되고 있습니다. 이에 우리는 산産과 학學이 공동으로 그 기운을 북돋아 출판문화 융성을 공동으로 이룩해 나가야 할 것입니다.

다소 문화적 시각 차이 등으로 제책製冊상의 디자인 문제 등 충돌이 없는 것은 아니나 그런 것들도 차차 해결되리라 믿습니다.

이제 양국은 편집 제작의 문제로부터 공동 기획과 한문권 도서의 공동 판매 네트워크의 구축까지도 함께 연구할 과제라고 생각합니다.

끝으로 특히 중국편집학회에 부탁하고 싶은 것은 분단된 한반도는 아직 남북 간의 출판문화교류를 시도하고 있지 못한 형편입니다. 돌아오는 2003년 중국에서 주관하는 제11회 국제출판학술대회에 북조선민주주의인민공화국의 출판인도 초청해줄 것을 간곡히 부탁드리는 바입니다.

재삼 영광된 상을 주신 중국편집학회 리우가오 회장을 비롯한 회원 여러분에게 감사를 드립니다.

2002. 9. 6.

—〈중국편집학회〉 제1회 국제교류상 시상식에서

중국 운남성 쿤밍(昆明)에서 한국출판학회 회장 윤형두

빈역서를 동해 중국의 발전과정을 이해하게 돼…
―《덩샤오핑의 남방순회 담화실록》 출판기념회에 부쳐

안녕하십니까? 오늘 《덩샤오핑의 남방순회 담화실록》 한국어판 출판기념식 및 한중 출판교류 학술대회를 범우출판문화재단과 베이징 인민출판사가 공동으로 중국 베이징의 한국 주빈국관에서 거행하게 됨을 진심으로 기쁘게 생각합니다. 특히 이번 행사를 위해 흔쾌히 동의해주신 인민출판사 황슈웬 사장님께 감사를 드리고, 이번 행사를 준비하기 위해 힘쓰신 양국 관계자 여러분, 그리고 이 자리에 참석해주신 귀빈 여러분께도 심심한 감사의 말씀을 드립니다.

1992년 한중 수교를 전후해서 한중 출판계의 교류를 직접 경험해 온 저이기 때문에 저는 그동안 인민출판사가 한국출판계와의 교류에 있어서 교두보적인 역할을 해왔음을 누구보다도 잘 알고 있고, 또 이를 통해 한국 사회에 오늘날 중국의 진면목을 소개하는 데 큰 공을 세웠다는 점도 잘 알고 있습니다.

오늘날의 중국이 모택동 주석에 의해 건립되고 기초가 만들어지는 과정, 등소평 주석이 주창한 개혁개방을 통해 웅크려 있던 대룡(大龍)

이 비상하는 대룡이 되어 이제는 세계를 이끌어 나아가는 G2(Group of Two)국이 된 배경 등에 대해, 한국인들은 한국의 범우사가 번역 출간한 인민출판사의 《모택동 선집》이나 《등소평 문선》 등 수십 종의 책을 통해 알게 되었습니다.

더구나 오늘 출판기념식을 갖는 《덩샤오핑의 남방순회 담화실록》은 중국의 개혁개방이 그렇게 쉽지 않았다는 과정을 잘 설명해주고 있어서, 한국인들이 오늘날 중국이 이루어지기까지 수많은 우여곡절이 있었고, 이를 타개해 나가려는 중국 영도자들의 고뇌를 잘 이해하게 될 것이라고 생각합니다. 이처럼 책을 통한 문화교류는 양국의 우호와 협력에 이바지함은 물론이고, 불안전한 미래에 있어서도 서로 공생할 수 있는 공감대를 만들어주는 기초가 될 수 있다는 점에서, 앞으로도 더욱 많은 출판교류가 활성화되기를 바라마지 않습니다.

그런 점에서 출판기념식 이후에 열리는 출판학술대회는 양국 출판계의 공동발전을 위한 상호 이해와 협력 증진에 커다란 계기를 가져다 줄 것이라고 생각합니다. 특히 지난 20년 동안 범우사와 인민출판사의 교류 상황과 그 영향이 어떤 것이었는지를 통해 향후 한중 출판교류의 방향과 지표가 제시될 것이고, 또한 현재 양국 출판계의 상황이 어떠한 상황에 처해 있는지를 이해하게 되어 서로의 발전을 위한 공통 관심사와 이를 위한 해결방법이 무엇인지를 공감하게 될 것이라 믿기 때문입니다. 끝으로 이러한 기회를 가질 수 있도록 기꺼이 승낙해주신 베이징 인민출판사의 황 사장님과 이를 위해 준비해주신 관계자 여러분께 다시 한 번 감사의 말씀을 드립니다. 감사합니다.

종합출판 범우(주) 대표이사 윤형두

책을 만드는 일보다 즐겁고 행복한 일은 없다
— 범우사 창립 37주년에 부쳐

범우사가 출판사 등록을 한 지 올해로 37주년이 되었습니다.

여기까지 오기엔 숱한 고난과 고통이 뒤따랐지만 슬기롭게 무사히 오늘에 이를 수 있었던 것은 범우사를 아껴주신 여러분의 격려와 성원의 덕분이라 생각합니다.

50여 년 전 출판계에 뛰어들었을 때 이 길은 순탄한 길이 아니라 험준한 길이란 것도 잘 알고 있었습니다. 출판인이 되기는 쉽지만, 출판인으로, 더욱이 출판사를 경영하는 출판업자로 살아남기는 더더욱 어렵다는 것도 알고 있었습니다. 그러나 저는 처음부터 출판업을 천직으로 생각하고 출판계에서 삶을 마치겠다는 결심을 하였습니다. 책을 만들고 책과 함께 하는 일보다 즐겁고 행복한 일이 없었기 때문입니다.

저는 어려서부터 "호랑이는 죽어서 가죽을 남기고 사람은 죽어서 이름을 남긴다"는 말을 매양 들어 왔습니다. 그 말은 훌륭한 사람이 되어 역사에 이름을 남기라는 뜻일 것입니다. 저는 출판사를 경영하면서 나도 후세에 이름을 남길 수 있는 사람이 될 수 있겠다는 생각을 하였습니다.

그동안 범우사에서 찍어낸 책이 줄잡아 4,000만 부나 됩니다. 그 책들의 판권란에 '발행인 윤형두'라는 이름을 찍어 냅니다. 그 책들이 도서관이나 어느 서고에서 1백 년 2백 년 후까지 남아 있을는지 모를 일입니다. 얼마나 흐뭇한 일입니까?

그리고 출판이란 어머니들이 생명을 잉태하여 10개월의 고통을 감내하면서 새 생명을 출산하듯이 기획으로부터 교정 · 제작 등의 여러 과정을 거쳐 새로운 문화재를 창조한다는 희열이 있는 직업입니다. 때문에 책의 탄생도 산모의 기쁨에 버금간다고 할 수 있을 것입니다. 이런 진통 후의 희열을 맛보기 위해 출판의 길은 더욱 행복했는지도 모르겠습니다.

영국의 저명한 편집자 싹스 카민스(Saxe Commins)는 "출판인이란 바위를 파란 연필로 쪼아 거기에서 샴페인이 솟아나오게 하는 능력을 갖추어야 한다"고 하였습니다. 저는 그런 능력은 갖추지 못했습니다만 범우사의 창립목표를 지키면서 편견을 버리고 정확한 정보와 판단력으로 최소한의 오류만은 범하지 않는 경영방침으로 운영해왔습니다.

지난 37년 동안 범우사는 문학과 역사, 철학서를 중심으로 약간의 사회과학분야를 합한 인문사회학 도서를 발행해왔습니다. 그 비율이 거의 90%에 달합니다. 그런데 1990년대 중반을 지나면서 인문사회학 분야는 독자가 현격하게 줄기 시작했습니다.

2000년대를 맞으며 궤도 수정을 해보려 하였으나 그동안 진행해오던 관성의 법칙에 의해 그 시도가 용이하지 않았습니다. 부사장과 젊은 편집팀들이 만화출판을 시도하였습니다. 지난해와 올해에 걸쳐 《한국의 신화》《고려 이야기 무인시대》 등을 출간하였지만 결과는 뜻한 바에 못 미쳤습니다.

이제 디지털 시대를 맞아 정보를 신속하고 다양하게 취득할 수 있기 때문에 출판사는 독자의 요구와 감성에 부응하는 상품을 생산하지 않으면 낙오되고 말 것입니다.

범우사는 1970~80년대 서점문화를 창출하는 데 앞장을 서 왔습니다.

그 당시 모든 출판사들이 방문판매로 전집 출판과 교과서 출판을 할 때 단행본 출판과 '문고文庫' 출판을 시도하였습니다. 삼중당문고, 박영문고, 서문문고 등 많은 문고들이 쏟아져 나왔으나 그 문고들은 지금 서점에서 거의 찾아볼 수가 없습니다. 그러나 지금도 '범우문고' 출판을 꾸준히 이어오고 있습니다.

또한 청소년도서의 불모지였던 1970년대부터 '사르비아문고'를 출간하기 시작하여 지금까지 젊은 독자의 사랑을 받고 있으며, '비평판세계문학'도 전집이 아닌 단행본으로 서점판매를 제일 먼저 시도하였습니다.

그런데 요사이 숱한 도전을 받고 있습니다. 토인비는 역사 속의 흥망을 도전과 응전이라고 하였습니다. 도전은 생존과 융성을 위해 필요하며 응전은 위기에 빠졌을 때 다시 살아남기 위한 방법이라고 하였습니다.

범우사는 지금 응전과 도전을 겸하여 개혁을 시도하려 하고 있습니다. 초조로움보다는 여유롭게 기쁜 마음으로 대처해 나가겠습니다. 또한 독서교양지인 《책과인생》도 10년이 넘게 발행하고 있습니다. 일제 강점기의 독서교양지 《박문》으로부터 수십 종의 독서잡지가 발행되었으나 2, 3년 이상 끌어간 잡지는 한 종도 없습니다. 민간인이 경영하는 독서교양잡지로서 10년 이상 지속된 잡지는 《책과인생》이 유일할 것입니다.

지난 일 년 동안 범우출판장학생이 창립한 '범우출판포럼'에서는 "출판산업의 변화와 전망"이라는 제3회 출판세미나를 개최하였으며 《책과인생》을 통해 등단한 작가들이 주축이 된 '에세이포럼'에서는 《에세이포럼》이라는 동인지를 발간하였습니다.

끝으로 장학금을 받으시는 장학생과 독후감 현상모집에서 입상하신 입상자, 《책과인생》을 통하여 추천받으신 등단자 여러분에게 진심으로 축하를 드립니다. 특히 오늘 범우사 창립 37주년 행사에 바쁘신데도 참석해주신 여러 내빈에게 다시 한 번 감사를 드립니다.

— 범우사 창립 37주년 기념회, 2003. 9. 26.
범우사 대표 윤형두

— 중국어판《한 출판인의 자화상》 출판기념회에 부쳐

안녕하십니까? 그동안 베이징에 몇 차례 왔었으나 옛 친구들에게 일일이 연락을 못 드린 점 정말로 죄송합니다. 베이징에 올 때마다 업무에 쫓겨 틈을 낼 수가 없어서 결례를 하였습니다. 그래서 인민대학출판사 하 사장님께 부탁을 드려 오늘 출판기념식을 갖게 되었습니다.

이를 빙자하여 옛 친구들과의 회포를 풀고자 모시게 되었습니다. 바쁘신 와중에도 참석해주셔서 정말 기쁘기 한량없습니다. 특히 오랫동안 뵙지 못했던 옛 친구들을 오늘 뵙게 되니 감개무량합니다.

인사가 늦었습니다만 오늘 이 자리를 마련해주신 인민대학 왕리밍 부총장님, 저의 졸저를 기꺼이 번역 출판하는데 승낙해주신 인민대학출판사 허야오민 사장님, 그리고 이번 국제도서전 주빈국 한국 측 집행위원을 기꺼이 허락해주시고 한중 출판교류를 위해 헌신하고 계시는 멍차오 부사장님께 심심한 감사를 드립니다.

수익이 나지 않는 책을 출판해주신다는 것이 대단히 어렵다는 것을 잘 알고 있습니다. 그럼에도 이번에 저의 책을 번역 출판해주시고 오늘 이 기념식을 준비하시는 수고와 열정을 아끼지 않으신 인민대학출판사 관계자 여러분께 재삼 머리 숙여 감사의 인사를 드립니다.

금년이 한중 수교 20주년이라는 것과, 또 한국이 베이징도서박람회 주빈국이라고 하는 의미 깊고 경사스런 해이기 때문에 이러한 영광을 저에게 주신 것이 아닌가 하고도 생각해보았습니다만, 그것보다는 오랫동안 한중 출판계의 교류와 협력을 통해서 얻어진 신뢰와 우정, 그리고 향후의 발전을 위해 더욱 협력하자는 뜻에서 이루어진 결과라고 생각하게 되었습니다.

오늘 이 자리에 모이신 여러분들은 바로 한중 교류 20년의 산증인들이십니다. 바로 여러분들이 한중 교류의 버팀목이 되어주셨고, 그것이 바탕이 되어 오늘날과 같은 발전을 가져올 수 있었던 것이며, 그 가운데 저도 한 일원이었음을 인정해주셨기에, 중국 지성의 요람인 인민대학출판사에서 출판을 해주신 것이라고 생각하는 것입니다.

이곳에는 한국에서 온 범우출판문화재단 명예이사장이시며 전 감사원장이신 한승헌 변호사님을 비롯한 회원 20여 분이 참석하였습니다. 앞으로 한국의 출판계를 짊어지고 나가실 분들입니다. 이들의 활동을 보면서 저는 더욱 용기를 갖고 출판인들을 양성하고 지원하는 일에 매진해야겠다고 늘 생각하고 있으며, 더 좋은 출판을 위해서는 더 넓은 세계관이 필요하다고 생각해서 국제교류에 더욱 관심과 열정을 쏟고 있습니다.

이러한 뜻을 헤아려 오늘 한중 출판계 동료들과 함께 기쁨을 나눌 수 있도록 배려해주신 인민대학 왕 부총장님, 인민대학출판사 하 사장님, 맹 부사장님, 그리고 관계자 여러분께 재삼 감사의 말씀을 드리고, 또 어려운 자리에 왕림해주신 언론계 기자님들께도 감사의 말씀을 드리면서 인사에 가름하겠습니다. 감사합니다.

2012. 8. 30

중국 베이징 인민대학교에서

종합출판 범우사 대표 윤형두

많은 분들의 협조와 은혜에 감사 …
— 2003년 순천대 총동문회장 임기를 마치며

싱그러운 신록의 계절이 왔습니다. 2년 전 심었던 '동문의 숲'의 느티나무 잎이 진초록으로 물들어가고 있습니다. 이 화창한 5월을 맞아 동문과 동문님의 가정에 건강과 행운이 함께 하기를 먼저 기원합니다.

존경하는 선배님, 그리고 사랑하는 후배 동문 여러분!

본인이 여러 동문님들의 추대에 의해 영광스러운 총동문회장에 취임한 지도 벌써 3년이 되었습니다. 그동안 훌륭하신 선배님들과 협조를 아끼지 않으신 후배님들의 열성에 힘입어 큰 과오 없이 임기를 마치게 되었습니다. 특히 허상만 전 총장님, 장석모 전 대학원장 겸 동문회 상임부회장님, 김종영 부회장 겸 총무이사님을 비롯한 많은 분들의 협조와 은혜가 컸음을 먼저 감사드립니다.

그리고 우리 동문회에 지대한 관심을 쏟아주신 신임 김재기 총장님께도 감사를 드립니다. 이제 우리의 모교인 순천대학교는 68년의 전통과 35,000명이 넘는 동문을 가진 역사 깊은 호남의 명문이 되었습니다.

종합대학교인 국립순천대학교로 승격한 지도 21년이 되었습니다.

68년의 역사 중 21년의 역사를 가진 대학교 출신이 사회의 중추적 역할을 하기 시작하였으며 농업계에서 출발한 모교가 다양한 전문지식을 갖춘 국가적 동량으로 영역을 넓혀가고 있습니다.

이제 선배들은 역사를 쌓아온 하나의 증인이라면 후배들은 미래를 창조하는 역군입니다. 이제 우리 동문과 재학생들은 앞에서 끌어주고 뒤에서 미는 '일심동체'가 되어 '동북아중심대학'으로 발돋움하는데 모든 힘을 모을 때가 되었다고 생각합니다.

모교인 순천대학교는 5개 단과대학에 30개 학과의 석사과정과 11개 학과의 박사과정, 4개 특수대학원에 교직원 630여 명, 재학생 10,000명, 학교부지 63만여 평에 건평 3만여 평으로 규모적으로도 굴지의 대학이 되었습니다. 또한 내실면에서도 교육부의 '구조조정 및 내부 혁신 평가'에서 우수대학에 선정되었으며, 중앙일보의 대학평가순위에서도 설립 20년 내외의 66개 중 5위, 정보화 부분에서는 전국 144개 대학 중 공동 1위로 선정되었으며, 2002년에도 국립대학 교육 및 연구 부문 성과에서도 우수대학으로 선정되었습니다.

순천대학교는 명실상부한 종합대학으로서의 규모는 갖추었습니다. 이제 모교와 동문회가 졸업생들의 취업과 진로를 위하여 취업지원센터 등을 개설하여 내실을 기할 때가 되었습니다.

2년 후면 개교 70주년이 됩니다. 68년의 역사를 과거의 시간으로 묶어두지 말고 미래의 발전으로 변화시켜 가는 새로운 계기를 마련할 때가 되었다고 봅니다. 저는 3년 전 총동문회장을 맡은 후 동문들의 협조로 '동문의 숲'을 조성하였습니다. 이 동문의 숲이 새로이 짓는 순천대 박물관과 연계하여 명실상부한 순천시민과 순천대인의 문화와 휴식공간으로 활용되기를 바랍니다.

또한 1,200여 페이지에 달하는 순천대 인명록을 발간하였습니다. “구슬이 서말이라도 꿰어야 보배”라 하였습니다. 35,000명의 동문 명단이 수록된 인명록은 우리 동문들의 족보입니다. 이것을 근간으로 동문을 찾고 유대를 강화하는 기틀이 되리라 믿습니다. 또 회장 취임 시 공약하였던 모교에 도서 보내기 운동은 계속적으로 진행되고 있으며 한때 물의가 있었던 모교 뒤 난봉산을 깎아서 건립하겠다던 순천여중 부지 문제도 원만히 해결을 보았습니다.

돌아오는 2005년, 모교 개교 70주년 준비행사로 모교에서 《순천대 70년사》 발간을 계획하고 있다니 동문들의 협조를 아울러 부탁드리며 《순천대 인명록》도 발간 부수가 적어 골고루 배본하지 못한 점 양해를 구하면서 개교 70년을 맞아 증보판이 발간되어 동문들의 욕구에 충족되었으면 합니다. 이제 참여정부가 지방분권과 국토의 균형발전을 위해 지방대학 육성을 국정의 우선과제로 삼겠다 하였으니 우리 모교인 순천대학교도 이 좋은 기회를 놓치지 말고 한 단계 웅비하는 계기로 삼았으면 합니다. 끝으로 총동문회 총회와 체육대회를 준비하시느라 수고하신 동문 여러분에게 감사드리며 특히 체육대회 준비위원장을 비롯한 준비위원 여러분에게 진심으로 감사드립니다.아울러 우리 동문 가족의 축제를 맞아 대화하고 마음껏 뛰고 즐기는 날이 되기를 바라며 재삼 동문 여러분의 건강과 가정에 행운이 가득하시기를 기원합니다. 감사합니다.

—《순천대학교 총동문회보》 제29호 2003. 05. 10

순천대학교 총동문회장 윤형두

특별한 메시지 공유하는 시간 되시길
— 6월에 열리는 2013 서울국제도서전

계사년 새해를 맞이한 지가 엊그제 같은데 어느덧 한 해의 중심에 서 있습니다. 흐르는 세월 앞에 속수무책일 수밖에 없지만, 살아가는 의미를 어디에 두느냐에 따라 흐르는 세월이 연륜이 되기도 하고, 깊이 있는 성찰의 시간이 되기도 합니다.

존경하는 출판인 여러분! 세계정세가 혼란스럽고, 경기 또한 이렇다 할 호전의 기미를 보이지 않는 가운데, 출판시장 역시 먹구름 상태를 면치 못하고 있습니다. 그러나 지난 상반기 동안 우리 출판인들은 묵묵히 자신의 소임을 다해왔으며, 좋은 책 출간을 위해 애써왔습니다. 그럼에도 불구하고 사회 불안을 조성하는 여러 사건 사고 소식들을 접하며, 이 모든 일들의 발단이 개인의 인격 부재가 낳은 결과이지 않나 하는 생각을 해봅니다. 아울러 올바른 인성교육의 기초가 되는 '책'을 만드는 한 사람으로서 작금의 현상에 대한 출판인으로서의 사회적 책임과 의미를 되새겨봅니다.

책을 만들고, 판매하는 일, 나아가 책 만드는 사람들의 역할과 소임을 되새겨보는 뜻깊은 자리인 '2013 서울국제도서전'이 오는 6월 19일부터 23일까지 서울 삼성동 코엑스에서 개최됩니다.

우리 출판인들은 도서전 참가를 통해 짧게는 상반기의 도서를, 길게는 그동안 출간된 자사의 전 도서를 전시하며, 직접 독자와 만나고, 또 국내외의 출판인들과 교류함으로써, 출판인으로서의 사회적 소임을 다하고 있습니다.

한 출판사가 도서전에서 부스를 운영하는 것은 단순히 자사의 도서를 홍보하기 위한 의미를 넘어, 출판인들이 독자와 직접 만나 소통하며, 현장의 소리를 통해 좋은 책을 만드는 기획거리와 만나는 중요한 기회가 됩니다. 아울러 도서전 기간을 통해 저자와 출판사, 독자가 만나는 이와 같은 상호교류는, 건전한 독서문화 창출을 위해 출판인들이 앞장서 추진하고 동참해야 하는 의미 있는 일이라 할 것입니다.

이와 같은 취지를 담아 출협이 지난 1995년에 시작한 '서울국제도서전'이 올해로 19회째를 맞습니다.

올해 또한 결코 녹록치 않은 상황임에도 불구하고, '2013 서울국제도서전' 개최에 관한 여러 출판인들의 관심과 성원에 힘입어, 출협이 준비한 모든 부스를 채울 수 있었으며, 이제 본 도서전의 문화프로그램인 특별전과 부대행사를 잘 진행함으로써 참가사와 독자들의 만족을 이끌어내는 성공적인 운영만을 남겨놓고 있습니다.

특히 올해는 온고지신溫故知新의 정신으로 '옛것을 통해 오늘을 점검하고 내일을 연다'는 모토로 출협이 지난 2011년부터 추진하고 있는 '우리의 기록문화유산'을 테마로 한 세 번째 특별전인 '조선 활자책 특별전'을 통해 조선시대 활자 문화의 변천사를 조망해보는 시간을 가집니다.

본 특별전에는 저 개인의 소장본을 비롯해 출협 소장본, 개인소장(강순애 교수, 임영란 씨, 한상봉 씨) 도서와 문우서림 소장자료 등을 포함해 조선 초기의 계미자(활자)에서부터 연활자가 시작된 1910년까지의 활자 100여 종을 연대별로 전시함으로써 조선시대 활자의 변천사를 일목요연하게 살펴볼 수 있는 뜻깊은 시간이 될 것입니다.

또한 '김동리 탄생 100주년 기념 특별전', '아름다운 책 특별전', '주제가 있는 그림책', '2013 볼로냐라가치상 수상작 전시', '일러스트레이터스 월', '독립출판물 전시', 올해의 북아티스트 5인의 특별전 등을 비롯해 '저자와의 대화', '인문학 아카데미', '북멘토 프로그램' 등을 부대행사로 진행합니다.

그 외 26개국에 이르는 세계 각국의 책과 출판 동향을 살펴볼 수 있는 문화행사와 주빈국 인도가 준비한 세미나와 강연, 음식문화 체험 프로그램 등은 이국적인 인도의 문화와 특성을 이해하는 특별한 기회가 될 전망이며, 수교 50주년을 기념해 '컬처포커스'로 참여하는 캐나다의 애니메이션 상영, 퀴즈 프로그램 진행 등은 국제관의 볼거리를 한층 더 풍성하게 해줄 것입니다.

매년 열리는 서울국제도서전이지만, 매해 다른 의미를 부여할 수 있는 것은 서울국제도서전이 단행본, 아동전집류, 학술서 등 출판 각 분야의 도서를 아우른 국내 유일의 도서전이기 때문입니다. 아울러 이를 통해 출판사와 독자, 독자와 작가, 작가와 출판사가 만나 교류할 수 있는 국내 유일의 책 축제의 장이기 때문입니다.

모쪼록 '책'을 통해 살아 숨 쉬는 다양한 문화와 만나게 될 '2013 서울국제도서전'에 출판 및 관련 단체 여러분들의 많은 관심과 참여를 부탁드립니다. 아울러 도서전 개최의 의미를 십분 이해하시어, 기꺼이 부스 운영에 동참해주신 여러 출판사 대표님들과 관련 단체장님들께도 심심한 감사의 뜻을 전합니다.

책, 사람 그리고 미래가 공존하는, 책을 사랑하는 모든 분들을 주인공으로 한 '2013년 서울국제도서전'에서 뵙겠습니다. 감사합니다.

—《출판문화》 571호 2013. 6월호

대한출판문화협회 회장 윤형두

서울국제도서전의 개막 인사
— 2013년 <조선 활자책 특별전>에 부쳐

책이 좋아 책과 함께 살아온 본인이 우리 출판문화의 역사적 의미를 활자문화의 변천사로 재조명해보는 뜻깊은 시간을 갖기 위해 기획한 〈조선 활자책 특별전〉을 선보입니다.

무엇보다도 '2013 서울국제도서전'을 통해 그동안 수집한 이 자료들을 여러분들이 직접 살펴보실 수 있는 자리를 마련하게 되어 매우 기쁘게 생각합니다.

〈조선 활자책 특별전〉은 출협이 지난 2011년부터 추진해온 '우리의 기록문화 유산'을 테마로 한 세 번째 특별전입니다. 2011년 〈우리의 찬란한 기록문화 유산〉을 시작으로 작년 〈잃어버린 한글 활자를 찾아서〉에 이어, 올해는 조선 초기의 활자인 계미자에서부터 연활자가 시작된 1910년까지의 100여 종에 이르는 옛 활자 전시를 통해 한국출판의 근간이 된 활자문화의 역사적 의미를 조명해봅니다.

전시 범위를 '조선 활자책'으로 잡은 데는 조선시대의 교육진흥정

책이 인쇄술과 제지술의 발달을 이끄는 데 크게 이바지하였기 때문입니다. 특히 이번 전시를 통해 소개되는, 조선 태종이 만든 조선의 첫 금속활자인 계미자 본은 독일의 구텐베르크가 1440년대 말 금속활자를 발명하여 《세계 심판》과 《천문역》을 인쇄하고 1455년 전후에 《42행 성서》를 간행한 때보다 40~50년이나 앞선 것이었습니다.

이번 전시가 의미 있는 것은 우리나라의 활자 인쇄문화의 우수성을 조선시대라는 한 특정적인 때를 기준으로 연도별로 일목요연하게 정리해 일반인들에게 공개하는 첫 전시라는 데 있습니다. 아울러 아날로그적인 목판인쇄에서 디지털적인 활판인쇄로의 전환으로 꽃피운 옛 우리 선조들의 활자 인쇄기술의 변천과정을 살펴볼 수 있는 자리이기에 그 의미가 새롭습니다.

새로운 디지털 환경으로 탈활자의 시대, 출판의 위기가 화두가 된 오늘날 우리가 다시금 옛 선조들이 일군 인쇄기술과 출판문화의 우수성을 점검하는 것은 작금의 출판 상황을 온고지신(溫故知新)의 정신으로 새롭게 꽃피우고, 열매 맺기 위함입니다.

모쪼록 이번 〈조선 활자책 특별전〉을 통해 국내뿐 아니라, '2013 서울국제도서전'을 찾은 세계 26개국의 출판관계자들이 한국 출판의 저력과 위상을 확인하는 뜻깊은 시간이 되기를 바랍니다. 아울러 잠깐 머물렀다 가는 전시장이지만, 그 짧은 만남이 공고한 터전 위에 세워진 한국 출판문화의 역사를 이해하고, 우리의 생각과 비전을 새롭게 다지는 구심점이 되기를 소망합니다.

귀중한 소장도서를 지원해주신 소장자와 전시 기획에서 준비에 이르기까지 힘써주신 여러 선생님들께 심심한 감사의 말씀을 전합니다.

금속활자의 종주국으로서의 위상과 거목(巨木)으로 우뚝 선 한국 인쇄문화의 저력을 확인하시는 귀중한 시간되시기를 바랍니다. 감사합니다.

— 〈2013년 서울국제도서전〉 2013. 6. 15

대한출판문화협회 회장 윤형두

출판문화의 황금시대를 바라며
— 대한출판협회 창립 60주년 축사

대한출판문화협회가 올해로 창립한 지 갑년(甲年)인 예순 번째 해를 맞습니다. 1947년 3월 15일, 종로 YMCA회관에서 창립총회를 갖고 출판문화의 지도적 역할, 출판사업에 관한 조사연구, 우량 출판물의 장려 등의 기치를 들고 탄생하였습니다.

60년의 지난 세월이 자랑스럽건 자랑스럽지 않건 긍지로 여겨야 합니다. 큰 돌과 작은 돌, 흙과 모래 등이 쌓여 분지와 산을 이루듯, 역사는 잡다한 공과(功過)와 반목과 논쟁과 융합으로 얽히는 씨줄과 날줄의 엮음으로 이루어집니다. 그래서 역사는 지나간 일들의 멈춤이 아니라 살아서 역동하는 생명이라 할 수 있습니다.

조국 광복 후 이데올로기의 갈등 속에서 민주주의를 표방하는 단체로 탄생한 대한출판문화협회가 온갖 역사적 탁류에 휘말리면서 여기까지 도도히 흘러나왔습니다. 남북분단, 한국전쟁, 5 · 16 이후의 혹독한 군사정권 하의 언론출판의 탄압 속에서도 싹을 틔우며 자랐습니다. 그래서 세계출판 10대 대국의 반열에 올랐습니다. 지난

2005년에는 프랑크푸르트도서전의 주빈국 행사를 주관했고 돌아오는 2008년에는 서울에서 IPA국제대회를 개최합니다. 이것이 모두 한국 출판계의 저력을 증명하는 것입니다.

굳은 땅에 물이 고이듯이 온갖 간난신고를 극복한 역정의 결과입니다. 그 과정에 어떤 굴곡과 회절이 있었다 하더라도 모두를 감싸 안아야 하는 것이 또한 60년의 역사입니다. 이제 2008년의 IPA 총회를 우리 출판계 모두가 총력을 기울여 성대하게 치르고 황폐화한 국내 출판계가 눈을 돌려 국내 출판의 부흥을 위해 모두가 궐기하여야 합니다. 공공도서관과 학교도서관 더 나아가 군부대와 교도소의 도서실 등의 시설을 개선하고 도서구입비를 확충하여 책을 사고 책을 보는 국민개독운동을 지속적으로 전개하여 책의 수요를 창출하여야 합니다.

국제적인 행사를 국제행사로 끝낼 것이 아니라 국내 출판계의 부흥과 연계하는 지혜를 짜내야 합니다. 탈출판매체(脫出版媒體)로 흘러가는 물꼬를 막고 대한출판문화협회 창립 60주년을 맞아 새로운 출판 황금시대를 여는 계기를 마련해주기 바랍니다.

—《출판문화》 2007. 3월호

종합출판 범우사 대표 윤형두

3장
기사와 특별기고

창조경제 시대를 이끌 동력, 인문학에 기반한 창의성과 상상력에서 시작하다

박근혜 정부가 '국민행복, 희망의 새 시대'의 국정비전을 실현하기 위한 핵심 국정과제로 창조경제를 채택하고 이를 실현하기 위한 방법으로 인문학적 사고에 기반한 창의성과 아이디어를 강조하고 있다. 이는 곧 우리나라가 과거 국가 주도 하에 이루어지는 성장 제일주의에서 벗어나 미래의 국가 성장을 주도할 견인차이자 토대로서 인문학적인 가치를 다시금 새롭게 바라보는 시대로 접어들었음을 의미한다.

창조경제란 상상력과 창의력을 과학기술과 ICT(정보통신기술)에 접목하여 새로운 성장 동력과 일자리를 창출하는 경제체제다. 여기서 주목할 점은 국정운영 패러다임의 중심축으로 제시된 인문학적 상상력이 창조경제 조성을 위해 어떻게 발휘되느냐이다. 이는 하루아침에 생겨나는 것이 아니며 과학시절처럼 공식과 수치에 의해 발명되는 것도 아니다. 인문학적 상상력의 발현을 위해서는 또한 인문학 부흥이 전제되어야 한다.

특히 과거에 비해 인간의 기호와 감정, 욕구를 반영한 상품이 그 어느 때보다 주목받는 지식 혁명의 시대에 살고 있는 현대인들에게 기술 중심적인 사고에 천착하여 만들어진 상품은 더 이상 통용되지 않는다. 즉 인간이 무엇을 좋아하고 열망하는가에 대한 심리를 정확히 꿰뚫고 그 안에 담긴 이야기를 함께 소비할 수 있는 상품만이 시장 속에 살아남을 수 있다는 것이다. 이러한 추세에 제대로 대응하지 못하면 아무리 기술 수준이 높은 나라나 기업도 경쟁력을 가질 수 없다.

이러한 가운데 '인간이란 무엇인가'에 대한 본질적인 의미를 탐구하고 찾는 인문학적 상상력이야말로 창조경제의 흥망을 결정하는 열쇠인 것이다.

그렇다면 인문학 부흥을 위해 가장 효과적이고도 쉬운 방법은 무엇일까? 바로 책 읽기이다. 책이란 현시대를 기록하고 공유하고 후대에 계승시키는 매체로서 사람들이 서로의 생각을 서로 공유하고 이를 통해 배우고 반성할 수 있는 사고의 근간을 이룰 수 있는 가장 효과적인 학습의 장이자 가장 손쉽게 접할 수 있는 매체이기도 하다.

하지만 몇 해 전부터 지속된 출판업계의 불황과 인문학의 몰락은 계속해서 회자되고 있는 해묵은 주제이다. 이는 명확한 수치가 증명해주는 사실이기도 하다. 본 협회가 발표한 2012 출판통계에서 출판종수는 전년도 대비 10%, 발행량은 20%로 감소되었으며 통계청의 자료에 따르면 2012년 2인 이상 전국 가구의 서적 구입 지출은 월 평균 19,026원으로 2011년 대비 7.5% 감소했다. 이는 출판인의 한 사람으로서 매우 안타까운 현실이지만 그래도 다행인 것은 독서 생태계를 살리기 위한 노력이 곳곳에서 포착되고 있다는 점이다.

오는 6월 개최되는 〈2013 서울국제도서전〉은 독서하는 사회분위기 정착이라는 목표 아래 올해로 19회째를 맞이하였다. 서울국제도서전은 전 세계 26개국 500여 개의 출판사가 참여하는 국제적인 행사로 해마다 출판 관련 다양한 주제의 프로그램들로 독자들을 맞이하고 있다.

또한 여러 지역 단위에서도 책 읽는 도시를 선포하며 적극적인 활동을 펼치고 있다. 경기도 군포시가 시정 제1과제로 책 읽는 도시 만들기를 선포하고 SK건설이 전사적 차원의 독서경영을 실시하고 있는 것은 매우 고무적인 일이다.

하지만 새로운 시대가 시작되는 현 시점에서 출판업계의 부활, 더 나아가 인문학 부흥을 위한 노력은 결코 일시적인 유행이 아니며, 그 의미와 중요성은 날이 갈수록 커지고 있다. 인문학적 사고에 기반한 상상력과 창의성은 곧 창조경제의 지속가능한 성장을 위한 밑바탕이 될 수 있음을 잊지 말아야 한다.

이를 위해 정부는 국민들이 책과 관련한 즐거운 경험을 할 수 있도록 정책적인 지원을 아끼지 말아야 할 것이다. 독서 생태계의 부활이 인문학 부흥으로 이어지고 이를 통한 인문학적 상상력이 정치, 경제, 산업, 전 분야에 확산될 때 비로소 창조경제는 성공할 수 있을 것이다.

—《오피니언 신문》 기고, 2013. 5월

출판산업의 미래전망과 발전과제
— 특별기고 : 월간 《창조산업과 콘텐츠》

매해 출판계가 어렵다는 보고가 이어지고 있고, 실제 작금의 출판산업이 여러 미디어 환경의 변화에 따라 그 입지가 불안해진 것 또한 사실이다. 그러나 그 가운데에서도 최근 우리의 변화된 미디어 산업을 주도하는 핵심 콘텐츠가 '책'을 통해 재생산된 다양한 텍스트의 결과물이라는 데 이의를 제기할 사람은 아무도 없을 것이다.

'책'은 지식 기반의 사회의 근간을 이루는 핵심 콘텐츠이다. 인류역사는 '책'과 '출판'의 역사를 통해 성장 발전해왔으며, 지금껏 그래왔던 것처럼 '책의 역사'는 인류역사의 한 획을 긋는 매우 중요한 매개체로 활용되고 있다.

우리가 미디어를 통해 접하는 다양한 볼거리들, 특히 연극, 영화, 드라마, 음악, 만화, 무용, 게임 등 여러 문화산업의 콘텐츠가 결국 '책'의 핵심요소인 스토리로 인해 재가공 되고 있다는 데 주목할 필요가 있다.

현재 세계 각국에 소개되고 있는 우리의 콘텐츠는 우리만의 사상과 문화를 담은 한국의 텍스트이다. 책을 통해 확장된 사고의 깊이는 또 하나의 장르로 이동해 책의 줄거리, 음악의 가사, 드라마와 영화의 대본, 영상의 완성도를 높이는 문화콘텐츠로 재가공 돼 '한류'라는 하나의 문화 현상을 만들었다. 이미 우리는 세계 각국의 정보를 다양한 콘텐츠로 접하고 있으며, 이를 통해 축적한 호기심의 발로로 책을 읽고, 알아가는 과정을 거치게 된다. 따라서 개인에게나 나라에 있어서 보다 많은 양서良書의 출간과 보급은 개인과 사회, 나아가 한 나라를 바로 세우고 튼실히 가꾸는 중요한 자양분임에 틀림없다.

소셜네트워크와 인터넷, 오디오책과 전자책 등 현재의 미디어 환경은 종이책의 위기를 만드는 부정적인 요소가 될 수도 있으나, 종이책의 가치를 다시 한 번 부각시킬 수 있는 매우 중요한 계기가 되기도 한다. 분명한 것은 종이책이 영상매체와 인터넷 등에 쏠린 독자들의 관심을 다시 책으로 끌어들이고, 변화된 환경에 맞게 출판업을 효율적으로 운영해낼 수 있는 새로운 포지션을 구축해나가야 한다는 점이다.

가령 최근 출판계는 다품종 소량생산에 대한 인식변화로 출판사별로 발행 종수와 부수를 최적화하고 있으며, 디지털데이터베이스로 종이책과 전자책, 웹 콘텐츠를 아우르는 생산 시스템 구축에 신경쓰고 있다. 그 밖에 우리의 라이프스타일의 변화는 출판의 내외적인 환경 변화에 따라 기획력을 갖춘 셀프 출판, 독립출판 등 새로운 출판 시스템을 만들어가고 있다. 중요한 것은 이제 출판은 단순히 종이책 출판뿐만 아니라 독자들이 다양한 방법으로 책을 접할 수 있게 출판의 외형을 확장시켜나가야 하며, 이를 위한 정부, 기관, 단체 간의 관심과 노력이 필요하다.

출판산업이 인류역사의 성장과 발전을 이끌어 온 중요한 분야임에도 불구하고 그동안 정부의 관심과 지원이 여타 문화산업 분야에 비해 현저히 저조했던 것 또한 사실이다. 그러나 새 정부의 국정기조인 '창조경제'의 핵심키워드가 '인문학적 상상력을 기초로 하고 있다'는 데 출판인의 한 사람으로서 환영하는 바이다. 실제로 박근혜 대통령은 지난 6월에 있었던 '2013 서울국제도서전' 개막식에 참석해 "새 정부의 국정기조인 창조경제와 문화융성을 구현하는 데 책은 소중한 인프라"라며, "출판산업이 대한민국의 미래에 좀더 중요한 일익을 담당할 수 있도록 관심과 지원을 아끼지 않을 것이다"고 밝힌 바 있다. 무엇보다도 출판산업을 살리는 길은 정부의 적극적인 출판 지원정책 아래에서 이루어진다는 것은 두말 할 필요도 없다. 굳이 출판유통질서 확립을 위한 도서정가제 확립, 다양한 독서 지원정책 추진 등을 운운하지 않더라도, 그동안 출판인들이 무엇을 위해 힘쓰고 노력해왔는지 조금만 귀 기울이고 관심을 갖는다면, 출판의 미래는 한결 밝아질 것이다.

출판은 사회현상을 반영하고 이끄는 중요한 매체이다. 책을 통해 가공된 지식과 정보가 창출해내는 부가가치는 복제, 전파, 유통이라는 행위를 통해 사회 환경 요인의 영향을 받는 동시에 사회에 깊은 영향을 끼치므로 출판의 사회적 기능은 지대하다. 아울러 이 같은 출판의 사회적 기능은 출판이 그 역할을 제대로 수행할 때 발휘되는 순기능이기에 그 어느 때보다도 출판산업에 관한 지속적인 관심과 지원이 필요하다.

"종이책은 사라지고 인터렉티브 콘텐츠가 출판산업의 미래"라고 말하는 시대에 살고 있지만, 인터렉티브 콘텐츠가 종이책의 텍스트를 통해 생산된다는 것을 생각할 때 출판산업의 미래는 종이책과 인터렉티브 콘텐츠와의 적절한 조합을 통해 열 수 있다는 결론에 이르게 된다. 상상력과 창의력에 바탕을 둔 모든 창작물들은 책을 통해 얻는 지식과 지혜로 인해 창출되며, 결국 '책'이 그 성장 동력임을 잊지 말아야 할 것이다. 앞으로도 책은 지식 정보를 전달하고 교육의 중요한 수단이 되며, 새로운 문화를 창조하고 궁극적으로 삶의 질을 개선하는 데 지속적으로 기여할 것이다. 아울러 창조산업을 1차 콘텐츠인 책이 담아내는 스토리는 아날로그 출판(종이책)이든 디지털 출판(전자책)이든 출판산업이라는 테두리 안에서 성장 발전해나갈 것이다. 그것이 바로 문명과 과학 속에 발전을 거듭해온 인류의 역사이자 출판의 역사이기 때문이다.

— 월간 《창조산업과 콘텐츠》 2013. 9월

여섯 개의 돋보기와 더불어 책과 함께
— 창립 25주년을 맞은 범우사 대표

책의 역사는 문화의 역사다. 책의 최초의 재료가 된 것은 BC 3000년경 이집트에서 사용되기 시작한 파피루스인데, 여기에다가 갈대줄기로 만든 펜에 검댕이나 숯을 물에 탄 잉크를 묻혀 문자를 썼다.

파리의 국립도서관에서는 〈도덕론〉을 적은 〈프리스 파피루스〉라는 것이 있는데, 이는 세계에서 가장 오래된 BC 2200~1200년경의 파피루스 책이다.

지체 높은 사람이 죽었을 때 관에 넣고 또 장례에 참석한 이들에게도 나누어주던 〈사자(死者)의 서(書)〉가 그 후 나타나기도 하였다. 한편 BC 220년경에는 양피지(羊皮紙)가 발명되었다.

중국에서는 BC 3세기 진(秦)나라 시대에 이미 나무 · 대나무 등에 붓과 먹으로 문자를 대신 써서 책을 만들었으며, 105년 후한시대 채륜(蔡倫)에 의해 종이가 만들어져 책의 역사에 일대 전기를 마련하게 되었다. 7세기의 당나라 초기에 목판인쇄가 발명되자 책은 비로소 종이와 인쇄에 의해 만들어지게 된다. 그때까지의 책은 사람의 손으로 직접 베껴쓰는 필사본(筆寫本)이었고, 두루마리 형태였다.

빛나는 인쇄 출판 문화유산

우리나라는 중국과 가까운 관계로 종이와 목판인쇄 또는 책자가 일찍 소개되었는데, 어느 시기가 지나자 그것만으로는 수요를 채울 수 없게 되어 스스로 목판인쇄물을 개발하게 되었다.

신라 성덕왕 5년(706)경 인출된 것으로 추정되는, 경주 불국사 석가탑 안에서 발견된 다라니경(陀羅尼經)에서 비롯된 목판인쇄로도 고려 〈팔만대장경〉 등 많은 인쇄물을 인출해냈다.

우리는 세계 최초로 금속활자를 만들어 책을 인출한 나라라고 자랑하고 있다. 프랑스 파리국립도서관에 있는 〈불조직지심체요절〉이 금속활자본이냐 아니냐 하는 서지학자들 사이의 논쟁을 떠나서라도, 1403년에 주조한 계미자(癸未字)만 가지고도 구텐베르크 활자보다 훨씬 앞선다.

책에 미쳐버린 사나이

이처럼 출판인쇄 문화가 일찍이 꽃피웠던 우리나라에는 현재 수많은 출판사가 존재하여 우리의 정신문화를 이끌고 있다. 이 수많은 출판사 중의 하나인 범우사는 1991년 8월 창간 25주년을 맞이하였다.

현재 1000여 종의 책을 1000만 권 정도 발행, 총 발행부수 1000만 권을 자랑하는 이 출판사는 문학, 예술, 사상, 청소년문고, 학술서적 등 골고루 출판하고 있다.

이 출판사를 이끌어가는 윤형두(尹炯斗, 55) 씨는 한마디로 '책에 미쳐버린, 책을 위해서 사는 사람'으로 불리운다.

출판인이란 '인생에 가장 필요한 지식과 학문과 예술 등 전 분야를 활자매체를 통하여 뒷받침하는 문화적 속성을 가진 직업인'이라는 긍지를 가지고, 영혼을 살찌우는 좋은 책 내기에 몰두하고 있는 윤형두 씨. 그가 오늘의 범우사를 만들어내기까지는 시대의 질곡을 한몸에 받은 험난한 길을 걸어왔다.

1935년 일본 고베(神戶)에서 태어난 윤형두 씨는 어린 시절 선창가를 거닐며 자랐고, 굴뚝이 큰 화물선을 보며 꿈을 키웠다.

그 후 여덟 살에 한국에 온 형두 소년은 중학교에 다닐 때부터 객지생활을 하게 된다. 이때 그에게 책은 빼놓을 수 없는 유일한 안식처였다.

법학을 전공한 그의 오늘이 있기까지는, 학창시절의 지식보다 책에서 얻은 지혜가 큰 힘이 되었다.

자유당 때 야당지였던 월간 〈신세계〉와 〈고시계〉 외에 민주당 기관지 〈민주정치〉 편집을 맡다가 5 · 16이 나서 그 자리를 물러난 후 한동안 헌책방을 경영하기도 했다.

고서점을 해서 마련한 소자본으로 1966년 8월 3일, 도서출판 '범우사'를 등록했다.

시대의 질곡과 함께 한 출판 인생

그러나 책을 계속 발간하기에는 어려움이 많아 〈다리〉지 주간을 맡게 되었다.

〈다리〉지는 '침묵과 안일을 위주로 살아가려는 무책임한 태도를 지양하고, 솔직하고 주저 없는 대화를 통하여 극과 극으로 치닫는 단절의 폭을 최대한 좁혀보자'는 취지에서 창간되었다.

그러나 그해 11월호에 '사회참여를 통한 학생운동'이란 글을 실은 '다리지 필화사건'으로 구속 기소되었다.

1971년 2월 12일 밤, 그는 서대문 구치소에 수감되었다.

15촉짜리 전등이 아홉 자 높은 곳에서 희미한 빛을 발하며 매달려 있었다. 그러나 그 어두운 빛 속에서 무언가를 찾아야 했고, 읽지 않으면 미쳐버릴 것 같은 충동 때문에 바람막이로 발라놓은 잡지의 8포인트 활자를 열심히 읽었다.

글을 읽으니 마음이 후련해지는 것 같았다. 그 자신 활자 때문에 이 고생을 하는데 하면서도, 활자에 대한 미움보다는 친근감이 독방의 그를 위로해주었다.

얼마 후 성경이 들어오고 교도소에서 발간되는 〈새길〉이란 잡지가 들어왔다. 그는 이 두 권의 책을 읽고 또 읽으면서 무엇보다 귀중한 보물로 간직하였다.

그런데 어느 날 출정을 갔다 오니 책이 없어지고 말았다. 검방을 하던 교도관이 가져간 것 같았다. 지금도 그때의 서운함과 책에 대한 그리움을 잊을 수가 없다. 그는 사회에 나가면 어떤 고난이 닥치더라도 또다시 활자와 벗하리라 마음먹었다.

그 후에도 그는 잡지 출판에서 단행본 출판으로 방향을 바꾸어 활자와 더불어 살아오면서, 몇 차례 모진 시련에 부닥쳤지만 결코 비열함을 보이거나 굴하지 않고 인쇄매체와 함께 생활함을 보람으로 여기며 살아왔다.

이제 민중의 힘에 의해 서서히 자유의 바람이 불어오며 출판은 '현대문화의 꽃'으로 그 중요한 의미를 되새기고 있다.

평생을 좌우하는 유년의 독서습관

요즘의 젊은이들은 책을 안 읽는다. 그것은 어렸을 때부터 책 읽는 습관이 들지 않아서이다. 이는 모두 부모들의 책임인데, 부모가 선택한 위인전, 세계명작만을 강요하다시피 읽게 하기 때문이다.

이처럼 타인에 의해 선택되어진 보고 싶지 않은 책을 어찌 스스로 읽을 것인가?

그러나 아이가 직접 그 나이에 맞게 선택한 책은 자신이 의무적으로 읽으려 한다. 이렇게 서서히 좋은 독서습관을 들여야 한다. 어린 시절 독서를 시작하지 않으면 영구히 책을 읽지 않기 때문이다.

윤형두 씨는 한 나라의 민주 역량은 국민소득이나 그 외 경제적 수준으로 평가되는 것이 아니라, '독서량'에 대한 수치로 결정된다고 주장한다.

그리하여 1년에 국민 한 사람 한 사람이 교양도서 5권 이상만 읽으면, 정신적인 복지국가 실현이 가능하리라고 믿는다.

그러나 오늘날 물질적인 가치만 중요시하고 또한 추구하다보니, 책을 사랑하고 읽는 습관이 자리를 잃어가고 있다.

여섯 개의 돋보기

그는 아침 여섯 시면 안방의 돋보기를 끼고 한국출판문화사나 서지학 계통의 책을 읽다가 조간신문을 보고, 차를 타고 출근하면서는 포켓 안에 있는 돋보기를 꺼내어 〈시사일본어연구〉를 본다.

사무실에 와서는 책상 속에 둔 안경을 꺼내 조간신문을 보고, 현재 출판사가 제작하려고 하거나 제작 중인 원고 및 교정쇄를 읽고, 출판물 기획에 보탬이 될 독서 정보 혹은 명저 해설 등을 읽는다.

저녁이면 석간신문을 읽고 퇴근하여 집에 돌아가 서재에 있는 돋보기를 끼고 조금 부담이 가는 한국 고전이나 불서(佛書) 등을 읽다가, 간단한 일기 쓰기를 끝으로 하루를 마친다. 그래서 그는 지하실 서고용과 대학원 강의 시간에 쓰는 반쪽 돋보기를 합하여 안경이 여섯이다.

그는 집안 어느 곳이나 책을 놓아둔다. 응접실 탁자 위나 전축 위, 문갑 위나 식탁 위 어느 곳에나 두었다가 마음 내키는 대로 집어 들어 부담 없이 읽는다. 또 읽기 싫으면 읽던 자리에 둔다. 이제 이런 생활이 자연스레 몸에 베어버린 것 같다.

늘 책을 가까이 두고 보고 싶어 서재, 응접실, 화장실, 범우사 사무실 곳곳에 안경 6개를 두고 수시로 책을 읽고 사냥해온 윤형두 씨.

책과 출판이 있는 곳이라면 어느 곳에라도 달려가는 그는 바쁜데도 많은 뜻있는 일을 하고 있다.

지난 5월 출판인들의 질을 높이려고 출판을 전공하는 학생들에게 혜택을 주고자 출판장학회를 설립한 것도, 책과 출판을 위해 사회에 공헌하고자 하는 그의 의식이 뿌리깊이 자리 잡고 있음을 증명하는 행동이었다.

출판이란 라디오나 텔레비전과 같이 일과성이 아니라 이미지의 정지성, 정보의 반복 가능성, 교육적 기능, 문화재적 가치, 도서관을 통해 언제나 신속하게 지식과 정보를 얻을 수 있다는 특수성으로 해서 발전을 거듭할 것으로 본다.

우리나라는 반독서 문화권에서 벗어날 수 없다고 비관적인 견해를 나타내는 사람도 있지만, 출판의 기초가 문자에 있으므로 고등교육을 받은 사람도 있지만, 고등교육을 받은 사람이 많아지는 것과 비례

해서, 독서 습관이 몸에 붙은 진정한 독서층이 깊고 넓게 형성될 것임은 두말할 나위도 없다.

"책이란 마음의 양식일 뿐 아니라 인류를 무지의 원시성에서 벗어나게 하고 또한 예종(隷從)을 극복하게 한 위대한 승리의 산물이다."

— 에스칼피

정리/ 박혜숙 편집부장(그루터기 1991. 9월호)

인간에 대한 신의를 소중히 여기는 한 출판인의 조상
— 범우사 윤형두 대표 (미향 3호 1999. 7.)

얼음판 위에서도 태풍 몰아치는 역경 속에서도 아니 불 속에서도 눈만 뜨면 먹는 것 입는 것 다 잊고 책을 만든 사람

95년에 회갑을 맞은 윤형두 님께 바친 김규동 시인의 〈벽을 비추는 빛〉이라는 시의 한 구절처럼 그는 회갑이 넘도록 먹는 것 입는 것 다 잊고 책과 더불어 살아온 인생이다.

그가 경영하는 범우사 출판사는 우리들이 중고교 시절 애독했던 문고판 책을 펴낸 곳으로, 전국서점에서 범우문고와 사르비아문고를 쉽게 볼 수 있다. 현재까지 3천여 권에 이를 정도로 방대한 종류의 양서를 발간하고 있는 대형 출판사이다. 최근 그는 중국으로부터 모택동 전집 한글판 번역 출판을 의뢰받아 분주하다. 모택동 전집 출판을 의뢰받을 정도로 그는 중국 정부로부터 최고의 국빈 대우를 받는 사람 중의 한 명이다.

그는 윤신달 시조의 파평윤씨 37대손으로 일본에서 태어났다. 22

대손 할아버지가 임란 때 여수 라진포 전투에서 전사하고 그 후로 15대가 돌산면 신봉리에서 살았다고 한다. 일본에서 초등학교 3학년까지 다니다 제2차 대전 중에 귀국하여 벌교 남교를 잠시 다니다가 여수서교(36회)에 편입하여 공부를 하게 되는데, 당시 그는 돌산 우두리에서 나룻배를 타고 다녔다고 한다. 그 후 지금의 상업고등학교 전신인 여수 야간중학교를 다니다가 순천농림중고등학교(순천대 전신)를 졸업하게 된다.

그 당시 어머님이 독립된 섬인 돌산의 면장이 되는 게 소원이라 하시어 면사무소에 취직이 용이한 농림학교를 다녔다며 웃으셨다. 이후 서울로 상경, 6 · 25 종전 후 수복시기에 갖은 고생을 겪다가 1956년 창평사라는 출판사에 입사하게 되어 야당지인《신세계》의 기자로 일하게 된다. 여기서 그는 운명적인 만남을 하게 되는데 당시 월간《신세계》주간이셨던 전 김대중 대통령을 만나게 된다.

이후 월간《다리》편집장을 맡으면서 진보적 사상과 출판을 통한 민주주의 실현에 앞장선다. 또한 대한민국에서 처음으로 70년대 대통령 선거 때 당시 김대중 후보의 홍보담당을 맡으면서 '피켓'이라는 것을 만든 장본인이라는 재미있는 사실을 밝히기도 했다. 이렇게 운명적인 만남으로 지금의 정권 창출까지 생사고락을 함께하면서 편집과 홍보 일을 했지만 그는 한 번도 정치할 생각을 하지 않았다고 한다. 자유당 시절, 박정희 정권, 5 · 6공 때까지 때로는 회유에 시달리고 회유에 응하지 않으면 탄압을 받고 급기야 필화사건으로 구속되기도 했다.

여기서 그는 잠시 숨고르기를 하면서 자신이 왜 정치에 뜻을 두지 않았으면서 그들과 함께 했는가에 대해 말했다. 그가 강조한 것은

'인간에 대한 신의'였다.

50년대 2번이나 일자리를 구해준 김대중 선생에게 신의를 지켜야 한다는 신념 때문에 고초인해 자신에게 닥친 온갖 고초들 마다 않고 받아들였던 것이다. 돈과 명예, 권력을 쫓아 인간을 결코 대하지 않았다고 한다.

그는 이와 관련해 최근에 자신이 본 세 사람의 죽음에 대해 간략히 애기했다. 정일권 공화당 총재, 문익환 목사, D신문의 C주필이다. 이들 중 앞의 두 사람은 여당과 재야에서 일생을 보냈지만 민주인사였던 C주필은 전두환 정권 때 조금 모호한 처신 때문에 죽음 앞에서 문상객의 행렬은 너무나 대조적이었다고 한다. 여당이든 재야건 한 쪽에서 그쪽 사람들에게 신의를 다한 자와 그렇지 못한 사람의 최후가 얼마나 다른지 그는 생생하게 보았다면서 인간은 순간적이나마 잘못된 처신으로 외로워진다며 다시 한 번 의리와 지조를 강조했다.

또한 그는 '으악새'라는 형제그룹을 소개해주었다. 이 그룹은 리영희(《전환시대의 논리》 지자) 한양대 교수, 한승헌 감사원장, 한완상 교수, 김중배 언노련 의장, 장을병 총장, 임헌영 문학평론가로 대한민국 국민이라면 누구나 다 알만 한 사람들이다. 그들은 호형호제하면서 의리와 지조를 중하게 여기면서 가까이 지낸다고 한다.

그가 지금의 출판사를 경영하게 된 계기는 학창시절 문예부장으로 활동한 경력과 야당지 편집장 경력도 있지만 5 · 16혁명 이후 동대문의 헌책방에서 점원으로 일하게 된 것이 결정적이었다고 한다.

당시만 하더라도 선조들의 문헌들이 도배할 때 쓰이는 벽지로 이용되고 물건 포장지로 쉽게 버려지던 때인데 그는 고서를 민족문화

유산으로서 그 가치를 깨닫고 그때부터 우리나라 옛책을 모았다고 한다.

그는 고서를 통해 민족의 뿌리를 찾고 민족정기를 바로잡는 작업을 했다. 또한 힘이 닿으면 우리 지역에도 작은 고서 전시관을 열어 임진 · 정유 왜란 당시의 자료와 기록들을 보여주고 싶다는 계획이라니 여간 기쁜 일이 아닐 수 없다.

끝으로 그는 자신의 성공이 있기까지에는 초등학교 때부터 독서를 한 것 때문이라고 밝혔다. 재물은 도둑맞기 쉽지만 머릿속의 지식은 치매가 걸리기 전에는 도둑 걱정은 하지 않아도 된다며 인간 성숙의 동력이 독서임을 강조하면서 나이 들어서는 독서습관이 생기지 않으니, 최소한 중학교 때부터 시작해야 한다고 말했다.

앞으로의 세상은 책을 읽고 지식이 함양된 문화적 의식이 있는 사람이 존경받으며, 빈머리에 권모술수에 능한 사람은 결코 지도자가 될 수 없을 것이라고 했다.

—《미향》 3호 1999. 7

지인들이 본 범우사 윤형두 대표
— 월간 《헤드라인 뉴스》

윤형두 사장을 가장 잘 살필 수 있는 방법은 그를 잘 아는 지인의 입을 빌리는 일이 효과적이다.

윤 사장이 '오지랖이 마당발'(정교용 중앙일보 문화부장의 평가)이고 남달리 출판외교에 열정을 쏟아 국제적으로도 널리 알려진 출판인이기 때문이다.

지인들이 한결같이 일치하는 윤형두 사장에 대한 평가는 한승헌 변호사(현 감사원장)가 대표적으로 밝히고 있다.

"입으로는 '업자(業者)'로 자처하면서도 의로운 시도를 버리지 못하는 것이 그의 성품이다."

의로운 시도란 무엇인가?

그것은 헌신과 고난, 희생으로 일관된 윤 사장의 출판인생을 가리키고 있다. 평화출판사의 허창성 사장은 이를 "그간에 줄기차게 헌신적으로 간행해낸 단행본의 종수로나, 군사정권의 탄압과 구금의 고난을 겪으면서도 초지를 굽히지 않는 출판에의 집념, 온갖 희생을 치르는 각오로 출판에만 전력투구해온 모습"으로 보다 구체화했다.

허 사장은 그동안 윤 사장이 살아온 궤적을 다시 세분화해서 다음과 같은 일곱 가지 결과로 설명한다. 첫째 출판학회 운영, 둘째 출판총서 발행, 셋째 서지적 접근으로 고서의 체계를 세우고 수집 보관하여 일반이 활용토록 공헌하고 있는 일, 넷째 고전의 복각 · 해설판 발간, 다섯째 《책과인생》이라는 정기간행물을 펴내 독서운동을 진작시키고 있고, 여섯째 대한출판문화협회의 부회장을 2차에 걸쳐 맡았고 한국출판협동조합 이사장을 지내는 등 출판계 봉사자로 그 존재가 뚜렷한 점, 마지막 일곱째는 출판학을 궤도에 올리고 후학을 양성하는 학문의 길에 열심히란 점을 지적했다.

같은 출판인으로 곁에서 범우사를 지켜본 허 사장은 "범우사의 운명이 평탄치 않았다"면서 "윤형두란 존재의 길이 그랬듯이 범우사도 험난한 가시밭길을 걸었다. 때 없이 당하는 세무사찰이며, 압수당하는 출판물들, 동 업계 간의 갈등에서 모함당하는 일들은 범우사와 윤형두의 존재를 오히려 뚜렷이 해주었으며 그때마다 독자의 소리 없는 지원과 기대로 성장과 성숙을 이룩할 수 있었다"고 회고했다.

여기서 나오는 "윤형두의 존재의 길이 그랬듯이"라는 말에 다시 주목해보자.

한승헌 현 감사위원장의 말.

"인간 윤형두, 그는 어린 나이 때부터 처절한 현실과 맞부딪치며 살아온 사람이다. 침략자의 땅에서 초등학교에 들어가 마늘 냄새 때문에 수모를 겪어야 했고, B29의 폭음에 쫓기며 현해탄을 건너와야 했던 상처받은 소년이었다. 고국 땅 남쪽하늘 밑 돌산(突山) 바닷가에서 그는 해일만큼이나 거센 현실의 광란을 체험하였고 6 · 25 후의 무작정 상경 이후에는 더욱이나 황량한 세태와 싸워야 했다. 그의 괴로움은 대단했지만 결코 좌절하지는 않았고 또 야합하지도 않았다. 1971년의 '일간' 《다리》지 사건으로 옥고를 치르는 등 갖가지 수난 속에서 그는 오히려 강인한 야인(野人)의 모습을 확립해나갔던 것이다.

이와 같은 젊은 날의 고난은 훗날 그의 수필세계에 비옥한 토질을 마련해주었다. 산화(酸化)된 토양에 화학비료만 써가며 거두어들인 쭉정이 같은 글이 아니라, 자신의 체험과 심장에서 우러난 참 글을 쓸 수 있었던 까닭이 여기에 있다.

그는 콩(大豆)과의 기연(奇緣)을 말하는 수필에서, 일제 말엽의 콩깻묵밥, 군대생활 때의 도레미파탕, 그리고 교도소 식구통의 콩밥 등을 회상하면서 이런 글을 남기고 있다.

……그것들은 실로 나에게서 빼놓을 수 없는 이력(履歷)의 메뉴 들이며 수난의 증거인 것이다.

이제 콩이 어떤 모양으로 변하여 나를 찾아오건, 도리어 나는 환내할 생각이다. 액운을 자초하여 액풀이를 한다는 미신 같은 생각이라기보다는 또 하나의 수난을 감내(堪耐)하기 위하여 나는 오늘도 순두부 백반으로 한끼의 점심을 때우는 것이다.

—〈콩과 액운〉 중에서

그는 자기 앞에 밀어닥치는 상황을 피하지 않고, 도리어 이와 맞서고 극복하면서 기어코 자신을 견지하겠다는 생각으로 살아가고 있는 것이다. 그렇다고 야성적인 의지를 거칠게 드러내는 일은 없고 오히려 그는 온유한 자세로서 경직을 우회할 줄 아는 성품이다. 부드러우면서도 질기다는 점에서 마치 명주를 연상케 하는 바가 있다.

인간 윤형두는 바로 그러한 삶의 자세 때문에 손해도 많이 입었다. 하지만 그 '손해'의 의미를 세속이 저울로 간단히 셈하는 것은 성급하다. 생의 참된 결산은 훗날에 이루어지는 것이다. "여기 인간답게 살다간 한 무덤이 있다"는 비명(碑銘)을 스스로 희망하면서 "오늘 죽어도 후회 없는 삶"을 기약하는 그의 다짐을 우리는 신뢰해도 좋을 것이다."

또 윤형두 사장이 사람을 얼마나 좋아했는지, 1956년 한남동 근처 기피자수용소에서 처음 그를 만나 백년지기처럼 지내는 소설가 정을병 씨의 입을 통해 들어보자.

"당시 윤형두는 유원균과 상도동의 처마 밑 방을 하나 빌려서 자취를 하고 있었는데, 매일같이 친구들이 4, 5명씩 식객으로 몰려가곤 했다. 물론 그럴 적에는 시내에서 상도동까지 항상 걸어갔다. 끼니도 제대로 때우지 못해, 돈이 생기면 남대문시장으로 가서 꿀꿀이죽이라는 것을 한 사발씩 같이 들이킬 때도 있었다.

나중에 우리는 셋이서 원효로로 하숙을 옮겼다. 나도 하숙생으로 끼어들기는 했지만, 경제적으로는 전연 자신이 없었다. 나는 이부자리 같은 것은 하나도 없어서 형두가 가지고 온 이부자리를 함께 쓰고 있었다.

하숙집은 매일 밤 초만원이었다. 별의별 친구들이 다 와서 자고 가곤 했다. 심지어는 똥을 푸러 다니던 일꾼들을 데리고 가서 잔 일까지 있었다. 이런 그를 두고 정씨는 '우정의 대부(代父)'라고 서슴없이 부르고 있다.

그러나 누가 뭐라든 윤형두 사장은 역시 출판인일 수밖에 없다는 점에 누구나 공감한다. 그것을 가장 잘 표현하고 있는 지인이 정교용 전 중앙일보 문화부장이다.

"이제 지천명의 나이도 중턱을 넘고 이순을 바라보는 처지에 무슨 욕심이 더 있겠습니까. 북망산 가는 날까지 활자와 함께 생을 즐길 수 있다면 얼마나 행복할까, 늘 그 생각뿐입니다"고 그는 말한다.

그는 개미처럼 단조(單調)의 역사를 되풀이해야 하는 출판이 문득 지겹거나 회피하고 싶은 생각이 들 때면 '출판에 스스로를 옭아매는' 자기 다짐의 수단으로 글을 쓴다고 말할 만큼 철저한 출판인임을 자처한다.

"출판인의 길을 걷다가 출판인으로 종신하고 그렇게 땅에 묻힌 뒤 비문 위에 '출판인 윤형두'로 기록됐으면 합니다.

맏이 재민(29세)을 총무부장으로, 미대를 나온 딸 성혜(24세)를 편집디자이너로 임용해 출판 현장에서의 감각을 익히게 하고 있습니다. 출판계에도 대를 잇는 진정한 장인들이 점차 많아져야 하지 않겠습니까."

출판인 윤 씨는 아무 부끄러움 없이 자신의 직업을 선뜻 아래 대에 물릴 수 있을 만큼 쨍쨍한 자존심으로 살아가고 있다.

— 월간 종합시사지 《헤드라인 뉴스》 1998. 11 —

'책은 가장 훌륭한 스승입니다'
— (2000년 주변인 초대석) 범우 윤형두 사장

"책은 사람을 만들고, 사람은 책을 만든다."

이 말을 자신의 삶에서 철저하게 지키며 사는 분이 계시다. 그분은 올해로 칠순을 맞는 출판인 윤형두 사장으로, 50여 년을 활자와 함께 동고동락해왔다.

특히 고희를 맞는 2004년은 자신의 호를 따 만든 '범우사'가 창립 38주년을 맞는 해로, 그는 자신의 책 사랑을 모든 사람과 함께 나누기 위해 재단법인 '범우출판문화재단'을 설립했다.

이 재단 설립 이전에도 윤형두 사장은 뜻있는 사람들에게 책을 통한 사랑을 나누는 일을 해왔다. 독서감상문을 모집하여 우수한 작품에 시상을 해온 지는 어느덧 19년이 되었고, 출판문화 창달과 유능한 출판인의 양성을 목적으로 주는 장학제도는 올해로 14회를 맞고 있다.

오로지 출판업을 하면서 사회에 이만큼 환원할 수 있는 일은 놀라운 일이다.

우리 사회는 소위 디지털화로 발전하면서 사람들에게 점점 더 활자를 멀리하게 하는 분위기를 만들고 있다. 그래서인지 시간이 가면 갈수록 사람들은 활자를 멀리하고, 어쩌다가 소식 전하는 것도 이메일로 대신한다.

예전에는 매월 말일은 '편지 쓰는 날'로 정해 편지 쓰는 일을 유도하기도 했는데, 핸드폰과 인터넷이 보급되면서 이 캠페인은 뒷걸음질 치며 슬쩍 모습을 감추었다.

이런 시대 탓인지 이제 사람들은 출판업은 이익을 챙길 수 없는 사양업종으로까지 몰아가고 있고, 그걸 증명이라도 하듯 수많은 출판사가 문을 닫았고, 서점의 숫자는 엄청나게 줄었다.

내로라하는 대학가에 서점은 눈 씻고 봐도 찾을 수 없고, 생겨나는 신도시에 책방이 자리하고 있는 경우는 거의 없다.

이렇게 책이 냉대받는 사회 분위기에 범우사는 "책은 사람을 만들고, 사람은 책을 만든다"를 대변하며 꿋꿋하게 버텨왔을 뿐만 아니라, 스스로 책 사랑 영역을 넓혀왔다.

책을 아끼는 사람들에게는 무작정 고맙고 황송할 따름이다. 윤형두 사장과 활자와의 인연은 세월을 많이 거슬러 올라간다.

순천농림중학교와 농림고교 축산과를 졸업한 후 그는 축산 일을 하고자 했으나 한 뼘의 땅뙈기도 없는지라, 무작정 서울로 상경, 동국대 법학과에 들어가게 되었고, 학비를 벌기 위해서 일을 시작한 것이 월간 《신세계》 편집부였다.

이후 월간 《고시계》 편집장 대리 등을 거치면서 돌산 섬사람 윤형두는 활자를 요리하는 전문가가 된다.

한때는 민주당보인 《민주정치》의 편집 일을 맡으면서 그는 기라성 같은 정치인들과도 교류하게 된다.

이런 인연 탓으로 5 · 16 이후 군부세력이 그에게 유혹의 손길을 뻗쳤을 때 그는 동대문 뒷골목으로 피신해 헌책방 점원으로 일하면서 책 사랑의 싹을 본격적으로 발아시켰다.

이런 서점 경영이 도서출판 범우사를 차근차근 알토란으로 키울 수 있는 능력을 갖추게 된다.

윤 사장이 본격적으로 출판에 투신하기로 결심하고 낸 책이 '범우고전시리즈'로 그 첫 번째 책이 토마스 모어의 《유토피아》다.

또한 범우사상신서 제1권은 에리히 프롬의 《자유로부터의 도피》며, 소설문고 제1권은 《메밀꽃 필 무렵》이다.

윤형두 사장의 출판에 대한 사랑과 집념은 범우사가 마포구 신수동으로 옮기면서 절정에 달한다.

활자와 동고동락하면서 틈틈이 쓰기 시작한 수필을 모아 《넓고 넓은 바닷가》를 냈는데 이 수필집은 그를 수필가로도 우뚝 서게 했고, 판매로도 꽤 짭짤한 수익을 올려주었다.

암튼 범우사는 수많은 책을 내면서, 책장사도 잘만하면 잘되는 사업이라는 것을 보여준 셈이다.

좋은 책은 사람들로부터 사랑을 받게 되어 있다는 것을 출판으로 보여준 윤형두 사장은 이제 출판으로서 만족하지 않고, 양서는 보다 많은 사람들에게 읽혀, 진정 책이 사람을 만드는 일에 기여하도록 해야 하는 사명감을 실천해야 하는 일을 벌인 것이다.

그 일 중 하나가 '독서감상문 모집'이다.

19년 전 윤 사장은 중 · 고등학생, 대학생, 일반인을 대상으로 현상금을 걸고 독후감을 모집했다.

전국적으로 각 중 · 고등학교에 공문을 발송하고 신문광고, 서점과 연계한 대대적인 홍보를 하면서 독서인구를 창출하는 데 전력했다.

그런 덕에 독서감상문은 해마다 그 숫자가 많아졌고, 질적 향상도 해마다 높아졌다.

2004년도는 작년도에 비해 3배나 많은(2천2백 편) 증가를 보였다.

또한 출판인의 양성을 위한 장학사업도 해를 더할 수록 범위가 넓어지고 있다.

그동안 210명의 출판학 전공 학생들이 범우장학금을 받았는데 그 중 박사가 된 분이 20명, 교수도 10명 배출됐다.

윤형두 사장은 이렇게 유능한 출판학 인재를 배출한 것을 특히 자랑스러워했다.

사실 우리의 출판역사는 길지 않다.

한일합방과 식민지, 해방과 6 · 25 동란의 혼돈 속에서 언론과 문화의 중심적 역할을 담당했던 출판은 단절의 역사를 겪었다.

많은 출판사들은 역사의 소용돌이 속에서 판매금지, 구속 또는 경영난으로 명멸의 길을 걸었다.

이런 와중에서 굳건하게 양서를 만들며, 독서인구를 늘리는 일은 쉽지 않다.

“세월이 흘러 후세들이 도서관을 찾았을 때 좋은 책으로 읽혀야 한다는 일념뿐이다. 그래서 나는 먼지 나는 출판사 건물에서 손때 묻은 자료를 뒤지며 밤늦게까지 무언가 열심히 적는다. 그리고 매일 일기를 쓰면서 다짐한다. “내가 죽은 뒤 ‘영원한 출판인 윤형두’란 묘비명 하나만을 세상에 남기고 싶다.””

윤형두는 언젠가의 인터뷰에서 이렇게 힘주어 말했다.

범우사는 1966년 창립한 이래 지금까지 청소년을 위한 문화교양도서 등 약 3천여 종의 책을 출판했다.

한해 평균 80여 종의 양서를 간행한 셈이다. 그중 우리 출판의 역사에서나 학문적으로 업적이 되는 책들을 열거한다면 일일이 헤아릴 수 없다.

특히 《한국의 고지도》, 《겸재 정선 진경산수화》, 《정도 600년 서울지도》, 《한국의 목공예》, 《눈으로 보는 책의 역사》, 《한국서화가 인명사전》 등은 귀한 책들이다.

이런 책은 한국학 연구는 물론 한국문화 연구에 중요한 자료들이다. 대부분 학술적 가치가 높은 책들로 우리 문화와 한국의 출판문화를 대표하는 책들이다.

이는 재정적인 면에 있어서도 단행본 몇 십 권과 맞먹는 막대한 투자를 필요로 한다.

이런 책을 출판할 수 있는 힘은 우리의 고문화를 소중히 여기는 마음과 인문학계의 발전을 바라는 마음이 합쳐져야 가능한 일이다.

범우사에서 40여 년 동안 간행한 책들을 본다면 문학과 문화, 사상, 교양도서가 주류를 이룬다.

또 책과 도서, 편집, 출판유통 등 책과 출판에 관련한 책들도 많다. 이는 양서를 만들고자 하는 출판정신의 산물이며, 출판인다운 모습이다. 범우사는 문고집을 가장 많이 간행했다. '범우문고', '범우사르비아문고' '범우피닉스문고', '범우사상신서', '범우 비평판 세계문학선' 등등.

70년대 초, 문고본이 한창 유행할 때 많은 출판사들이 앞다투어 문고본 시장에 뛰어들었다.

그러나 80년대 중반 이후 문고본이 서점에서 홀대를 받고 영업적으로 전망이 없어지자, 앞다투어 폐간시켜 90년대는 서점에서 문고본이 거의 자취를 감추었다.

그러나 범우사는 그런 흐름에 전혀 상관하지 않고 꿋꿋하게 지속적으로 문고를 발간하고 있다.

문고본은 출판문화, 독서문화의 척도이다. 문고본이 없는 나라, 문고본이 잘되지 않는 나라는 출판문화가 제대로 형성되지 못한 나라이다. 그만큼 문고는 중요할뿐더러 출판의 역할, 독서에 미치는 영향이 대단하다.

문고본은 기본적으로 독서를 위해 만들어진다. 보다 저렴한 돈으로 많은 글과 다양한 지식을 겸할 수 있는 기회를 제공한다.

범우 윤형두 사장은 자신의 책도 꽤 많이 만들었다.

《책의 길 나의 길》, 《책이 좋아 책하고 사네》는 책과 출판에 관한 자신의 의견을 솔직담백하게 썼다.

또한 수필집 《넓고 넓은 바닷가에》, 《아버지의 산 어머니의 바다》는 격조 높은 수필이 가득 담겨 있다.

그의 수필에는 고향에 대한 진한 향수와 그리움이 가득 차 있다.

고희를 맞은 그가 말년에 꼭 이루고 싶은 꿈은 무엇일가.

"그동안 모아둔 자료로 고전박물관, 출판자료관을 세우는 게 꿈입니다. 1800년대 후반부터 광복공간까지 알려지지 않은 자료들을 중심으로 한국문학을 재정리해보고 싶은 것도 꼭 이루고 싶은 꿈이지요."

그의 웃음은 소년처럼 꾸밈이 없다.

그는 지금까지 거의 일만 권의 책을 읽었는데 여전히 읽고 싶은 게 많다고 했다.

그래서 그는 영원한 출판인이며, 또한 영원한 애서가, 애독자로 남을 것이 틀림없다.

— 주변인정신생활연구소, 《주변인의 길》 2004. 10

출판인 그 사람을 만나보니
— 범우사 윤형두 대표

책을 벗 삼아(汎友) 한평생, 출판입국(出版立國)을 꿈꾸며

책에 평생을 바친 이

책, 책이 도대체 뭘까. 범우 윤형두 대표를 만나고 돌아오며 새삼 무심코 들고 있던 책을 낯설게 들여다보았다. 검은 활자가 찍힌 네모난 종이다발? 한 인간의 평생의 경험과 지식이 녹아든 기록앨범? 우주의 비의가 담겨 있는 영험한 부적? 그러나 그 어느 것도 책의 정의는 아니다. 알다시피 책은 그 이상하고 단순한 정의를 내릴 수가 도무지 없는 '오묘한 대상'이다. 물질이면서 정신에 속하고 구체적으로 손에 잡히지만 추상적으로 허공중에 확산되며 현재에 놓여 있지만 과거와 미래를 동시에 아우르는 '희한한 물질'이다.

책, 거기에 평생을 바친 사람. 책에 평생을 바친 사람이 어찌 윤형두 사장뿐이랴만 그를 만나고 돌아오는 감회가 유독 감명에 가까운 것은 서가 앞에 선 윤 사장의 깨끗한 백발과 맑은 표정과 무욕한 몸

매가 '책'을 배경으로 오롯한 한 세계를 이루는 것을, 그 고요하고 아름다운 혼융을, 잠시나마 내 눈으로 지켜봤기 때문일 것이다.

범우사가 낸 책 중에서 가장 오래, 많이 팔리고 있는 책은 법정의 《무소유》라고 한다. '76년에 첫 출판되어 그간 백만 부 넘게 찍었다. 법정스님과 윤 사장이 나란히 찍은 사진을 보고 나는 잠깐 놀랐다. 둘이 이렇게 닮다니……. 승과 속이 엄연한데, 살아온 일생의 길이 다른데, 형제같이 흡사한 눈빛과 입매로 카메라를 바라보고 서다니……. 인생의 신비와 책의 비밀과 사람 사이의 교감이, 꿈과 욕망의 변이가 두루 유추되는 즐거운 경험이었다.

요즘 가장 큰 관심이 뭐냐는 질문에 그가 하는 대답. 들어보자. "다른 욕심도 많겠지요마는 내가 책 욕심이 제일 컸거든요. 음식에 대한 욕심도 절제를 할 만하고 정이 많은 사람이니까 애욕도 많았지만 그것도 절제가 가능하겠는데 유독 책 욕심만은 접을 수가 없었거든요. 그랬는데 이번에 크게 앓고 난 후 마지막 남아 있던 책 욕심마저 버려버릴 수 있을 것 같아요. 그렇게나 책을 읽고 싶고 쓰고 싶고 갖고 싶었는데 이젠 그런 욕심들이 사라지네요. 그래서 모교인 순천대학에 기증하려고 해요. 내가 순천대학의 전신인 순천농업학교를 나왔거든요. 요즘 천 권씩 골라 싸고 있어요. 내가 가진 책이 전적 빼고도 아마 몇 만 권은 될 거예요."

그 사람이 몸담고 있는 방을 찬찬히 살피면 가장 짧은 시간에 그 사람을 알게 된다는 것이 그간의 경험인데 윤 사장의 방에서 내가 눈여겨본 것들은 여기저기 붙어 있거나 기대어 세워진 큼직한 사진들이었다. 우선 이미륵의 사진. 범우사가 독점출판하고 있는 《압록강은 흐른다》의 작가로 올봄 그의 탄신 101주년, 서거 50년 기념행사를 범우사 주관으로 치른 까닭일 테지만 굳이 물어보지 않아도 윤 사장이 이국에서 살고 죽은, 그 쓸쓸하고 맑고 명석한 이미륵의 눈과 이미를 예사 아니게 사랑한다는 것을 충분히 짐작할 만했다. 실제로 윤 사장이 쓴 군더더기 없고 담담한 수필들에서는, 특히 어린 시절과 어머니에 관한 추억을 이야기하는 대목에서는, 이미륵의 문체와 서정이 연상되는 대목이 자주 있었다. 그리고 간디의 사진, 의자 뒤편에 세워진 춤추는 김승희의 커다란 사진. "내가 간디를 아주 좋아해요. 여자는 김승희를 좋아하고……." 어미에 전라도 사투리를 슬쩍 끼우는 그의 말투는 정답고 소박했다. 국민훈장 석류장, 서울시 문화상, 출판학회 저술상 같은 큰 상들을 줄줄이 받고 대한출판협회 이사, 한국출판학회 회장, 언론학회 이사, 한국출판협동조합 이사장, 펜클럽 이사, 한국서지학회 이사, 중앙출판연구원 이사장, 고서연구회 회장 같은 직함들이 잔뜩 든 이력이 믿어지지 않을 만큼 내향적으로도 보였다.

그는 출판계의 '마당발'로 통한다. 지위와 분야와 나이에 상관없이 각계에 절친한 친구들이 두루 포석해 있어 잠깐 들춰보는 그의 사진첩엔 알 만한 얼굴들이 수두룩하다. 그 이유를 그는 "어머니가 어려서부터 부모 팔아 친구 산단다. 친구 사귐에 힘쓰라고 말하시는 것을 늘 듣고 자라서"라고 해석하지만 윤 사장이 가진 이런 정다움, 맑음, 소박함, 고요함, 욕심 없음들이 사람들을 절로 끌어 모으는 자력이 되었을 성싶다. 대학시절 가난한 하숙집에서 함께 뒹군 소설가 정을병은 그를 '우정의 대부'라고 부르면서 그 까닭을 "아무리 조그마한 것도 싫어하지 않으며 아무리 하찮은 것도 정성으로 받아들이는 덕성을 지니고 있으며 친구들의 일이라면 궂은일을 마다하지 않으며 자만하거나 거드름을 피거나 향락하려 하지 않으며 조용한 자기 성찰의 낮은 목소리를 지녀 남에게 설득력을 발하는" 데에서 찾아내고 있다.

범우사 창사 34년

이제 범우사 이야기를 하자. 범우(汎友). 그 이름 또한 친구에서 왔다. '우정의 대부'가 만든 출판사이니 이름이 '범우'인 것은 지당하고 흐뭇한 일이다. "맨 처음 친구 사무실 귀퉁이에서 사무실을 냈을 땐 이름이 삼우였는데 '세 친구'에서 '여러 친구'로 범위가 커진 거지요. 그게 '66년의 일이니 올해로 꼭 34년이 됩니다." 그간 범우사가 출판해낸 책이 총 3천 종. 총 권수로 따지자면 사천만 권. 온 국민이 한 권씩은 범우사의 책을 가지고 있는 꼴이다. 한 가족을 서너 명으로 잡으면 집집마다 범우사가 만든 책이 서너 권 있을 거라는 말이고 100가구 사는 아파트 한 동마다 범우사 책이 3~4백 권은 들어 있을 거라는 말이 된다. "감히 좋은 책만 만든다고 말하지는 않습니다. 그러나 절대로 나쁜 책을 만들지는 않는다는 자부는 있습니다. 만들어 놓은 후에도 별로 유용하지 못하겠다 싶으면 판을 파기하곤 했습니다." 범우사가 만든 모든 책은 90% 이상이 윤 사장이 직접 기획하고 원고를 꼼꼼히 읽어낸 후 만들었으니 그가 우리 집, 우리 동네, 우리 사회에 끼친 영향력은 겉으로 들어나지 않을 뿐이지 글머리에 잠깐 말했듯이 어마어마하게 커다란 덩치일지 모른다.

이름을 범우로 정하고 출판사 간판을 달 때 이미 로고를 만들고 캐치프레이즈도 만들었다. 로고는 독수리. 캐치프레이즈는 '2천년대를 향해 꾸준히 양서를'. 곁의 친구들이 농담을 했었다. "아니 몇 년

안 가 문 닫는 출판사가 허다한데 2천 년은 무슨 2천 년. 꿈 한번 거창하네." 그러나 마침내 2천 년은 왔고 범우사는 첫 결심 그대로 꾸준히 상재를 만들었으며 드디어 캐치프레이즈를 바꾸지 않으면 안 될 시점을 맞았다. 다시 백 년을 내다보면서 윤 사장이 만든 새 구호. 그건 '온고지신으로 21세기를!'이다. "출판사 이름을 무슨 닷컴으로 바꾸기도 하는 조류지만 범우사라는 이름을 그대로 고집할 겁니다. 세상이 아무리 바뀐다 해도 책을 읽는 사람들은 여전할 것이고 인문과 문학을 사랑하는 사람들도 꾸준히 늘어날 것이라는 게 내 믿음입니다. 온고지신, 그게 앞으로 백년의 범우사의 모토이지요. 내가 죽은 후에도 그런 정신으로 출판을 계속해달라는 당부이기도 하고……."

"독수리는 숲에 웅장한 날개를 펴지요. 책의 숲을 서림(書林)이라고도 부르니 로고로 독수리를 생각한 겁니다. 그리고 독수리는 가장 멀리 보는 새라지요. 거기다 병아리 한 마리를 잡아도 전력투구를 한단 말입니다." 서른 초반의 야심만만한 청년이 구상했던 그 독수리는 과연 4천만 권이라는 거대한 서림에 34년간 웅장한 날개를 펴고 있었다. 앞으로도 여전히 그럴 것이다. 그러고 보면 인생이란 결코 허무하지도 짧지도 않다. 그에게도 유혹은 많았다. 정치계에서 같이 일하자는 유혹이 만만찮았다. 정계에 입문한 친구들이 많았으니까. 작가로 살고 싶기도 했다. 글을 쓰는 게 가장 가치 있는 일로 생각되곤 했으니까. "그러나 나는 비석을 미리 썼던 사람이에요. 출판인으로서 죽겠다는 결심을 진작에 했었습니다. 난 정말 아무 원도 없어요. 책 읽기를 좋아하고 책 모으기를 좋아해서 책을 만들면서 살았는데 그 책이 내게 모든 것을 줬단 말입니다. 책 잘 만들었다고 상도 타고 훈장도 받았으니 명예를 책으로 얻었고 책을 팔아 우리 아이들 공부를 시켰고 노후를 걱정하지 않을 만큼의 재력도 책으로 얻었습니다. 교도소, 군부대, 고아원에 지금까지 1백만 부 넘게 책을 보냈고 대학에서 출판이론 강의를 20년이나 계속해와 유능한 제자들도 많습니다. 내 어릴 적 어머님 바람이 고향 돌산 면장이었으니 한번 해보려 했으나 면장은 못했지만 이만하면 괜찮지 않습니까…….”

책과의 인연, 어릴 때부터

그는 ‘자기에게 모든 것을 준’ 책에다 보은을 하고 싶어 범우출판문화재단을 새로 만들고 출판 관련 공부하는 학생들을 위한 범우출판장학회의 규모를 더욱 키웠다.

‘한 인간이 얼마나 많은 일을 할 수 있는지 시험이라도 하듯이(이건 평론가 임헌영 선생의 말이다. 그 또한 윤 사장의 오랜 친구다)’ 그는 출판인이면서 그걸 학문적으로 체계화시켜 출판유통론, 출판기획, 출판사를 강단에서 강의하는 교수였으며, 고서 수집을 하되 그냥 수집에 그치는 게 아니라 공부와 연구를 거듭해 고서 감정의 권위자가 되었으며, 남의 책을 만드는 데 그치는 게 아니라 자기 스스로 책을 쓰는 작가가 되었다. 엄청난 독서가에 엄청난 장서수집가에 엄청난 전적을 소유한 서지학자에 다섯 권의 에세이집을 가진 수필가에……. 윤 사장을 일러 책에 관한 한 ‘전능한 인간’이라고 말해도 크게 지나치지는 않을 것이다.

책에 대한 인연을 짚어보라니 그는 대뜸 어머니 이야기부터 꺼낸다. 배운 게 많지도 않은 분인데 어린 아들의 손을 끌고 서점에 나가 책 사주기를 즐기셨다는 어머니. 그는 일본 고베에서 태어나 거기서 열 살이 넘어 한국으로 돌아온다. 마늘냄새가 난다는 일본 아이들의 모멸을 견디며 어린 날을 보냈다. 그렇지만 동백꽃을 따러갔던 신사에서 조센징이라는 멸시를 받은 후 분을 이기지 못해 신사 지붕에 오줌을 싸갈기기도 할 만큼 결기 있는 소년이었다. 어머니는 그 일로 인해 마음고생을 많이 했지만 단 한 번도 그를 나무라지 않으셨다. 어려서는 위인전을 주로 읽었다. 일본 동화도 좋아했다. "어려서 읽는 전기는 고난 극복의 힘을 줘요. 범우사가 전기류 출판에 유독 힘을 쏟는 것도 어릴 때 감명 때문이지요. 한편 동화는 바른 심성을 키워줘요……. 책을 읽다가 잠이 드는 습관, 책이 곁에 없으면 불안해지는 습관이 어려서부터 몸에 배었었어요." 일찍 아버지를 여의고 형제 없이 어머니와 단 두 식구였다. 가난하고 외로웠다. 책이 친구일 수밖에 없었고 돈이 없으니 대본소에서 빌려서 읽었다. 김래성의 《청춘극장》 같은 걸 읽을 때면 급우들이 소년 윤형두의 둘레에 빙 둘러앉곤 했다.

고향 돌산은 섬이었다. 아들이 그곳 면장이 되었으면 하는 게 어머니의 꿈이었다. 순천농림학교로 유학하고 축산과였으니 그냥 고향에서 양계나 할 생각인 그에게 어머니가 서울로 유학하라고 떠미셨다. 동대 법과로 진학했다. 하숙비도 학비도 마련하기 어려워 재학 중 《신세계》라는 잡지의 기자가 되었고 이어 《고시계》라는 잡지도 맡았다. 편집자가 귀하던 시절이라 민주당의 당보를 만드는 일을 돕고 민주당 선전위원회 간사 일도 맡았다. 선거 지원유세도 다니고 시민운동에도 참여했으나 곧 5 · 16이 났다. 편집인이 귀한 시절이었기에 같이 일하자고 군사정권이 유혹했지만 거절, 책이나 실컷 읽을 요량으로 통의동 골목 2평짜리 헌책방의 점원이 되었다. 독서량이 상당하고 책 고르는 안목이 탁월한 유식한 점원이었다. "그땐 새 책이 별로 없고 헌 책이 더 많던 시절이었어요. 당시 임화나 이태준이나 홍명희 같은 월북작가들이 거의가 삼선교 근처에 살았는데 거기서 좋은 책들이 무더기로 쏟아져 나오는 겁니다. 고서점이 아주 재미가 있던 시절이었어요." 안목이 있으니 자연 돈도 벌렸다. "그때 내 꿈은 동대문에서 제일 큰 서점을 하는 것이었어요." 계획은 착착 진행돼 곧 서른 평짜리 서점 주인이 되었다. 그러나 그 서점은 국회의원에 출마한 친구의 선거자금으로 간단하게 바뀌고 만다. 친구는 국회의원이 됐지만 그는 다시 실업자 신세. 부인이 자그만 양장점을 경영해 거기서 나오는 밥을 한동안 얻어먹고 살았다. 그러다 놀고먹어서 어쩌랴 싶어 드디어 출판사 간판을 내건다. 동시에 로고와 구호까지 정하고 제 비석을 미리 써둔 것은 앞서 얘기한 바와 같다. 그것이 '66년. 범우사의 첫 책은 김대중 선생의 수필 제목인 《사향의 염》이라는 에세이 모음집이었다. 김대중 선생의 글과 여러분들의 원고를 모은 것이었다. 재미가 괜찮았다. 두 번째는 우습게도 《자동차 정비와 고장 수리》라는 책이었다. 그것도 꽤 팔렸다. "마이카 시대가 오기 시작해 그런 책이 인기가 있었어요. 내가 그때 과학기술 도서를 만들기로 작정했다면 아마 꽤 많은 돈을 벌었을 겁니다."

호황도 불황도 없다

범우사는 종합출판을 지향한다. 다른 출판사가 전집류나 참고서, 교과서를 주로 만들고 있을 70년대에 범우사는 범우고전선, 범우사상신서로 문학과 사상물의 서점 판매용인 단행본 출판에 힘을 썼다. "월남, 중동에서 돈들을 벌어올 때라 전집들이 잘 팔렸어요. 그게 돈이 됐지요. 그러나 나는 책을 전집으로 만들어서는 안 된다고 생각했어요. 책은 밑반찬 같은 건데 한꺼번에 잔뜩 사들여놓으면 미리 식상해버릴 수밖에요. 원할 때마다 한 권씩 서점에서 사볼 수 있는 단행본 출판을 계속했지요." 청소년 책의 개념이 따로 없을 때 사르비아문고를 처음 만든 것도 윤 사장이고 최초의 아동도서인 오뚜기문고도 그가 만들었다. "내가 만든 용어가 몇 개 있어요. 범우사가 하는 출판 방식이지요. '자전거식 출판'이라고 쉬지 않고 자전거 페달을 밟듯 연달아서 책을 내는 겁니다. '전답식 출판'이라 하여 씨를 뿌려두고 열매맺기를 기다리듯 금방 책이 팔리기보다는 일 년 후를 기대하는 방식과 '과수식 출판'이라 하여 책을 만든 후 5년이나 10년 후에 열매를 따기를 기다리는 출판 방식을 택하려 했어요. 그러니 우리는 베스트셀러를 원하지 않아요. 범우사에는 호황도 불황도 없다라는 말이 딱 맞습니다. 3천 종 책 중에 절판한 책이 거의 없이 꾸준히 조금씩 찍어내니까요." 또 그는 '비석식 출판'이라 하여 2~3년에 한 번 기념비가 될 만한 웅장한 기획의 책을 하나씩 만들어낸다. 올해는 삼국시대부터 현대까지의 화가와 서예가를 총망라한 《한국 서화가 인명사전》을 펴내는 큰 작업을 해냈다.

그의 앉은 자리 뒤에 걸린 편액에는 '출판입국(出版立國)'과 함께 그의 평생의 신념을 간결하게 요약해주는 말이다. "국민에게 책을 많이 읽게 만드는 것이 다름 아닌 민주화 운동이에요. 국민 한 사람이 일 년에 책 20권을 읽는 나라는 독재가 있을 수 없다지요. 독서를 많이 하는 정치인은 썩어빠질 수가 없고 어려서 책을 많이 읽은 사람이 자라서 악인이 되는 경우는 아주 드물거든요. GNP가 아무리 높아도 국민이 책을 읽지 않으면 선진국이 될 수 없다는 게 우리의 상식 아닙니까." 그는 지난 여름, 원정대 단장으로 킬리만자로를 등정하고 돌아온 전문 산악인이기도 하다. 거기서 복막염을 얻어 죽을 고비를 넘겼다기에 지금껏 만든 책의 영이 도왔을 거라고 했더니 "정말 그랬을까요?" 하면서 그는 소박하게 웃었다.

— 한국간행물윤리위원회, 《간행물윤리》(통권 268호) 2000. 11.

(정리 : 자유기고가 김서령)

한국명사 좌우명 세계철학사상가의 명언
— 인무원려(人無遠慮) 난성대업(難成大業)

1970~80년대를 지내면서 어려운 일을 많이 당했다.

검찰의 출두 명령을 받고 남산 중턱의 '신한무역'이란 간판이 달린 안가(安家)에서 위압과 회유를 당하기도 하고 남산 중앙정보부에 개 끌리듯 끌려가서 심한 고문과 탄압을 받기도 하였다.

그럴 때면 나는 안중근 의사가 형장의 이슬로 사라지기 전에 쓰셨다는 '인무원려 난성대업(사람이 멀리 보지 아니하면 큰일을 이룰 수 없다)'이란 글귀를 떠올렸다.

만약 안중근 의사가 죽음을 두려워하고 삶에 급급하였다면 이 나라 만 년사(萬年史)에 길이 남을 애국지사가 되었겠는가. 그 글귀의 되뇜이 그 어려웠던 시절에 부끄럽지 않은 나를 지탱해주는 큰 교훈이 되었다.

— 인간시대위원회 편, 《행복한 삶을 위하여》

허상만 총장과 함께한 4년
내가 본 허상만 총장
— 나는 그를 만나 행운이었다

대체로 학자들은 외곬의 성향을 갖고 있게 마련이며 이상주의자들인 경우가 많다. 그런데 허 총장은 한마디로 표현하자면 '실천인'이다. 그가 가진 갖가지 아이디어, 추진력, 집념 등을 보면 그는 철저히 '행동하는 지식인'이다.

지금 우리 재경순천대인들은 다른 어느 때에 비해 서로 유대를 돈독히 하고 있고 모교에 대한 자부심을 느끼고 있다. 이는 지난 2000년부터 수여하고 있는 '자랑스러운 순천대인'상 때문이다. 첫 해 임갑인 변호사(순천국립농업학교 제1기), 그 다음해 박상렬 전 제주도지사(제4기)를 각각 선정하면서부터 비롯되고 있는 긍지와 따뜻한 동문애의식에 다름 아니다.

허 총장은 그렇게 동문들을 모으고 결속을 강화시키는 한편 재임기간 중 빈번하게 서울행을 했다. 그때마다 모교의 한의학과를 비롯한 신설 학과 설치, 박물관 신축 등 각종 사안들을 들고 왔고 나는 허 총장의 열의에 빠져 함께 교육인적자원부와 국회, 그리고 보건복지부 등을 들락날락하였다. 한 번도 가보지 못했던 관청과 이름만 알지 만난 적이 없던 장관, 차관 혹은 판세사들을 함께 만나면서도 나는 '어떻게든 내가 힘이 닿는 한 도와야 한다'는 생각밖에 들지 않았었다.

그렇게 백짓장도 맞들면 가볍듯이 나는 허 총장과 호흡을 맞추었다. 이제 그는 지난 4년여 불같았던 열정을 뒤로하고 퇴임을 한다고 한다. 드물게 보는 학자이자, 탁월한 능력을 가진 교육행정가를 보면서 그를 만났던 지난날이 나로서는 행운이었다는 생각을 지금도 지울 수가 없다.

— 순천대 기획연구처, 《순천대학교 소식》 Vol. 89, 2002. 10. 16.

어머니의 조각보
조각보 같은 어머니의 지혜에서 삶을 배웁니다

"네 친구는 도울 사람이 없어 내가 돕지만, 너는 스스로 서거라"

— 출판인 윤형두의 어머니 故 김처례 여사 —

갯물이 휘날려 지붕을 덮는 바닷가 초가집에서 태어나신 어머니는 서른이 갓 넘어 아버지와 사별한 후, 홀로 아들 하나에게 기대를 걸며 살아오셨다. 모진 가난의 세월과 숱한 각고를 겪으며 60평생을 사시다가 아들에게 집 한 채와 얼마간의 여윳돈을 마련해주시고 돌아가셨다.

나의 고향은 내가 다니던 중·고등학교와는 40킬로미터나 떨어진 먼 곳이었다. 버스를 타고 기차를 타고 또 배를 타야 하는 섬이었다. 그런데도 내 동급생들의 절반을 넘는 20여 명의 친구들이 우리 고향집에서 짧게는 하룻밤, 길게는 한두 달의 신세를 지곤 했다.

홀몸이 된 어머니는 손재봉틀로 삯바느질을 하거나 조선소에 배를 고치러 온 뱃사람들의 밥을 지어주는 일들로 간신히 어려운 살림을 꾸려나가셨다. 그러나 내 친구들이 찾아오면 털끝만큼도 어려운 기색 없이 맞아주셨다.

가끔 친구들이 찾아와서 고구마서리, 딸기서리를 하면 어머니는 친구들이 모두 잠든 후, 나를 부르셔서 누구 집 밭의 것을 서리했느냐고 물으셨다. 그러곤 새벽같이 그 밭 주인집에 찾아가서 우리 아들의 학교 친구들이 심심풀이로 서리를 한 모양인데 용서해달라고 사과하고 친구들 몰래 그 값을 갚아주시곤 하셨다.

내가 가끔 몰려와 귀찮게 구는 친구들에게 짜증을 부리면, 어머니는 부모 팔아 친구를 산다는데 찾아온 친구를 박대한다고 야단을 치시곤 하셨다.

내가 결혼하여 아이를 낳은 후의 일이었다. 그때까지도 형편이 풀리지 않아 고향의 어머니에게 돈을 좀 달라고 하였더니, 이제 성인이 되었으니 어미에게 기댈 생각은 아예 하지 말라고 꾸중을 하셨다. 나는 고향친구가 어머니에게 돈을 빌려 썼다는 이야기를 들은 바 있어서, 남에게는 돈을 꾸어주면서 친자식에게 그렇게 하시는 것은 야속히다고 항변을 했다.

어머니는 “그 사람은 내가 도와주지 않으면 아무도 도와줄 사람이 없지만 너는 내가 도와주면 항상 기대려는 마음을 갖게 되어 너 스스로 일어설 수 없다. 너는 친구도 많고 능히 혼자 일어설 수 있는 힘도 있으니 무엇이든 힘껏 해보라”고 준열히 나무라셨다. 어머니는 장차 네 앞에 무슨 일이 생길지 모른다, 그럴 때면 너와 항시 만나고 같이 성장하는 친구가 제일이라고 말씀하시곤 하셨다.

그 후 몇 년이 지나 필화사건으로 감옥에 가게 되었는데 어머니 말씀대로 옥중에 있는 동안 많은 친구들이 집에 쌀가마도 들여다 주고 텔레비전이 없는 것을 보고는 사주고 가기도 한 사실을 보면 분명 어머니는 선견지명이 있으셨던 것 같다.

출판인 윤형두 님은 1935년생으로 순천농업학교와 동국대 법대를 졸업한 뒤 중앙대에서 신문방송대학원 석사학위를 취득했고 1966년 도서출판 범우사를 창업했습니다. (재)한국출판문화진흥재단 이사장 등을 역임했고 《사노라면 잊을 날이》 등 다수의 수필집을 출간했으며 제9회 현대수필문학상, 국민훈장 석류장, 문화관광부 보관문화훈장, 아시아태평양출판상 금상 등 다수의 상을 수상했습니다.

— 참출판사, 《마음수련》, 2016. 6월

나의 삶 80년
— 창사 48주년에 80년 삶을 뒤돌아보며

어떤 사람은 자기 능력보다 대우를 덜 받고 있는 경우가 있고 어떤 사람은 자기 능력보다 더 대우를 받고 살아가는 사람이 있다.

나의 경우 후자에 속한다.

나는 능력에 비해 많은 영예를 차지해왔다.

대한출판문화협회 회장, 한국출판학회 회장, 중대 신문방송대학원 객원교수 또 한국언론학회 · PEN클럽 이사 등 출판계와 문단에서 융숭한 대접을 받았다. 그리고 국립순천대에서 명예 출판학박사, 영국 IBC에서 명예 문학박사 학위도 받았다.

이러한 나를 형성하기에는 지나온 80년이란 시간의 흐름이 있었다.

일본 고베에서 태어나 가나가와현 사가미하라에 있는 오오노 초등학교에 입학하여 1944년에 한국에 와서 벌교남국민학교에 다니다 해방 후 여수서교를 졸업했다.

나는 열등생이었다. 그런데 순천농림중 3학년 때 작문시험에 95점을 받았다. 내가 어쩌면 문학적인 소질이 있는지도 모르겠다는 의문이 제기되었다. 그 후 문학작품을 열심히 읽었으나 문인이 된다는 생각은 엄두도 내지 못했다.

또 내가 책을 만들겠다는 것과 연을 갖게 된 것은 고3(1953년) 때다. 나는 전남에 있는 순천농고 3학년 때 한도호국단의 문예부장이 되었다. 그때 선배로부터 〈향림香林〉이란 표제가 적혀 있는 원고뭉치를 인수받았다.

졸업을 하는 선배들이 교지를 내보려다 뜻을 이루지 못하고 넘겨준 원고뭉치였다. 나는 그 원고에다 새로운 원고를 추가하여 교지의 창간호를 내보려고 백방으로 노력하였으나 그 꿈을 이루지 못했다.

1953년 7월 27일 6 · 25전쟁은 휴전이 되었으나 순천농고가 있었던 순천시는 낮에는 대한민국, 밤에는 인민공화국 기가 펄럭거리는 치안 부재의 도시였다. 그리고 순농 교사가 불타고 8절기 하나가 있었던 순천에 있는 인쇄소도 관 인쇄물 때문에 민간 인쇄물을 찍을 수가 없었다. 그렇다고 학도호국단 문예부의 예산이 풍족해서 광주 등지에 가서 책을 출간할 형편도 못 되었다. 이렇게 한 권의 책을 만들겠다는 나의 첫 꿈은 좌절되고 말았다. 이 좌절이, 이때 못 이룬 꿈이 나에게 지금까지도 책을 만들겠다는 집념으로 강하게 작용하고 있는지도 모르겠다. 1954년 순농을 졸업하고 1955년에 서울로 올라와서 숭실대학 법과에 입학을 하였다. 그때 나는 두 가지 선택을 잘못했다고 생각하고 있다.

하나는 내 개성에 맞지 않는 법과를 선택했다는 것이다. 그 당시 상황이 대학을 졸업하고 갈 수 있는 곳이란 관공서에 취직하는 길밖에 없었다. 고시에 합격하여 관리가 되거나 판검사가 되거나 그렇지 않으면 공무원 임용시험을 봐서 공무원이 되는 길뿐이라 생각하여, 시골에서는 대학을 간다는 것은 취직을 하여 관리가 되는 법률을 공부하러 가는 것이라고 생각했다.

또 하나는 숭실대학에 대한 기대였다. 일제 시 최초의 대학이요 3대 사학 명문(보성 · 연희 · 숭실)이기 때문에 어느 대학 못지않게 발전하리라 믿었다. 그러나 그것은 기대로 끝나고 말았다.

그때 누군가가 인생은 짧은 것이다, 네가 하고 싶은 일을 다 하기에도 시간은 너무나 짧다. 그러니 하고 싶은 공부와 일을 하라고 하였다면 나는 내가 하고픈 국문학을 선택했을 것이다(당시에는 문예창작과가 없었음). 그랬다면 그 당시로서는 어느 대학이나 선택할 수 있는 폭이 넓었다.

나는 그때의 체험으로 내 아이들에게는 꼭 하고픈 일을 하라고 한다. 그러나 그 일만은 멈추지 말고 꾸준하게 열심히 하라고 한다.

대학에 다니면서 숭실대학의 창간 학보도 만들고 신문 창간에도 참여하였다. 그런데 창간호에 실은 〈대통령 긴급명령에 대한 논거〉라는 글이 말썽이 났다. 이승만 대통령은 6 · 25 동란 때 부산으로 도망을 가면서 좌익운동을 하던 사람들을 가입시킨 보도연맹 가입자를 포획심판령이란 긴급명령으로 모두 처단하였다. 그 내용을 썼는데 중부경찰서에 몇 번 불려 다니고 지도교수(김치선 교수)가 보증을 하고 하여 무사히 그 일은 끝났다. 그것이 나의 첫 필화사건이다.

그때는 서울수복 직후라 사회가 어수선할 때였다. 고학을 하기에도 마땅한 일자리가 없을 때였다. 고작해야 신문팔이, 신문배달원도 여간한 배경이 있어야 했다. 구두닦이, 껌팔이, 양키물건 중간상(그 정도면 종합무역)은 더 했다. 이때(1956년) 나는 운 좋게도 김상현 형의 소개로 월간 《신세계》라는 잡지사에 견습기자로 취직이 되었다. 그 당시만 하더라도 편집 · 교정을 할 수 있는 사람이 드문 때다. 나는 숭실대학 학보, 신문을 발행하면서 편집 · 교정을 배운 당시로는 베테랑이었다. 이 잡지는 창평사라는 출판사에서 간행되었는데, 조병옥 박사가 부산에서 창간한 《자유세계》를 인수받아 개제한 잡지다. 그 당시 창평사는 김동명 씨의 《적과 동지》, 백광하 씨의 《단상단하》 등 좋은 책을 출간하고 있었다.

그 잡지사에는 주간에 대통령이 되신 김대중, 편집부장에 시인 전봉건, 기자에 시인 박성룡 씨 등이 계셨다. 그때 원고청탁 및 취재차 미국에서 막 교육 박사학위를 받고 돌아온 김은우, 정치가인 윤제술, 박순천, 오위영 의원 등을 원고 청탁차 찾아다녔다.

그해 12월 24일, 나는 오위영 의원 댁을 갔다 나오다 경찰에게 불심검문을 당해 혜화동 파출소, 동대문 경찰서를 거쳐 보광동에 있는 기피자 수용소에 수감되었다. 그때 소설가 정을병 씨를 그곳에서 만났고, 그때 그가 나를 주인공으로 하여 쓴 실명소설인 〈철조망과 의지〉로, 그는 자유공론 추천 작가가 되었다.

그때 붙잡아간 이유는 이중 직업을 갖고(학생 · 잡지사 기자) 병역을 기피하려 했다는 것이다. 기피자 수용소에서 10여 일 있다 풀려나와 보니 잡지사가 문을 닫고 말았다.

《신세계》가 야당지였는데 자유당의 탄압으로 문을 닫고 만 것이다. 책을 기차나 버스 편으로 발송하면 배달을 하지 않고, 달수가 넘으면 배달을 하여 반품시키는 방법 등으로 탄압을 한 것이다. 또 서점에 가서 독자 명단을 체크하게 하여 심리적으로 위압을 주곤 하였다.

그때 《신세계》지는 신익희 선생의 한강 백사장 연설문을 게재하는 등 이승만 독재에 항거한 야당지였다. 참으로 신명나고 생을 바칠만한 가치 있는 일을 빼앗기고 말았다.

그때 정을병 씨가 먼저 기피사 수용소에서 풀려나 심내중 선생에게 연락을 하여 나를 기피자 수용소에서 빼내게 한 것으로 알고 있다.

그 후 얼마 있다 월간 《고시계》라는 잡지의 편집장 대리라는 직함으로 취직을 하게 되었다. 그때만 해도 잡지 편집자가 귀하던 시절이다. 원고뭉치를 들고 모르는 것은 조판소나 인쇄소의 고참들에게 자문을 받아가며 레이아웃을 하였다. 원리원칙 대로 기교 없는 편집이었다. 서울에 조판소라야 10여 곳이 있었던 시절이다.

잡지 창간의 초창기라 어려움이 많았지만 한 권의 잡지를 출간한다는 기쁨은 어디에도 비할 수 없었다. 본문 교료를 마치고 마지막 판권 난에 편집후기를 써넣는 일만으로도 한 달의 피곤이 싹 풀렸었다. 그런데 반년쯤 지나 편집사원 두 명이 월급 인상을 들고 나오며 파업을 하기 시작했다. 사장과 사원 사이에 조정을 해보려고 노력하였으나 조정이 되지 않아, 나는 사원들과 같이 사표를 내고 말았다.

그때의 일을 나는 지금껏 후회하고 있다. 편집사원 한 사람은 내 사촌누이의 동창이어서 그들을 위해 내가 사표를 내었는데, 그녀는 내가 나간 후 잡지사에 머물면서 자기의 애인을 내 자리로 끌고 들어왔다. 그때 생존경쟁이란 이렇게 무서운 것인가 하는 것을 느꼈다. 그 후 《법제》라는 잡지사에서 편집일을 하다가 군에 입대를 하였다. 제대할 무렵에 4 · 19혁명이 일어났다. 즉시 서울에 올라와 〈사월혁명정신선양회〉라는 단체를 조직하고 김상현 동지 등과 '거리 질서 지키기', '데모 자제하기', '아이젠하워 환영 국민대회', '7 · 29선거 비

민주인사 뽑지 말기' 등의 운동을 전개하였다.

민주당 정권이 들어선 다음해 1961년 3월 1일에 김대중 선생이 중앙당 선전위원장으로 계신 민주당 당보 〈민주정치〉의 당보 편집 일을 맡아 일하다 3개월도 안 된 그해 5월 16일 군사쿠데타를 만났다.

나는 여러 곳의 회유를 피해 적선동에 있는 친구의 헌책방 점원으로 피신을 하였다. 뚜렷한 정치관이나 시국관이 확립되었던 것도 아니다. 내 주변 사람들을 배신하면 나 자신이 외로워진다는 생각 때문이었다. 그 마음이 지금도 나를 나름대로 지켜주고 있는 것이다.

얼마간의 점원 생활을 마치고, 1962년 봄, 나는 동대문 전차 차고 옆에 약 2평 정도 되는 가게를 하나 얻어 헌책방을 차렸다.

부지런히 돈을 벌어 서점 백화점을 차리고 그 다음 《사상계》와 같은 종합잡지나 역사잡지를 하나 창간해야겠다는 생각을 하였다. 헌책장사가 생각보다 잘 되었다. 돈을 좀 번 것으로 장가도 들고, 가게도 늘리고, 대학도 입학한 지 9년 만에 졸업을 하였다. 가까운 친구들은 어려움이 닥치자 모두 대학을 중도에 포기하였다. 그런데 나는 대학을 졸업하기 위해 서울에 왔으니 대학은 꼭 졸업하겠다는 초지를 관철하였다.

그동안 정치활동이 재개되고 민주당이 다시 재건되고 하여 중앙당에서 일하라는 권유가 몇 번 왔으나 나는 극구 사양했다.

1963년에 동국대 법과를 졸업하였다. 내가 입학한 숭실대학은 5 · 16 후 학과 폐쇄조치 등으로 법과가 폐과가 되었는데, 나는 3학년을 마쳤기 때문에 4학년 편입을 고대 · 연대 등은 받아주지 않아 동국대 법과로 전학을 하여 졸업을 하였다. 당시 동국대 이사로 후에 선암사 주지를 하신 집안의 윤종군 스님이 계셔서 동국대 도서관에 취직을 한 다음 공부를 계속해볼까 하는 마음도 한 가닥 깔려 있었다.

동대문 대학천 상가에 심우당이라는 서점 간판을 걸고 고서점이 꽤 번창해갈 무렵, 1965년 한일 회담 반대로 국회의원 6명이 의원직 사퇴를 하여 그 지역에서 보궐선거가 실시되었다. 그런데 서대문 갑구에서 친구 김상현 형이 야당 공천으로 출마하게 되었다. 나는 그 선거판에 회계 책임자로 등록을 하고 본의 아니게 깊이 관여하게 되었다. 김상현 형은 약관 26세의 나이로 국회의원으로 당선되었으나 나는 책방 등을 정리한 후라 또다시 실업자가 되었다. 가장으로서 참으로 앞길이 난감하였다. 그 후 잡지사나 출판사에 취직을 하자니 그것도 용이하지 않았다. 그래서 1966년 8월 3일 친구 동생이 경영하는 프린트본 수험지 출판사의 일을 봐주며 책상 하나를 빌려 범우사라는 출판사 등록을 하였다.

나는 사장보다는 이름 있는 편집자가 되고 싶었다. 편집장, 주간이라는 명칭이 나의 선망의 자리였다. 내가 돈을 벌어 잡지사를 운영하더라도 나는 사장보다 주간이라는 직책을 가지리라 생각했다.

그런데 그런 자리가 나에게 오지 않았다. 실업자 신세를 면하기 위해 출판사를 등록하고 직원 한 사람 없는 사장이 된 것이다.

그 후 6년간 범우사라는 간판을 메고 다니면서 잡지사의 일을 봐주었다. 치과의사들의 잡지 《치계》, 친구가 경영한 《신세계》, 김상현 의원이 창간한 《다리》지, 1971년 《다리》지 필화사건으로 반공법에 걸려 2년 반의 구형을 받고 직권보석으로 출옥할 때까지 103일간 면회 한번 받지 못하고 독방에서 살았다.

그때 활자 때문에 고초를 당하면서도 그렇게 책이 보고 싶을 수가 없었다. 창문 사이로 들어오는 바람을 막기 위해 발라놓은 성경 조각들을 읽고 또 읽었다. 출옥할 무렵 성경과《새길》이라는 잡지가 차입되었다. 그런데 출정을 갔다 오니 교도관이 검방을 하다가 책이 있으니 가져간 것이다. 지금도 그때의 서운함과 책에 대한 그리움은 지울 수가 없다.

나는 그때 내가 감옥을 나가면 일생동안 책과 더불어 살겠다는 결심을 하였다. 그 춥고 지루한 나날을 책과 종이와 펜만 있으면 살 것 같았다. 감옥에서 나온 후《다리》지 발행인이 되어 내가 바라던 잡지를 발행했다. 그러다 그해 10월 15일 '10월 유신'이란 위수령이 발동돼 경영주인 김상현 의원은 구속되고《다리》지는 폐간되었다.

그때부터 잡지의 시대는 끝난 것이다. 20여 년 동안 신문사나 특수층에만 정기간행물 허가가 나오고 군사정권은 정기간행물 허가를 내주지 않았다.

나는 1972년부터 종로구 도렴동 삼육빌딩 층계 및 3평짜리 사무실에서 범우사를 본격적으로 가동하였다. 그런데 그것도 호사다마라고 김동길 교수의 첫 수필집《우리 앞에 길은 있다》라는 책을 계엄사령부에서 검열을 받지 않고 배포했다가 남산에 끌려가 죽을 고생을 당했다. 위수령이 발동되기 전 본문 인쇄를 다 해놓고 표지를 김지하 시인이 해주기로 했는데 표지가 늦어져 책이 10월 유신 후 발간되었다. 그런데 그때의 형편으로는 책 판매를 포기하는 것은 출판사를 포기하는 것이요, 출판사를 포기하는 것은 내 장래를 포기하는 것과 같아 계엄군 몰래 책을 책방에 깔아놓고 도망쳐 다니다 한 달여 만에 붙잡혀 곤욕을 치른 것이다. 그러한 고초 속에서도 나는 더욱 출판인이 되겠다는 생각을 굳혔다.

출판인이 되어 책을 통해 학자를 만들고, 문인을 만들고, 경제를 부흥시키고, 사회를 정화하고, 정치를 바로잡는 일 등을 실현시켜야겠다는 생각을 하였다. 민주주의도 위대한 영도자만 나와서 되는 것이 아니다. 인도의 간디, 터키의 케말 파샤, 필리핀의 막사이사이가 나왔지만 민주국가가 되지 못했다. 많은 책을 읽고 지식을 함양하고 의식이 높아지면 자연히 민주화가 된다. 독서를 많이 하는 나라치고 독재국가가 없지 않은가. 국민소득하고도 다르다. 산유국인 아랍 국가들의 국민소득은 높지만 독서를 하지 않으니 후진국이다.

일본은 공해 문제마저도 출판인이 풀어간다. 마루젠(丸善) 사장은 국가공해대책위원회에서 공해 문제도 출판인에게 맡기라고 하였다. 일본의 근대화와 현대화도 출판이 하였으니 거기에서 야기되는 공해 문제도 출판으로 풀겠다고 하였다. 그래서 공해에 관한 책을 1980년 초부터 많이 발행하여 국민계몽과 더불어 국민에게 경각심을 불어넣어 맑은 강 푸른 하늘을 되찾았다.

70년대와 80년대에도 나는 출판으로 숱한 어려움을 당했다. 《다리》지, 《우리 앞에 길은 있다》 말고도 1970년대 초에 발행된 김대중 선생의 《내가 걷는 70년대》란 책은 1980년 '서울의 봄' 때 잠깐 풀렸으나 20여 년간 판금되었으며, 한승헌 변호사의 수필집 《위장시대의 증언》은 필자로 하여금 긴 옥고를 치르게 하고 심지어 변호사 자격마저도 앗아갔다. 또 미테랑 대통령의 전기, 프랑크푸르트학파의 마르쿠제의 미학, E. H. 카의 《역사란 무엇인가》마저도 신입생 의식교육의 기초도서라 하여 수거당하는 웃지 못 할 일들이 숱하게 일어났다.

1975년경 동아투위의 기금 마련을 위한 출판물인 에리히 프롬의

《건전한 사회》를 냈다하여 한동안 곤욕을 치렀는가 하면, 20여 년 동안에 몇 번의 세무사찰을 감내해야 했다. 기업의 경영자로서는 세무사찰이라는 것이 서대문 형무소나 남산 지하실의 고통 못지않게 괴로운 것이었다.

나는 이러한 소용돌이 속에서도 10월 유신 이후 작게나마 민주화 운동에 관여하였다.

1974년 국제엠네스티 한국위원회 재정이사를 맡아 옥중에 있는 민주인사들에게 내복과 영치금 차입을 하기 위해 추운 겨울 서대문 서울구치소, 안양교도소, 경주교도소 앞에서 몇 시간씩 떨어보기도 하였고 출옥한 인사들의 취업 알선 등 나름대로 보람 있는 일을 하였다. 나에게 1970년대는 그래도 부끄럽지 않은 10년이었다고 회고된다. 1980년 서울의 봄이 지나고 전두환 정권이 들어서자 엠네스티 운동을 할 수 없게 된 나는 모든 사회적 활동을 정리하고 출판업에만 전념하게 되었다.

그때부터 자전거 출판론을 시도한 것이다. 자전거를 타고 비탈길을 오르는데 페달을 밟지 않으면 자전거가 쓰러지니 계속 페달을 밟는 것이다. 그래서 다종 출판을 시도했다.

그 당시 출판사들이 일 년에 1~20종 출간하는 출판사도 몇 되지 않았다. 그런데 나는 1970년대 중반부터 1980년대 중반까지 1년에 거의 100여 종의 신간을 발행하였다.

자본금도 없이 무모한 짓이었지만 그 당시는 서점에 책이 없어 엷게 형성된 독자들에게 권할 책이 적었던 시절이다. 당시에는 모든 출판사들이 중동 건설 붐과 월남전쟁 등으로 경기호황에 맞추어 전집물 등을 만들어 가정판매, 세트판매들을 하여 부를 축적할 때 서점을 살리고 독자들을 서점으로 끌어들이는 운동을 하였다.

그리고 자본금 없이 다종출판을 할 수 있었던 것은 지업사, 인쇄소, 제본소 등의 거래처가 외상으로 밀어주었기 때문이다.

나는 직장생활을 하면서도 나 자신이 몇 달치씩 월급은 타지 못하더라도 편집 제작 책임자로 거래처 지불만은 꼭 시행했었다.

10월 유신으로 경영주가 구속되고 문을 닫은《다리》지의 제작처 부채와 신문사 광고비마저도 그 후 몇 년을 두고 다 갚았다. 이러한 신용이 범우사를 이만큼이나 성장시킬 수 있는 원동력이 아니었나 생각된다.

1970년대 후반부터 한국 출판계는 모습을 바꾸기 시작했다.

문학과지성사, 한길사, 두레, 모음사 등 신문사 출신들과 동광, 일월서각, 풀빛, 한울, 동녘, 돌베개 등 학생운동 출신들이 대거 출판계에 들어오면서부터 사회과학 도서출판을 비롯한 출판계의 기류가 바뀌기 시작하였다. 범우사는 이때부터 사회과학도서 출판에서 문학, 철학, 사상 등의 고전 출판으로 방향을 바꾸기 시작했다.

과수시 출판으로 방향을 바꾼 것이다. 한 권의 책을 출간하기 위하여 기획에서부터 출간까지 4~5년씩 걸리는 책들을 만들기 시작했다. 범우고전선, 범우사상신서 그리고 전집으로만 출간하였던 세계문학을 중역을 피하고 원전에 충실한 번역으로 비평문을 곁들인 비평판 세계문학전집을 출간하였다. 그리고 독서의 대중화를 위하여 범우에세이문고, 범우소설문고와 청소년도서의 효시라 할 수 있는 범우사르비아문고 등을 출판하였다. 범우사는 "2000년대를 향하여 꾸준하게 양서를"이라는 기치와 "진리와 자유를 위하여, 새 시대의 새 지식을 위하여, 독서의 생활화를 위하여 끊임없이 노력한다"

는 사시를 내걸고 참으로 피나는 노력을 했다.

기업은 유능한 사원과 참모진이 중요하지만 출판사는 규모나 특성상 출판사 사장이 앞장서서 출판사를 이끌고 나가지 않으면 어렵다는 것을 지금도 실감하고 있다. 경영주가 방심하거나 건강이 나쁘거나 의욕을 상실할 때 그 출판사는 경영 상태가 나빠지는 실례를 우리는 얼마든지 보아왔으며 출판사가 사장의 운명과 같이하는 경우도 있다. 범우사도 나의 건강의 기복에 따라 발행종수는 상당한 영향을 받았다. 1988년부터 1991년까지 발행종수도 줄었을 뿐만 아니라 매년 2, 30%씩 성장하던 성장속도도 제자리걸음을 하고 출판사의 활기도 위축되었다. 1992년 초부터 다시 진영을 가다듬고 시리즈물의 계속적 발행과 새로운 기획물의 출간, 그리고 활판인쇄물을 옵셋화 하면서 개역 또는 개정 작업도 본격적으로 시도하였다.

또 나는 범우사의 일 못지않게 출판계의 일을 헌신적으로 해왔다.

1976년에 한국도서유통협의회를 조직하여 부회장으로 도서유통 현대화를 위한 유통 개선운동을 전개하였다. 출판유통이 정상화되지 않고는 한국 출판의 장래는 어둡다는 지론은 지금도 변함이 없다. 유통협의회가 축이 되어 내가 강력히 주장한 도서정가판매제를 서적상연합회와 공동으로 1987년 12월 1일부로 성취시켰다.

1978년부터 대한출판문화협회 이사와 한국출판협동조합 감사이사 일을 해왔으며, 1984년 출협 부회장으로 있으면서 출판연구소 설립의 산파역을 하였고 1992년 다시 출협 부회장으로 선출된 후 출판관련 분야의 개방저지대책위원장, '93책의 해 추진위원장을 맡아 뜻을 이룩하였다.

그리고 출판도 학문적 바탕 위에 터를 잡고 산학협동으로 출판의 위상을 높이고 출판산업을 융성시켜야 한다는 취지로 1983년부터 한국출판학회의 부회장과 회장을 맡아오면서 계속해서 출판학과 신설 요청을 문교부, 문체부, 각 대학 등에 건의함으로써 현재 대학원을 비롯한 출판 관련 전공 및 학과가 20여 개 대학에 이르고 있다.

그 외에도 한국출판협동조합 이사장, 한국출판연구소 이사, 한국출판진흥재단 이사장, 대한출판문화협회 회장 등을 맡아 내 능력껏 최선을 다하였다. 나는 책임이 부여되면 그 책임을 완수하기 위해 전력투구하고, 물러날 때가 되었다면 어떤 일에서도 미련을 갖지 않고 빨리 물러나 더 능력 있는 사람에게 자리를 넘겨주곤 했다.

그동안 내가 누린 명예와 자리는 결코 그 자리를 탐함보다는 여러 고난을 받으면서도 성심껏 단체들을 위해 얻은 결과라고 나는 믿고 있다. 1980년대 접어들면서 나도 부끄럽지 않은 출판을 부지런히 하여 서울시 문화상을 한번 타봤으면 하는 바람이 1992년에 성취되었다. 2001년에는 보관문화훈장을 받아 내가 바라던 최고의 영예를 나는 차지하였다. 그리고 문단에서도 현대수필문학상, 동국문학상 등을 수상하였다.

이제부터 이 영예를 더럽히지 않는 일만이 남았다. 가끔 나는 나이를 먹어가면서 정치인이나 경제인, 문화인 중에서 중년까지는 국민으로부터 존경을 받다가 노년에 접어들면서 노추를 보이는 사람들이 그렇게 안타깝게 보일 수가 없었다. 마지막 남은 짧은 생애를 잘 지냈으면 고인이 된 후에도 존경을 받을 터인데 그 몇 년 때문에 전 생애의 영광을 버려버리는 누를 범하는 분들을 우리는 우리의 역사 속에서 너무나 많이 보아왔다.

나에게는 특별한 출판 경영철학도 없다. 나는 좋은 책을 만들었다는 자만은 하지 않는다. 그러나 절대 나쁜 책은 만들지 않겠다는 자제를 하면서 한 권 한 권의 책을 만들고 있다.

초창기에는 자전거 출판론에 의해 다종출판을 해오다 창사 10여년 후부터는 과수식 출판으로 그리고 20년 후부터는 자동차식 출판에다 비석식 출판을 조금씩 가미시켜가고 있다.

나는 지금도 출판에 생애를 걸었다는 것을 행복하게 생각한다.

내가 하고 싶었던 일이고 하면서 재미와 보람을 느끼고 나와 같은 둔재가 출판이 아니었으면 지금 어떤 백수건달이 되어 있을까 하는 생각을 가끔 한다.

책을 통해 내가 성장했고 책을 통해 의식주를 해결하고 부를 축적했고 무난하게 가정을 꾸려나가 별 탈 없이 살아가고 있다는 것, 그것은 곧 천운이라고 생각한다.

이제 생이 끝나는 날까지 출판을 위해 봉사할 일만 남았다. 그래서 24년 전 적은 기금으로나마 범우출판장학회를 만들어 출판학을 공부하는 사람에게 장학금을 드리는 작은 일부터 시작하여 지금은 범우출판문화재단을 만들었다.

언론인이었던 오종식 선생이 한 출판사는 한 대학과 같다고 하였다. 그렇다면 한 종합출판사는 한 종합대학교와 같고 나는 종합대학의 총장이다. 출판인 윤형두는 총장 윤형두와 같은 명예도 같이 갖는 것이 아닐까. 나는 내가 쓴 어느 수필에다 내 비석의 비명에 '출판인 윤형두지묘'라 새겨지기를 원한다는 글을 쓴 일이 있다. 유한한 인생에 무한토록 출판인 윤형두로 남기를 바라는 욕심을 부려본다.

—《범우62집》, 2014. 9.

다산 정약용의 《목민심서》
— 계간 《청년세계》 가을호

이 책은 다산 정약용이 쓴 책이다. 다산은 이 책 외에도 《경세유표》《흠흠신서》《상서고훈》《아언각비》《아방강역고》 등 많은 저술을 남겼다. 이 현존하는 저술 외에 많은 저술들이 유실되어 지금까지 전하지 못함은 안타까운 일이다.

다산의 저서는 방대할 뿐만 아니라 각 분야에 걸쳐 내용이 다양하다. 그러나 그 밑바탕에 깔린 정신은 나라를 잘 다스리고 백성을 편안하게 하는 데 관심이 집중된 경세제민(經世濟民)을 원칙으로 하고 있다.

《목민심서》는 그러한 정신과 원칙을 잘 집약시키고 있어, 다산의 나라 사랑과 백성 사랑을 가장 잘 드러낸 저술이라고 할 수 있다.

약용(若鏞)은 이름이고 다산(茶山)과 삼미(三眉)는 호며 자(字)는 미용(美鏞) 또는 송보(頌甫)라 하고 본관은 나주이다.

다산은 1762년 6월에 경기도 광주의 초부면 마현에서 진주목사 재원(載遠)의 아들로 태어났다. 나면서부터 총명하고 뛰어난 재질을 갖추고 있어 일곱 살에 시를 짓기 시작하여 열 살에는《삼미자집(三眉子集)》이란 시집을 내기도 하였다.

열다섯 살 되던 해에 아버지를 따라 상경한 다산은《성호사설》의 저자인 실학자 성호 이익(李瀷)의 유고를 보고 민생을 위한 경세(經世)의 학문에 뜻을 두어 이벽(李蘗)에게 서학(西學)을 배웠다. 1789년에 과거에 급제하여 벼슬길에 올랐으나 천주교인이라 하여 충청도 해미에 유배되었다가 풀려났다. 1794년 경기도 암행어사가 되어 그때부터 민심을 돌보며 다스리는 자의 마음가짐에 대해 깊은 관심을 갖기 시작하였다. 그 후 규장각의 편찬사업에 유득공, 박제가 등과 함께 참가하기도 하며 여러 벼슬을 거쳤고, 서학 문제로 탄핵받기도 하다가 천주교도 박해 사건인 신유박해 때 둘째 형 약종(若鍾)은 참형에 처해지고 만형(若銓)과 다산은 유배생활을 하게 되었다.

다산은 1801년부터 1818년까지 18년이란 긴 세월 동안 전라도 강진에서 귀양살이를 하게 되었다. 강진에 있는 윤박(尹博)의 소유인 다산초당(茶山草堂)에서 경서학(經書學)에 전념하면서 학문적인 체계를 완성하고 많은 저술을 남겼다. 이《목민심서》도 그때 지어진 것이니, 이 기간은 다산에게 있어 불행하였던 시기이기는 하였으나 불후의 저술을 남기게 한 소중한 기간이기도 하였다.

《목민심서》는 지방의 고을을 다스리는 수령들이 반드시 지켜야 할 일들을 자세하고도 예리하게 지적하고 있다. 그는 저서를 내기까지 많은 경험과 견문을 쌓았기 때문에 추측이나 공론에 그치지 않고 실질적이며 체계적인 문제점을 조목조목 제시하여 지방관리들의 지침이 되게 한 것이다.

그는 지방관리를 지낸 아버지를 따라다니면서부터 지방관리들의 실정을 보기 시작하였으며 경기도 암행어사 등의 관직에 있으면서 또한 유배생활을 하면서 지방 수령들의 횡포와 아전들의 농간에 의한 농민들의 고초를 목격하였다.

이런 폐단을 고치기 위해 저술한 《목민심서》는 1) 수령이 임지에 부임하여 명심해야 할 일 2) 자신을 바르게 관리하는 일 3) 수령의 기조적인 복무기율 4) 노인을 공양하고 어린이를 보호하며 가난과 질병에 대처하는 일 5) 공정한 인사를 행하는 일 6) 군현의 지방행정에 관계되는 중요한 일 7) 제사, 교육, 학문, 신분제도 등의 일 8) 군사에 관한 일 9) 형벌의 공정한 처리에 관한 일 10) 산림, 영선(營繕), 도로 등에 관한 일 11) 흉년에 빈민을 돕는 일 12) 수령이 바뀔 때의 태도와 남긴 치적에 관한 일 등 항목마다 자세한 해설을 붙여서 현대를 살아가는 우리들에게도 좋은 교훈과 인격수양의 표본을 제시하고 있다.

율기육조(律己六條)에 보면 "수령은 술을 끊고 여색을 끊으며, 노랫소리와 음악을 물리치고 공손하고 단정하며, 엄숙하기를 대제(大祭) 받드는 것처럼 해야 하며 감히 놀고 즐기는 것으로 정사를 거칠게 하고 안일에 빠지는 일이 있어서는 안 된다"고 하였으며 청심(淸心)란에는 "청렴하게 한다는 것은 수령된 자의 본연의 의무로서 온갖 선정(善政)의 근원이 되고 모든 덕행의 뿌리가 된다. 청렴하지 않고 목민관이라 할 수 있는 자는 일찍이 없었다"고 되어 있다.

또 절용(節用)란에서는 "수령 노릇을 잘하는 자는 반드시 청렴해야 하고 청렴하고자 하는 자는 반드시 절약해야 한다. 그러니 절용한다는 것은 수령된 자가 제일 먼저 해야 할 임무"라고 말하고 있다.

이렇게 다산 정약용은 지도자가 지켜야 할 덕목을 수없이 열거하고 있다.

다산의 목민정신(牧民精神)은 목자로서의 사랑과 민생의 존엄을 토대로 하여 이루어진 것이다. 이는 우리의 오랜 전통인 유교정신을 바탕으로 하는 인도주의적 인본정신(人本精神)이다.

한 인간으로서의 목민관은 하늘의 가르침에 스스로 순응하며 또한 스스로 공을 쌓고 나아가 민생을 돌봄으로써 하나의 새로운 이상세계를 구축하는 것이다. 이러한 인간이 바로 군자요 현자요 성인이며 목민지도(牧民之道)를 따르는 위대한 지도자라는 결론을 그는 내리고 있다.

다산은 1818년 이태순의 상소로 풀려나와 1836년 75세로 고향에서 타계할 때까지의 여생을 저술생활로 보냈다. 그의 학문체계는 유형원과 이익의 사상을 계승하면서도 유학의 정신세계에 기반을 두고 이이(李珥)의 주자학적 실천윤리와 홍대용, 박지원, 박제가 등 북학파의 실용사상을 흡수 집대성했고 이기론(理氣論)에 있어서는 이황과 이이의 학설을 합성시키는 데 공헌한 바 또한 크다.

파란만장한 생애 속에서도 가장 많은 저술을 남기고 학문적으로도 가장 높은 탑을 쌓아놓고 간 다산의 정신적 유산은 우리들 후손들에게 길이 남을 지표가 될 것이다.

—《청년세계》 가을호 1991. 9

4장
대담과 인터뷰

"국민 연 5권 독서면 독재성지獨裁政治 펼 수 없어" — 양서 보급해 온 범우 윤형두 대표

"국민 한 사람이 일 년에 다섯 권 이상의 책을 읽는 나라가 되면 제아무리 독한 독재자라도 독재정치를 할 수 없을 겁니다. 책은 국민을 깨어나게 하고 깨어있는 국민은 독재자를 용서하지 않을 겁니다."

30년 가까이 양서 보급과 독서 대중화를 통해 국민의 민주의식 고취에 헌신해온 출판인이면서 뛰어난 수필가인 윤형두尹炯斗 씨(55)를 서울 마포의 출판단지에 있는 도서출판 범우사汎友社에서 만났다.

—안녕하십니까? 책으로만 만나다가 이렇게 직접 뵙게 되어 기쁩니다. 수필집 《넓고 넓은 바닷가에》는 고향 여수麗水에 대한 추억이 가득하더군요.

"고향은 누구에게나 소중한 것이지만 내게 있어 여수는 육신 같은 곳입니다. 일본에서 태어나 해방이 되기 전 12대째 살아온 돌산突山읍으로 돌아와 홀어머니 밑에서 조그마한 목선木船을 타고 여수 시내 국민학교로 통학을 했어요. 아침에 잔잔하던 바다가 갑자기 폭풍이 일어 나룻배가 끊겨 집에 돌아가지 못하는 날이면 선창가에서 울며 어머니를 부르던 기억이 지금도 생생합니다.

언젠가는 여수에 고향의 문화유산을 보존하고 후대에 전할 수 있는 자료를 수집하고 있습니다. 고향으로부터 받은 혜택을 향토문화 발전에 기여하고 싶습니다."

—우리나라처럼 출판업이 어려운 나라에서 30년 가까이 출판업에 종사하게 된 동기는.

"어려서부터 책을 좋아해 순천농고 시절에는 시를 발표하고 문예부장을 맡는 등 문학에 관심이 많았어요. 문학가, 사업가, 정치인 등 하고 싶은 일이 많았는데 못 이룬 꿈을 책을 냄으로써 종합적으로 이루어보자는 욕심에서 시작했습니다. 대학 2학년 때 아르바이트로 김대중金大中 총재가 주간으로 있던 《신세계》라는 잡지에서 견습기자 노릇을 했는데 정부에 비판적이라는 이유로 탄압이 심했어요. 개인적으로 《다리》지 필화사건을 겪으면서 독재를 이기는 길은 국민의 폭넓은 민주의식 고취에 있다고 생각, 국민의식에 정의감을 불어넣는 책을 출판, 민주화에 기여하고 싶었습니다."

—그동안 출판을 해오면서 《다리》지 필화사건 등 많은 탄압을 받은 줄로 아는데.

"72년 대통령 선거 때 김대중 후보의 홍보책임을 맡아 《아직 희망은 버릴 수 없다》는 책자를 직접 제작, 당시로서는 사상 최대의 청중이 몰린 효창공원에서 팔았는데 반응이 너무 좋아 박朴 후보 진영을 당혹케 했지요. 50원인가에 팔았는데 많은 돈을 내고도 거스름돈을 받지 않은 진풍경이 벌어지고 김 후보 측은 사기충천하게 되었던 거지요.

이렇게 되자 중앙정보부에서 내가 주간으로 있던《다리》지에 수개월 전에 실린 글을 문제 삼아 반공법 위반으로 구속하겠다고 협박, 회유해도 말을 듣지 않자 구속시키더군요. 결국 대법원까지 항소하여 무죄로 풀려났습니다.

유신 때는 정부에 대해 비판적이던 김동길 교수의《길은 우리 앞에 있다》와 한승헌 변호사의《위장 시대의 증언》이라는 책을 펴내자 저자와 본인은 물론 영업부 직원까지 구속되는 등 곤욕을 치우기도 했습니다."

—지금까지 출판하신 책은 얼마나 되며 대표적인 책은 무엇인지요.

"금년 봄까지 1천3백여 종에 약 1천만 부를 발행했는데 한결같이 자식처럼 소중하게 여깁니다. 다만 그중에서도 법정스님의《무소유》, 크리슈나무르티의《자기로부터의 혁명》은 오랫동안 꾸준하게 독자의 사랑을 받고 있습니다."

—우리나라 출판계의 문제점과 대형서점 위주로 선정되는 베스트셀러에 대해서 어떻게 생각하는지요.

"원래 출판이란 문화성과 기업성을 동시에 가지고 있어야 하는데 지나치게 영리를 추구하다보니 저질의 원고에 의해 책을 만드는 반문화적인 경우가 더러 있고, 전문기관에 의해서 출판인재가 양성되지 못하는 점이 안타깝습니다. 그리고 대형서점에서 베스트셀러의 순위를 지나치게 강조하여 독자의 판단을 흐리게 하는데 차라리 양서 순위를 적극적으로 검토해야 할 것입니다."

—끝으로 출판인으로서의 긍지와 신념이 있다면.

"신문 방송이 제구실을 못하던 80년대 젊은 출판인들이 앞장서 통제된 언론을 풀어내고 민주화의 물꼬를 튼 출판인으로서의 자부심과 살아있는 책들, 좋은 책을 낸다기보다는 나쁜 책을 만들지 않는다는 신념으로 도서관에서도 자랑스럽게 진열되는 책을 만들고 싶습니다."라는 윤 사장은 출판학회 회장으로서 뿐만 아니라 중앙대中央大, 경희대慶熙大, 동국대東國大 신문방송대학원에서 출판잡지 기획론, 출판잡지 경영론을 강의하면서 후진 양성에도 힘쓰고 있다.

—《한남일보》 1990. 7. 17.

고난의 연속에도 책과 함께 한 40여 년 외길 — 멀리 생각하고 그저 행동할 뿐

윤형두 사장을 만나기 위해 찾아간 범우사는 몇 십 년의 세월을 간직한 모습, 그대로였다. 해방 직후 구화학교(청각장애인 대상 교육기관)로 쓰였던 건물을 개조해 사용하고 있는 범우사 사옥은 흐드러진 담쟁이 넝쿨만큼이나 옛 정취를 한껏 머금고 있었기 때문이다.

"출판과 인연을 맺으면서 항상 출판이야말로 나의 천직이라는 생각을 해왔다. 이 업이 나에게 어울렸고 참 좋았다는 생각을 하게 된다. 보통 진리와 지식을 설파하는 성직자들은 세상의 많은 욕망을 다 포기하고 생활하는데, '나는 성직자와 같은 역할을 하면서도 많은 것을 얻은 사람이었구나'라고 느끼면서 생활한다"며 말을 연 윤 사장은 참 여유로워 보였다. 자기가 하고 싶은 일을 몇 십 년간 해오면서도 매일매일 자신이 하는 일에 만족감을 얻을 수 있다는 것은 입에 발린 장인정신으로 포장하지 않더라도, 행복 그 자체이기 때문이다.

"책이 참 좋다. 무조건 책이 좋다. 책을 만질 때 좋고, 만드는 작업이 좋고, 판매하는 행위도 사랑한다. 어떠한 소유물이라도 자기 손에서 떨어져나가면 서운할 텐데, 책은 전혀 그렇지 않다.

혼신의 힘을 기울여 만든 책, 발이 붓도록 찾아 헤매 다니며 수집한 책을 기증할 때라도 언제나 행복하다. 이는 성직자가 신앙심을 굳히고 이를 포교하는 상황과 비슷하지 않나 생각해본다"며 좋다는 말을 되풀이하는 모습에서 평안함이 한껏 묻어난다.

순천농림학교 문예부장으로 출판과 인연

윤 사장은 1953년 순천농림고등학교(현 국립 순천대학교) 문예부장으로 교지 《향림》 발간작업을 하면서부터 출판과 인연을 맺었다.

이후 1955년에 숭실대학교에 입학한 후 숭대학보의 창간과 함께 발간 작업을 맡았다. 윤 사장은 이 시기를 통해 편집 관련 기술과 경험을 익혔다고 밝혔다.

이를 통해 창평사에 취직, 당시 야당지로 분류됐던 잡지 《신세계》의 기자로 사회생활을 시작하게 된다. 이후 월간 잡지 《고시계》의 편집장 대리 역할을 하다가 군대에 입대했다.

대학 졸업 당시의 인생 목표가 잡지사 주간이었다고 밝히는 윤 사장은 1966년부터는 단행본 출판 쪽으로도 시야의 폭을 넓힌다. 이때 범우사를 창립, 그 당시 복간된 《신세계》, 《치계》(치과의사 전문잡지) 등의 잡지사 주간직을 수행하면서 범우사의 이름으로 단행본 출간을 시작하게 된 것이다. 그러던 중 윤 사장은 정치적 암흑기였던 1971년 초에 촉발된 《다리》지 필화사건 이후에 본격적인 단행본 출간으로 길을 선회하게 된다.

대학시절부터 따라다닌 필화사건

윤 사장을 거론할 때면 어김없이 따라다니는 단어가 민주투사, 필화사건이다.

윤 사장의 필화사건에 대한 기록은 대학생 시절까지 거슬러 올라간다.

1956년 숭실대학교 법학과 2학년에 재학 중이던 윤 사장은 그 당시 이승만 대통령이 내린 긴급명령을 비판한 〈대통령 긴급 명령에 대한 논고〉를 학보에 전격적으로 개제했다.

글에 대한 파장이 워낙 커 사법적인 제재가 오가던 때, 다행히 지도교수의 중재로 사법처리는 면할 수 있었지만 이후로도 윤 사장의 필화사건은 끊이지 않았다.

위에서 언급한 1970년대 제일 큰 필화사건으로 분류되는 《다리》지 사건을 차치하더라도 1970년대 초에 발간한 김대중 전 대통령의 《내가 걷는 70년대》는 정치적인 봄이 오면 해금되고 다시 상황이 악화되면 판금되는 등 4번의 판금조치를 겪은 것으로 유명하다. 또 《우리 앞에 길은 있다》는 저자 김동길 교수를 일약 민주인사로 만들었으며 이 외에도 한승헌 변호사가 쓴 《위장시대의 증언》 등이 모두 범우사 출간 작품들이다.

특히 한 변호사는 이 사건 당시에도 윤 사장에게 피해가 오지 않도록 모든 책임을 혼자 떠맡으려고 노력했으며 이전 《다리》지 필화사건 때에도 무료로 변호해주는 등 동지적 관계를 지속 유지해왔던 것으로 알려졌다.

동아투위에서 기금을 만들기 위해 에리히 프롬의 《건전한 사회》를 발간해달라는 제의가 들어온 적이 있다.

그 당시 에리히 프롬도 소위 '빨갱이' 학자로 몰리던 시기였기 때문에 어디에서도 책을 발간하기가 어려운 상황으로 윤 사장도 어렵다는 의사표시를 한 적이 있다.

그 당시 상황에 대해 윤 사장은 "아무리 지독할지라도 중앙정보부에 갇혀 당하는 고문은 혼자 견디고 이겨내면 되는 것이었다. 그런데 세무사찰로 옥죄어 오는 탄압은 정말 무서운 것이었다"고 밝힌다. 주위 사람들에게 피해가 가기 때문이다. 더구나 협력업체까지 세무조사와 관련해 수사가 이어지고 서점에까지 조사가 이뤄지는 것은 정말 참기 어려운 제재였다고 회상한다. 그럼에도 불구하고 범우사가 지금까지 명맥을 유지할 수 있었던 것은 윤 사장의 깨끗하고 빈틈없는 투명경영 때문이었다.

한국출판학회 재건과 내실화 총력

한국출판학회의 위상은 실로 크다. 국제 출판학술회의가 우리나라의 발의로 시작, 열리고 있을 뿐만 아니라 출판학회 국제대회의 공용어가 한국어이기 때문이다.

이는 외부에 잘 알려지지는 않았지만 세계 속에 맘 놓고 자랑할 만한 것이다. 이러한 기반을 닦은 사람이 바로 남애 안춘근 선생이고 그 뒤를 이어 출판학회의 내실화를 다진 인물이 바로 윤형두 전 출판학회장(출판학회 명예회장)이다.

윤 사장과 남애 안춘근 선생과의 각별한 친분은 중앙대학교 신문방송대학원에서의 사제 간의 만남으로부터 이뤄졌다.

유난히도 인문 · 사회과학 서적의 발행이 많았던 범우사에게 세간에 떠도는 관련 학문의 위기론은 중요한 이슈가 된다. 그러나 이와 같은 우려에도 윤 사장은 오히려 담대한 반응을 보였다.

"현재 시대의 흐름이 그렇다는 데 이의를 달기 어려울 것 같다. 그러나 토인비의 말처럼 역사는 도전과 응전의 산물이기 때문에 인문 · 사회과학 분야가 위기라고 하더라도 너무 주눅들을 필요는 없다고 생각한다. 현재 실용주의 학문과 이에 따른 서적이 유행하고 있지만 철학 · 역사 · 사회과학 등 인간의 근본을 탐구하는 인문 · 사회과학의 중요성은 여전히 유효하다"라고 믿기 때문이다.

또한 "우리나라의 경우, 성장만 강조되다 보니 지난 몇 십 년간 효율적인 측면만 강조됐지만 앞으로는 인간 및 자연에 대한 본성, 인본 학문에 대한 연구가 자연히 증가하게 될 것을 기대하고 있다"며 "다만 인문학문에 몸담고 있는 사람이 그 자리를 잘 지켜주어 학문의 영역을 발전시켜 나가면 인문 · 사회과학의 위기론은 생각보다 그리 심각한 문제가 아닐 수도 있다"는 입장이다.

즉, 기계문명의 발달과 이와 관련한 실용주의 학문은 자료를 접근하는 방법론적인 부분에 대한 것이고 실상 그 내용물을 채울 수 있는 자료, 콘텐츠가 바로 인문 · 사회과학이라는 것이 윤 사장의 생각이다.

세계에 자랑할 최고 콘텐츠는 인쇄 · 출판

가장 한국적인 것이 가장 세계적이라는 말이 있다. 이제는 너무나 일반화된 말이기 때문에 따로 설명할 필요도 없다. 그렇다면 일상적인 이 문구에 가장 합당할 만한 우리나라의 자랑거리는 무엇일까?

여기에 대한 답으로 윤 사장은 주저 없이 인쇄 · 출판의 역사를 꼽는다.

"우리나라 출판의 역사는 1300년이 넘고 세계 최고의 목판본을 비롯한 세계 최초 금속활자 발명은 전세계적으로 인정받을 수 있는 가장 적합한 콘텐츠이다"고 윤 사장은 역설한다. 그렇지만 아쉬움도 지적했다.

"청주고인쇄박물관에 주로 한자본만 진열되어 있어 관람 온 학생들이 이것 중국책이 아닌가 하는 의구심을 토로하는 대화를 들은 적이 있다. 또 이전에 대영박물관에 들른 적이 있다. 그곳 한국관에는 '춘추경전직해'라는 한문본의 책이 전시되어 있는데, 한글본으로 발간된 책도 전시되었으면 좋겠다는 생각을 한 적이 있다. 한글창제 이후의 시기라면 한글과 관련한 인쇄 · 출판물에 대해 알리는 작업에도 더욱 힘을 썼으면 좋겠다"는 생각에세이다.

1971년 9월부터 2년 동안 석당인쇄소 대표를 역임한 바 있는 윤 사장은 인쇄, 특히 활자 역사에 대한 애정이 남다르다. 이러한 애정으로 《한국전적인쇄사》(1990, 천혜봉) 발간을 비롯, 《한국목활자본》(1993, 천혜봉), 《한국금속활자본》(1993, 천혜봉), 《한국의 딱지본》(1996, 소재영 · 민병삼 · 김호근 엮음) 등의 인쇄 및 활자 관련 서적을 20여 권이나 펴냈다. 이에 그치지 않고 윤 사장은 올해 8월, 《옛책의 한글판본》을 직접 집필, 출간하기도 했다.

독서대중화‥배낭속 문고판 한 권

범우사는 '자유와 진리를 위하여', '새 시대 새 지식을 위하여', '독서의 대중화를 위하여'를 캐치프레이즈로 하고 있다.

그 중에서도 '독서의 대중화를 위하여'는 문고판 출간으로 이어지고 있다. 표지와 디자인을 화려하게 함으로써 독자들을 유혹하는 것이 요즘의 출판 경향이다.

그러나 책은 겉모습이나 화려한 치장이 아니라 내용이 중심이기 때문에 알맹이만 충실히 전달될 수 있다면 책의 가치는 여전히 높은 것이다.

그렇기 때문에 내용 외적인 것에 대한 비용을 최소화해 독자에게 저렴한 값에 전달할 수 있도록 하고 크기도 작게 함으로써 휴대하기 간편하게 하는 문고판의 보급은 범우사의 독서 대중화를 향한 가장 큰 방편이 되고 있는 것이다.

윤 사장은 "국민이 독서를 하지 않으면 아무리 국민소득이 높아도 그 나라는 민주화될 수 없다. 중동의 여러 국가들이 국민소득은 높아도 민주화를 쉽게 이루지 못하는 이유가 거기에 있다. 또한 아무리 위대한 인물이 탄생해도 역시 그 나라 국민이 뒷받침되지 못하면 민주화는 요원한 이상이 되고 마는 것이다. 간디를 탄생시킨 인도의 예를 봐도 그렇다"며 "약하고 깨어 있지 못한 국민이 어렵고 쇠약한 역사를 낳는 것으로 1인당 국민 독서량이 10권 이상이 된다면 독재자가 더 이상 군림할 수 없는 시대, 시민의 나라가 도래할 것이다"고 주장했다.

이러한 윤 사장의 신념이 범우사 문고판 발행의 원동력이 되고 있다.

장학회 설립 · 문고 기증 등 사회환원 사업도

업계를 발전시키는 가장 유용한 방법은 관련 학문에 대한 활발하고도 심도 있는 연구라고 할 수 있다.

이를 통한 학문적 토대가 뒷받침되고 전문지식을 섭렵한 고급인력들이 배출되는 것이 관련 산업의 가장 중요한 기반이 되기 때문이다.

이에 대해 윤 사장은 "국내에서 1300년의 역사를 갖고 있는 출판이 100년 남짓의 신문과 80년에 불과한 방송에 비해 사회적 관심을 얻지 못하고 존경받지 못하는 이유가 관련 학문에 대한 연구의 부족에 기인한다. 이에 장학회를 만들어 전문인력의 연구 활동을 지원해 주면 학문의 발달에 도움이 될 수 있을 것이라고 생각, 1991년에 범우출판장학회를 설립해 매년 2천만 원 정도의 장학금을 지원하고 있다. 올해로 13회째를 맞는 범우출판장학회는 올해에도 총 20명에게 장학금을 전달했다. 그런데 출판장학회를 만들면 이에 자극받아 몇몇 장학회가 더 생길 것이라 생각했는데, 현실은 그렇지 않아 약간 서운한 마음도 갖게 된다"고 속내를 드러내기도 했다.

또 전국 각지 교도소를 비롯해 모교인 순천대학교 등에 수많은 장서를 기증한 도서 기증 사업도 책을 통해 벌은 재원을 사회에 환원하고 이를 통해 출판에 관심 있는 젊은 인재를 육성한다는 측면에서 이해할 수 있다.

윤 사장은 상해 임시정부청사에 범우문고를 개설하기도 했다. 이는 상해거주자들을 목표로 한 것이 아니라 그곳을 방문하는 관람객들을 대상으로 기획한 것이다.

윤 사장은 "상해 임시정부청사 범우문고에 진열된 대부분의 책은 독립운동에 관한 내용, 애국에 관한 내용을 다루고 있으며 구매비율도 90% 이상이 관광객이다. 즉, 관광하고 이동하는 동안에 독서의 기회를 가질 수 있게 유도하는 것으로 이러한 독서 습관이 향후에라도 지속되기를 바라는 마음에 설립하게 됐다. 지금도 가끔 그곳에서 책을 구입한 후, 다시금 애국에 대한 생각을 하게 됐고 앞으로도 독서에 좀 더 많은 관심을 기울이겠다는 독자의 연락을 받을 때 참 뿌듯하다"고 말했다.

수필은 출판인으로서의 삶을 이어주는 버팀목

윤 사장은 서대문형무소에 수감돼 있는 동안 접인 금지 조치를 당한 적이 있다. 그 당시를 회상하며 윤 사장은 자신이 글과 함께 할 수밖에 없는 이유를 설명해줬다.

"그 당시 친구가 경제사범으로 들어와 같이 옥살이를 한 적이 있는데 그 친구가 책 한 권을 내 사방에 던져주고 갔다.

확인해보니 앞뒤가 다 떨어진 무협지였는데, 그걸 보니까 참 살 것 같았다. 또 교도소 문풍지에 붙어 있는 성경을 발을 디디고 보는데 이어지지 않고 뒤죽박죽일지라도 글을 접할 수 있다는 자체만으로도 행복했다"며 글에 대한 말릴 수 없는 갈망을 토해냈다.

그런 후 "며칠이 지났을까, 담당 검사가 불러 나갔다 오니까 이불 속에 숨겨놨던 무협지가 없어졌다. 그런데 그렇게 허탈할 수가 없었다. 그때 '숙명적으로 활자와의 인연을 갖고 태어났구나'라고 생각하게 됐다. '필화사건에 연루된 사람들이 교도소에 있는 동안의 아픈 기억 때문에 글과 책에 질리고 거부하게 되는 경우가 생기게 되는데, 나는 오히려 반대인가보다'라고 느꼈다"며 출판에 대한 외곬 길을 가장 어려운 시기에, 고생을 하면서 몸으로 새겨왔음을 털어놨다. 이런 윤 사장에게 책과 글은 존재의 이유 그 이상도 이하도 아니었다.

윤 사장은 출판사를 경영하는 사업가이면서도 글을 집필하는 사람이다. 특히 수필을 통해 삶을 가다듬고 있는데, 윤 사장이 수필을 고집하는 이유는 시나 소설이 가상의 이야기인데 반해 수필은 지금 살아가고 있는 자신의 모습, 현실의 이야기이기 때문이다.

1970년대에서부터 80년대까지 윤 사장은 반정부적인 글을 주로 썼지만 90년대 이후에는 주로 자기극복에 관한 글을 다루고 있다. 최근 자기극복에 관한 주제에 집중하는 이유는 한 인간, 한 출판인으로서의 '윤형두' 앞날에 대한 다짐을 자기 혼자의 생각이 아니라 글로 표현함으로써 자기 자제력을 담보하고 싶어서이다.

윤 사장에게 있어 수필은 과거 지내왔던 일에 대한 회상 · 반성 · 채찍질이고 이를 통해 현실을 다지는 도구이며 미래에 대한 다부진 각오를 세우는 가장 강력한 장치인 셈이다.

취미라고는 고서수집과 산행이 전부

윤 사장은 특별한 취미가 없이 살아왔다며 멋쩍은 웃음을 지었다.

취미생활을 즐기는 것보다 그 시간에 고서를 수집하는 것이 더 맘이 편하다는 윤 사장은 여유만 생기면 고서방에서 책을 찾는데 거의 대부분의 시간을 소비하고 있다. 이러한 습관은 심지어 외국여행 중에도 이어진다.

남들은 관광과 쇼핑에 시간을 보낼 때도 윤 사장은 근처 책방이나 고서방 거리를 헤매며 책을 찾아다니는 것이다.

고서를 수집하는 윤 사장에게는 한 가지 안타까움이 있다. "외국에서는 출판인들의 고서수집이 매우 일상화되어 있는데 우리 출판인들은 그렇지 않다. 이러한 고서수집에 대한 애착이 부족해서 도자기, 미술품 등의 문화재가 고가로서 높은 대접을 받는데 반해, 고서의 가치는 상대적으로 낮게 평가되고 있다"라는 생각 때문이다. 특히 출판물이 소비재라는 생각이 만연해 있는데 고서들은 단순한 소비재가 아닌, 문화재임을 거듭 강조했다.

칠순을 바라보는 나이이지만 윤 사장의 안색은 매우 밝고 힘이 넘쳤다.

작고 왜소한 체구이지만 아직도 언행에는 무게가 배어나오며 열정이 감지된다.

이러한 윤 사장의 건강비결은 산행에 있다. 윤 사장은 남애 안춘근 선생이 만든 한국애서가산악회 활동을 20년 넘게 하고 있으며 현재 회장직을 맡고 있다.

이 산악회는 명칭대로 애서가들의 모임이고 이런 이유에서 산악회원들이 산행을 할 때면 산행 중에 항상 수필 한 편, 시 한 편이라도 낭송하고 온다. 또 정기적으로 1년에 4 · 5차례는 지방산행을, 1차례 정도는 외국산행을 떠난다고 한다.

20년 동안 서울대학교 정문 공중전화 박스 앞에서 만나서 산행에 떠나는 이 산악회 회원들은 인간관계가 너무 끈끈해 20년 전 처녀였던 여성회원이 이제는 중년의 부부가 되어 자녀들과 함께 찾아오기도 한다. 이에 회원 연령대도 12살부터 87세까지 3 · 4세대에 걸쳐 형성되고 있다.

유통 관련 교육기관 만드는 것이 꿈

윤 사장은 범우출판장학회, 여러 가지 문고 사업 등 지금 벌이고 있는 사업에 대한 관심을 늦추지 않고 있다. 그러면서도 출판자료관 설립에 대한 계획도 살며시 드러냈다.

그러나 윤 사장의 가장 소중한 꿈은 현지의 부지에 유통 관련 교육기관을 만드는 것이다.

물론 현재의 사옥이 파주지역으로 이전된 이후의 일로 대학원에서 출판유통과 관련해 공부한 것을 사회에 되돌려주겠다는 의지가 담긴 것이다.

출판유통에 대한 시각, 일례로 책의 탄생을 바라보는 윤 사장의 견해는 사회통념과는 사뭇 다르다.

일반적으로는 책의 탄생을 제책이 끝난 시점으로 보고 있지만 윤 사장은 독자의 손에 넘겨졌을 때를 책의 탄생시기로 설정하고 있다. 아무리 좋은 책이라도 책꽂이에 꽂혀있다 사라지면 이는 태아 사망과 다를 게 없다는 생각에서이다.

반면에 국내 출판 유통의 환경은 그리 좋지 못하고 관련 연구도 활발하지 않았다. 이를 누구보다도 잘 알고 있는 윤 사장은 출판유통과 관련한 교육기관을 설립, 관련 연구를 수행하고 전문인력을 양성한다는 계획을 세우고 있는 것이다.

'인무원려(人無遠慮) 난성대업(難成大業)'

요즘은 모든 게 빠르게 변모하기 때문에 출판업에 종사하는 사람들에게도 장기적으로 사고하고 행동하는 모습을 발견하기가 쉽지 않다. 이와 관련, 윤 사장은 안중근 의사가 외쳤던 '인무원려(人無遠慮) 난성대업(難成大業)'과 같은 생각을 충고한다.

"안중근 의사는 그가 죽기를 결심할 당시 일본이 가장 번성할 시기였음에도 '사람이 멀리 생각하지 않으면 큰일을 이룰 수 없다'는 생각으로 대사에 나선 것이다. 이와 같이 장기간을 내다보며 미래에 대한 희망을 키우고 대비하는 모습을 배울 필요가 있다고 생각한다. 안중근 의사가 죽으면서 나는 이렇게 죽어가지만 나의 죽음을 통해 우리 민족이 울분을 느끼게 되고 독립운동의 대열에 더욱 떨쳐 일어날 것이라는 희망을 품었을 것이다"면서 "출판 산업을 영위하고 있거나 희망하고 있는 사람들은 출판업 진출에 있어서는 치열한 고민을 해야겠지만 일단 입문을 결정하면 눈앞의 이해득실에 너무 연연치 말고 멀리 보고 행동했으면 좋겠다"고 주장했다.

또한 "예전에는 출판 산업이 문화산업이라는 자부심을 갖는 사람들이 많았는데 지금은 그와 같은 자긍심을 갖는 사람도 많지 않은 것 같다. 모쪼록 출판업에 종사하는 사람들이거나 혹은 입문을 꿈꾸는 모든 사람들이 문화산업을 가꾼다는 긍지를 갖고 일했으면 좋겠다"는 당부의 말도 잊지 않았다.

윤 사장은 1999년 국내 출판인 중에서는 처음으로 미국 마르퀴즈 후즈 후(Marquis Who's Who) 출판사의 세계인명사전에 출판인 및 교육자로 소개된 바 있으며 미국 바론즈 후즈 후(Barons Who's Who) 출판사가 펴낸 2001년판 '21세기 초 위대한 아시아 500인'에 이름을 올릴 정도로 세계적으로도 유명하다.

— 대한인쇄문화협회, 《프린팅코리아》 2003. 11. 1

(대담 / 유창준 국장 · 정리 / 조갑준 기자)

“산과 책과 나라는 내 삶의 기둥”
《산사랑 책사랑 나라사랑》 펴낸 범우사 윤형두 사장

(Mountain 광장 People)

범우사 윤형두 사장이 자신의 다섯 번째 문집인《산사랑 책사랑 나라사랑》을 출간했다. 제목에 나란히 올라 있는 세 가지 항목, ‘책’ ‘나라’ ‘산’은 그에게 어떤 의미일까. 상관없어 보이는 이 세 가지가 어째서 나란히 서 있는 것일까. 그 물음에 대해 그는 이렇게 말한다.

“이 세 가지를 빼고는 내 삶을 이야기할 수 없어요. 책은 내 평생을 바친 삶의 목표이자 업이고 나라는 일제강점기 하에 유년기 시절을 보낸 내게 세상 무엇보다 소중한 가치였죠. 산은 이 두 가지를 내 영혼 속에서 갈무리해주는 존재랍니다.”

일본에서 태어나서 어린 시절을 보내고 돌아왔을 때 조국의 땅에서 가장 먼저 그의 눈길을 사로잡은 것은 산이었다. 그에게 산은 눈에 보이고 손에 잡히는 조국, 그 자체였다. 그래서 휴일이면 자연스럽게 산을 찾게 되었다. 등산을 하면서 산이 사람에게 주는 선물들을 조금씩 알아가게 되었다고 한다.

"산을 오르는 일은 한 걸음 물러나 삶을 돌아보는 일입니다. 그런 면에서 산은 책과 닮은 면이 많지요. 살면서 느끼는 분노와 고독, 절망을 산은 묵묵히 그 품안에 담아주시요. 산을 오르는 한 걸음 한 걸음은 조국을 느끼는 일이자 사색이며 독서입니다."

그동안 그는 네 권의 문집을 냈지만 산을 중심에 놓고 책을 엮은 적은 없었다. 그래서 윤형두 사장은 다섯 번째 문집에 특별한 애정을 가지고 있다. 이 책은 그의 삶의 세 기둥인 '산'과 '책'과 '나라'를 아우르고 있기 때문이다.

"예전에 책을 내면서 한 번도 부끄럽다는 생각을 한 적이 없는데 이번엔 유독 부끄럽습니다. 요즘 서점에 가면 얼마나 좋은 글들이 많은지 모릅니다. 삶이 담긴 산행기들도 그렇고요. 그런 면에서 제 문집은 투박하지요. 그냥 내 삶의 진실을 담으려고 노력했습니다. 산행을 하면서 틈틈이 메모했던 것을 정리한 것입니다. 그래서 더욱 애착이 갑니다."

윤형두 사장은 요즘도 주말이면 30년 동안 몸담아왔던 '애서가산악회' 회원들과 함께 관악산을 찾는다고 한다. 사실 그의 이번 문집 제목 《산사랑 책사랑 나라사랑》은 애서가산악회의 기치이기도 하다. 애서가산악회는 그의 중앙대학교 신문방송대학원 시절 스승인 안춘근 선생과 함께 산행을 하면서 시작된 산악회다. 학자들이 대부분인 애서가산악회 회원들은 아무 연락 없이 일요일 오전 10시에 만나 산을 오른다고 한다. 그는 다양한 방식으로 산을 느끼는 것을 좋아한다. 워킹산행뿐 아니라 암벽등반을 통해 산이 사람에게 내주는 교훈과 사색을 즐겼다. 2000년 대한산악연맹 킬리만자로 원정대의 단장이었던 그는 원정 도중 맹장이 터져 죽을 고비를 넘기기도 했다.

30년 넘게 산행을 해오며 그는 고난을 넘기는 법을 배우고 옳고 그름에 대한 신념을 배우고 여유를 배웠다고 말한다. 그는 "산이 있었기에 지금의 내가 있을 수 있었다"고 자신 있게 말한다. 범우사는 물론이거니와 1999년 《마르키스 후즈 후 세계 인명사전》에 출판인으로 등재된 것도, 2001년 《바론즈 후즈 후》에 위대한 아시아 500인에 선정될 수 있었던 것도 모두 '산'이 잇었기에 가능했다고 말한다. 산악인을 '젠틀맨'이라고 표현하는 윤형두 사장. 《산 사랑 책 사랑 나라 사랑》에는 그의 삶과 철학이 담긴 '산' 이야기가 담겨 있다.

— 이산미디어 《eMOUNTAIN News》 2003. 3월

'독서로 IMF를 이긴다'
— 40년 출판 외길, 윤형두 범우사 대표

(특별기획 이달의 문화인물)

종합출판 범우사 윤형두 사장(63. 서울시 마포구 구수동 21— 1). 40년이 넘게 출판 분야 한 곳만 파면서 그동안 2천8백 종, 4천5백만 권의 책을 출간, 국민 1인당 1권꼴의 책을 내면서 우리 출판계를 지켜온 작은 거인이다.

그는 이 가을을 맞아 지금이라도 국민이 한 권씩이라도 책을 읽기 시작하면 IMF와 같은 엄청난 비극은 결코 다시 오지 않을 것이라고 단언한다. 긴 설명 없이 국민이 독서를 생활화하는 출판선진국 국민들이 어떻게 살고 있는지, 그것이 바로 해답이라는 것이다.

국민 독서량과 선진국은 비례한다.

17세기 이전까지만 해도 독일은 게르만이란 미개민족이 살고 있는 저개발국에 불과했다. 그러던 것이 18세기 들어와 프레드릭 대왕이 국민에게 독서운동을 권장, 일약 세계적인 열강대열에 합류하게 됐다. 독일 전역에 책 대본점을 세워 국민이 손쉽게 책을 읽게 만들었다. 공무원은 물론 군인까지도 책을 읽고 난 독후감으로 승진시험을 치렀다. 그 전통은 20세기 말 프랑크푸르트의 북페어(도서박람회)가 세계 최고의 명성을 얻도록 만들었다.

일본은 메이지유신 이전만 해도 우리보다 훨씬 책을 적게 읽는 민족이었다. 칼싸움을 잘하는 무사(사무라이)가 존경받던 나라였다. 그러나 메이지유신을 기점으로 전국적인 독서운동이 펼쳐졌다. 책을 많이 읽은 자가 출셋길로 내달렸다. 이런 사회풍조는 지금도 음식점에서조차 도서목록이 비치되어 손님이 순서를 기다리는 동안 책에 관한 정보를 얻는 국가로 바뀌었다.

지난 70년대 일본은 공해(公害) 문제로 크게 시달리고 있었다. 근대화에 따른 당연한 귀결인 이 공해 문제로 일본 정부가 골치를 앓고 있을 때 이의 해결에 나선 사람은 일본 최고의 외국도서 수입 보급회사인 마루 전(丸善)이란 출판사 사장이었다. 그는 이렇게 말했다.

"일본을 현대화시킨 것은 책이다. 현대화하다보니 공해문제가 왔다. 결자해지(結者解之)다. 책으로 해결하겠다."

그 이후부터 일본에는 공해문제에 관한 책이 쏟아지기 시작했다. 공해에 대한 대비와 예방을 책을 통해 전 일본국민을 교육시켰다. 정부의 힘으로도 할 수 없는 일이 일본 출판계의 단합된 힘으로 해결됐던 것이다. 미국의 경우는 국내에 있는 주한 미8군 도서관의 예를 들어본다. 군인을 위해 마련된 이 도서관의 장서는 무려 10만여 권. 우리나라의 국립도서관이나 국회도서관에 없는 책도 그곳에 가면 쉽게 찾을 수 있다.

우리의 현실로 돌아와보자.

한때는 골목마다 책 읽는 소리가 끊이지 않았던 우리나라였다. 그 덕에 국력은 약했지만, 지력(知力)은 주변국을 압도해 동방예의지국으로 존경을 받아왔다.

그러나 우리의 최근세사는 이런 좋은 전통과 기풍을 하루아침에 망쳐놓았다. 20년이 넘는 군사독재정권의 폐해 중 한 가지는 책 읽는 사람보다 총 든 사람을 우러러보게 만들었고, 서서히 책 읽는 풍조가 이 땅에서 사라지기 시작했다.

그 실태는 이렇다.

법무부가 관리하는 교도소에 도서구입비가 전무하다. 죄를 지은 사람들을 교화해서 정상인으로 다시 사회에 복귀시킬 목적으로 세워진 교도소에 책 한 권 살 예산이 없어 어떻게 인간을 교도할 수 있겠는가. 가장 감수성이 예민한 군인시절로 눈을 돌려보면 거기에도 독서의 위기가 있을 뿐이다. 군에도 도서관 운영예산이 없다. 전투기 한 대의 구입비면 전국의 연대급 이상 모든 도서관에 책을 비치할 수 있는데도 말이다.

전국 농어촌지역 어디든 있는 새마을문고에 가면 빈 서가(書架)만 있을 뿐이다. 책이 없다. 노인정도 책이 비치되어 있지 않기는 마찬가지. 이제는 시대가 변해 노인정을 찾는 많은 분들이 책을 읽을 수 있는데도 노인정에 가면 바둑, 장기 그리고 화투뿐이다.

서울 시내의 중 · 고등학교에서도 도서실이 없는 곳이 많으며 1년에 도서구입비가 기백만 원에도 못 미치는 학교가 있다. 교육부 예산이 없어 공립학교에 새 책을 살 수 없다고 하니 대학입시 때 치룰 논술고사는 무엇으로 준비해야 하는가.

요즘 시골에는 학생이 줄어 학교에는 빈 교실이 많다. 그 중 2~3

칸만 트면 도서관 하나 만들기는 쉽다. 그것은 바로 지역의 문화공간이 된다. 거기 책을 채운다면 바로 지적(知的) 산실로 변하게 된다.

"전 국민의 독서운동은 이처럼 가까운 데 있습니다." 윤 사장의 지적이다. 더구나 올해 들어 이처럼 황폐해가는 독서운동 진작을 위해 대통령의 지시로 출판계에 5백억 원의 특별자금이 배정됐다. 연리 6%의 특별자금 2백억 원, 중소기업자금 3백억 원 등이 나뉘어 은행에 보내졌으나 담보를 요구하는 은행의 대출관례에 따라 대부분의 자금은 아직도 은행에서 잠자고 있는 실정이다.

책은 한 시대의 거울

일본의 공해문제 해결에서 보듯 사회문제에서 책이 맡은 역할은 지대하다. 사람들만 모르고 있을 뿐이다. 한 시대에 포르노 책이 많이 출간되면 그 시대의 윤리는 타락될 수밖에 없다. 불량만화가 양산되면 청소년 문제에 심각한 악영향을 미치게 된다.

범우사에서 법정스님의 《무소유》란 책을 출간해 신문에 광고를 냈을 때였다. 범우사는 광고의 메인 카피로 '노태우 대통령이 이 책 한 권을 읽었더라면'을 뽑았다. 당시 노 전 대통령은 몇 천억 원 단위의 정치자금 문제로 감옥에 가 있었다.

《무소유》는 스님에게 어떤 사람이 난(蘭) 화분을 선물함으로부터 소유에 따른 번뇌로 결국 그 화분을 되돌려 보내는 내용이다. 범우사는 노 대통령이 만일 이 책을 읽고 그 속에 흐르는 소유에 대한 번뇌를 조금이라도 이해했더라면 하는 아쉬움에서 그런 카피를 썼지만, 그 덕인지 책은 불티나게 팔려나갔다.

"도덕성의 결여를 보완하는 것도 책을 통해 가능하고, 부정한 정경유착도 각계 지도층이 책을 읽고 그 속에서 지혜를 얻었다면 많이 줄어들지 않았겠느냐"는 것이 윤형두 사장의 충언이었다. 이런 확신을 갖고 있는 윤형두 사장이기에 그 자신 〈책 보내기 운동〉에 남다른 열정을 쏟는 일은 당연한 귀결일지도 모른다.

지난 78년부터 교도소에 〈책 보내기 운동〉을 펼쳐 지금까지 20년 동안 30만 권 가까운 책이 윤 사장의 손을 거쳐 교도소나 구치소로 나갔다. 서울 · 경기 · 강원 · 인천 등 가까운 곳은 윤 사장이 직접 찾아갔고, 청송감호소 등 먼곳은 화물로 부쳤다. 이번 추석이 끝난 뒤에도 20박스의 책을 싸서 서울구치소 등에 보냈다.

또 도서관과 군부대에도 책 보내기 운동을 펼치고 있으나 일부 출판인들이 "자꾸 기증만 하게 되면 책은 누가 사느냐"는 반발도 만만찮아 책 보내기 운동도 장애에 부딪쳐 있다.

지난 66년 8월에 설립된 범우사의 최대 자랑은 장서 5만 권에 달하는 이 출판사의 자료실이다. 윤형두 사장이 일본 고단샤(講談社) 출판사를 방문했을 때 그곳 자료실이 신문사에서 자료를 빌리러 올 정도로 잘 정리된 것을 보고 충격을 받아 시작한 것이다. 우리나라 최대의 장서를 보유하고 있다.

서울 마포구 구수동 범우사 사장실이 바로 자료실이기도 한데 이 자료실을 관리하기 위해 3명의 직원이 근무하고 있다. 특히 이곳은 지금은 구할 수 없는 한국 출판계의 태두 남애 안춘근 선생의 책을 비롯, 출판 관계 서적과 희귀고서들이 가장 많이 소장되어 있어 출판학도들이 즐겨 찾는 명소로 이름을 떨치고 있다. 윤 사장도 은퇴 후에는 이 자료실을 보다 확대해 출판박물관에 버금가는 출판자료관 하나쯤 만들고 싶은 꿈을 갖고 있다.

그동안 범우사는 소설가 정을병의 《아테나이의 비명》, 시인 김광섭의 《성북동 비둘기》 등을 발간한 이래 김대중 대통령의 《내가 걷는 70년대》, 한승헌 감사원장의 《위장시대의 증언》, 에리히 프롬의 《건전한 사회》 등 명저를 잇달아 내놓았다.

범우사는 또 78년부터 우리 출판계에서는 처음으로 에세이문고판을 제작, 출판계에 문고판 도서 출간 붐을 일으켰다. 또 '범우신서', '범우고전선', '범우소설문고' 등 시리즈물을 펴내면서 양서의 보급과 국민 독서증진에 크게 기여해왔다. 요즘도 법정스님의 《무소유》, 피천득의 《수필》이 스테디셀러로 꾸준히 독자의 사랑을 받고 있다.

또 한 가지 범우사가 내세우는 일은 우리나라에서 처음 시작한 출판장학회다. 9년 전 자본금 1억 원으로 출판계의 인재 양성을 위해 출판학 전공자에게 주어지는 이 장학금은 그동안 8회에 걸쳐 8천만 원 정도가 지급되었다. 처음에 윤 사장은 자신이 시작하면 재력이 있는 딴 출판사도 동참할 것으로 생각, 먼저 깃발을 들었으나 유감스럽게도 지금까지 단 한 곳의 출판사도 뜻을 같이 하는 곳이 없다.

출판계의 작은 거인(巨人)

1956년 약관 20세에 월간 《신세계》 편집부 기자로 매체와 인연을 맺은 윤형두 사장은 벌써 40년이 넘게 책과 동고동락해왔다. 그리고 자신의 출판사를 차려 벌써 32주년이 지났지만, 윤 사장은 출판 관계 이외에는 어떤 것도 곁눈질하지 않은 고집쟁이다.

뒤늦게 출판에 관해 본격적으로 공부를 해 현재는 중앙대 신문방송대학원 객원교수로 출판기획, 유통, 출판사(出版史) 강의를 맡고 있는 것을 비롯 연세대, 서강대에서도 출판기획론, 출판유통론, 서지학 등을 강의하고 있다.

또 한국출판협동조합 이사장, 한국고서연구회 회장을 역임한 데 이어 출판인의 최대 모임인 대한출판문화협회 신임 부회장을 두 번이나 맡았다. 혹시 여건이 허락되면 내년 2월에 있을 협회 회장직에 도전할 생각을 갖고 있기도 하다.

산을 좋아해 20년 동안 애서가산악회 회장으로 있으면서 킬리만자로 등 해발 5천4백 미터 고봉까지 올라간 경험이 있는 프로급의 산악인이기도 하다.

주말이면 서울 인사동 고서점을 뒤져 옛날 책을 찾는 일로 소일하는 그는 출판업계에 끼친 공로로 서울특별시 문화상, 국민훈장 석류장을 수상했다. 2남1녀인 자녀들도 모두 출판인으로 키웠다. 큰 아들은 〈윤컴〉이란 출판사를 운영 중이고, 둘째 아들은 경인대 출판학과 교수, 막내딸은 〈윤아트〉라는 책 장정회사를 맡고 있다.

이 세상을 떠나 자신이 땅에 묻힌다면 비명은 오직 〈출판인 윤형두〉라고만 쓰라고 오래전부터 자녀들에게 유언을 해둔 윤 사장을 두고 출판인들은 '출판계의 작은 거인'이라고 부르는데 인색하지 않다. 작고 깡마른 체구와 달리 그의 가슴속에 넘치는 출판에 대한 헌신과 애정이 그런 애정을 낳게 했다. 1986년 범우사 창립 20주년 때 수필가 피천득 선생은 윤형두 사장에게 다음과 같은 말로 출판 외길을 걷고 있는 그를 칭송했다.

"강직과 서정을 아울러 지니고 있는 윤형두 대표는 언제나 그 소탈한 웃음을 웃는 얼굴로 남으리라."

— 월간 종합시사지 《헤드라인 뉴스》 1998. 11월

20년 만의 출판학회 회장 교체……
"출판학 정립 등 과제"

한국출판학회의 2대 회장으로 윤형두 씨(54)가 선출됐다.

여타 출판기관과는 다르게 회원들의 회비로 운영되는 순수연구단체인 한국출판학회는 20년 간을 안춘근 전 회장이 맡아 49회의 연구발표회, 학술세미나 2회, 국제출판학술발표회 2회 《출판학》《출판학연구》 등 29권의 학회지 발간 등을 통해 생소하기만 했던 '출판학'이란 학문을 정착시켰다.

이젠 4개의 대학원, 1개의 대학, 4개의 전문대학 등에 출판학과가 신설되어 활발한 출판학 연구가 이루어지는 상황에서 윤 회장이 이끌어갈 한국출판학회의 역할은 더욱 커질 것 같다.

"안춘근 명예회장의 순수한 뜻을 그대로 유지시켜 나가야지요."

마포출판단지 해체로 구수동 옛 구화학교터로 자리를 옮긴 범우사의 대표이기도 한 윤 회장은 중대, 동대 경희대 대학원에서 출판학을 강의하고 있는 학구파. 줄곧 한국출판학회의 부회장직을 맡았었다.

윤 회장이 앞으로 해야 할 과제는 많다. 출판학의 씨가 뿌려진 상황에서 좀더 성숙된 학문적 분위기를 만들기 위해선 우선 출판학의 개념 정립 등 기초적인 것부터 출판학 연구 방향, 교육방법, 출판학을 활성화시키기 위한 대책 등을 강구해야만 한다.

도서유통협의회장, 대한출판문화협회 부회장, 출판협동조합 이사장 등 출판단체들의 요직을 두루 거친 경험을 살려 한국출판학회를 명실공히 어엿한 출판단체로 발돋움시키는 것도 윤 회장의 큰 임무.

한국출판학회는 89년도 사업으로 〈출판학 관계 자료 전시전〉〈학술발표회(주제: 출판의 미래)〉〈89 출판학 연구 발행〉〈국제출판학술대회(동경에서 10월 22~25일)〉〈제13회 한국출판학회상 시상〉 등을 계획하고 있다.

—《세계일보》 1989. 7. 13. 신민형申敏亨 기자

적수공권(赤手空拳)에서 출판계 거목(巨木)으로 —《한 출판인의 자화상》을 펴낸 범우 윤형두 대표

책이 좋아 책과 함께 살다

그는 2011년 11월 희수를 맞아 《한 출판인의 자화상》이라는 자서전을 출간했다. 일본 고베(神戶)에서 태어난 후 전남 여수 돌산으로 건너와 성장한 어린 시절부터 출판인으로 활발하게 활동한 1970년대까지의 인생여정을 330여 장의 사진과 함께 자세히 담았다. 1966년 범우사를 설립해 3000여 종, 5천만 권의 책을 세상에 내보낸 그의 인생은 우리나라 출판문화의 역사이기도 하다. 8 · 15 광복절과 여순사건(麗順事件)과 한국전쟁 등 이념 갈등, 군부 독재 등 굴곡의 시대를 겪었던 책쟁이의 인생은 할 이야기가 많은 듯했다. 경복궁 후문에 위치한 대한출판문화협회 회장 접견실에서 한 시간 정도 예정된 인터뷰 시간이 두 시간을 훌쩍 넘겼다. 약간 톤이 높은 목소리로 살아온 이야기를 빠른 속도로 이야기했다. 간간이 웃을 때면 날카로운 송곳니가 살짝 드러났다.

그는 어려서부터 책만 있으면 행복했다고 했다. 땅거미가 내려앉아 글씨가 안 보일 때까지 강둑에 앉아 책을 읽었고, 심지어 필화사건으로 감옥에 갔으니 활자가 지겨울 듯도 한데 감옥 벽 낙서를 읽고 문틈사이에 밀려놓은 책장조각에 박힌 글을 읽으면서 책만 있으면 긴 감옥생활도 견딜 수 있으리라 생각했던 사람이다. 어린 시절 책에 대한 재미있는 이야기를 들려주었다.

"조선소 사람들에게 밥해주던 어머니가 너 불 좀 봐라 하셨는데 밥이 타는 것도 모르고 책을 읽었어요. 어머니가 달려와 화가 나서 책을 불에 집어넣으셨지요. 너무 화가 나서…. 그전에도 밤새워 책 읽다가 촛불이 녹아 이불이 탄 적도 여러 번 있었거든요(웃음). 그냥 책이 좋아요. 그리고 내가 읽은 책을 친구들에게 이야기해주면 그렇게 좋아해요. 시골 대본점에서 윤형두가 책 싹 쓸어갔다 이런 소리 듣는 게 좋았어요."

'부모 팔아 친구 사라' 하셨던 어머니

"아버지는 광주의전 조수였다가 일본으로 건너가 사가미하라육군병원에서 일하셨고 어머니는 그 병원에 청소용품을 납품해서 비교적 유복한 생활을 했어요." 그의 부친은 일본의 패망을 미리 예감하고 1944년 모든 것을 포기하고 무일푼으로 여수에 정착했다. 그때부터 가난이 시작되었다. 아버지마저 12살 때 돌아가시고 어머니가 삯바느질과 구멍가게를 하며 외아들과 생계를 이어가야 했다.

"아들이 여수 돌산 면장이 되는 것이 꿈이었던 어머니는 나 때문에 정보기관원과 경찰이 들락거려 힘들어 하셨던 거 같아요. 그때마다 동네 분들한테 형두가 나쁜 일해서 그런 것 아니냐 말을 들을 때 얼마나 괴로우셨겠어요. 나중에 무죄로 판결이 났지만…"

서울로 가시자고 해도 놀고먹는 것은 죄라며 구멍가게를 하며 고생만 하시던 어머니는 1973년 위암으로 동대문 이대병원에서 돌아가셨다. 그때는 필화사건으로 감옥살이를 하고, 출판한 책이 판매금지 처분을 당하는 등 생애에서 가장 어려운 때라 마음이 더 아팠으리라. "2년간 한 주도 거르지 않고 찾아간 어머니 묘소에서 '여기 외아들을 위하여 강하게 살다 가신 한 어머니의 무덤이 있다'는 묘비명을 보며 눈물 많이 쏟았지요."

현실에 적응할 줄 모르고 가난을 벗지 못하는 자식을 믿을 수 없어 손자들의 학자금을 몰래 모으신 어머니는 홀로 세상에 남겨질 외아들의 앞날을 걱정해서였을까, 친구의 소중함을 가르쳐주셨다. 돈이 필요한 아들 친구에게 돈을 융통해주고, 친구들을 불러다 밥을 먹여주셨다. "어머니는 '물이 높으면 배가 크게 보인다' 늘 그러셨어요. 물을 곧 친구로 생각하셨어요. 좋은 친구들을 사귀면 너도 훌륭한 사람이 될 수 있다고 하셨고, 또 부모를 팔아 친구를 사라고도 하셨어요."

정치와 체제가 인권에 앞서던 시절, 대중가요, 영화 심지어 뉴스까지 검열을 당하던 이현령비현령(耳懸鈴鼻懸鈴) 시절이었으니 인권과 민주를 향해 목소리를 내던 잡지 발행인에게 필화는 당연했던 것이리라. 처음에 '너와 나의 대화의 가교'로 창간했던 잡지 《다리》(이어령 씨가 책 제목을 정했다고 함)가 군부독재가 지속되면서 비판적인 지식인의 본거지가 되었다. 이 잡지에 실린 글을 빌미로 그는 구속되어 재판을 받았지만 무죄판결을 받았다. 이때 한승헌 씨가 변호인으로 남재희, 송건호, 구상 씨 등이 증인으로 나왔다.

친구와 함께 영욕의 세월

수첩 속에 적혀 있는 친구의 수가 얼마나 되는지 물었다. "줄잡아 300명 정도, 막연한 친구가 아니라 이 사람들과는 죽을 때까지 같이 해야겠다는 사람들이죠. 근데 이 중에 한 100명 정도는 돌아가셨어요."

고등학교 졸업 후 어머니가 주신 대학 등록금만 들고 서울로 온 그는 잘 곳이 없어 동가숙 서가식으로 친구 집, 서울역 대합실, 파출소 숙직실 등에서 잠을 자면서 대학을 다녔다. 이때 친구 김상현의 소개로 김대중씨가 주간으로 계시는《신세계》라는 잡지사 기자를 시작한다. 잡지와의 인연과 동시에 고난의 시작이 된 셈이다. 원고청탁하면서 장면, 박순천, 윤재술 씨 등 정치인을 만날 수 있었고 정치를 할 수 있는 기회가 많았으니 정치에 뛰어들어 세속적인 출세를 할 수도 있었으나 왜 정치를 하지 않았을까.

"정치판에서 권유가 많았지만 정치는 체질적으로 맞지 않았어요. 무엇보다 거짓말하지 말자는 제 철학과 어울리지 않았어요. 그리고 동대문에서 고서점하면서 책 속에 사는 게 생리에 제일 맞고 행복하다고 생각했어요."

고서점 이야기를 하는 그의 얼굴이 환하게 빛나기 시작했다. "헌 책방 주인으로 읽고 싶은 책을 마음껏 읽을 수 있어 좋았어요. 변두리에서 귀한 고서를 사다 놓으면 그날로 팔렸어요. 육해공군사관학교 자료실이랑 대학도서관 통문관에서도 책 사가려고 기다리고 있었으니까요. 그때 돈 벌어 결혼도 하고 9년 만에 대학 졸업도 했어요. 돈을 더 모아서 종합잡지 하나 창간하고 신구 서적백화점을 하려고 생각했어요. 장준하 선생, 천관우 선생하고 잡지하자고 그랬는데 1

년 후쯤 장준하 선생이 돌아가셨어요." 그런 꿈도 친구 김상현 씨와의 의리 때문에 선거자금 대주느라 고서점을 접었고 친구는 29세로 최연소 국회의원이 되었다. 용산이나 성북동에서 무거운 책 뭉치를 양손에 들고 기쁜 마음으로 동대문을 향해 걸었을 그의 모습이 떠올랐다.

출판사를 설립하다, 범우(汎友)사—친구를 널리 좋아한다—

1966년 그는 대한문교사란 출판사를 등록하고 1인 체제의 출판사 사장이 되었다. 다음해 범우사로 이름을 바꾸었다. 출판인의 길로 인생의 물길을 튼 것이다. 친구를 귀히 여기는 그는 출판사 이름도 친구를 널리 좋아한다는 뜻의 범우사로 정했다.

처음부터 출판사 운영이 순탄한 것은 아니었다. 계엄 하에 김동길 교수의 《길은 우리 앞에 있다》라는 책으로 또 한 번의 필화를 겪고 남산에 끌려가 모진 고문을 받았다. 얼마간 진로에 대한 고민을 하다가, 성실한 책쟁이는 다시 출판으로 돌아왔다. 대신 가능한 한 정치 관련 서적이나 시류를 논하는 책은 내지 않기로 했다. 타협일 수 있으나 좋은 책을 많이 펴내 독자들의 책에 대한 갈증을 풀어주기로 방향을 잡은 것이다.

종합출판을 지향하고 웬만한 동서양의 고전은 모두 출판했다. 출판으로 번 돈을 사회에 환원하기 위해 매년 한 권씩 수익을 염두에 두지 않은 대형출판물을 간행하고 있으며 1991년에는 1억 원의 기금으로 범우출판장학회를 설립해 해마다 출판 · 잡지 전공자에게 장학금을 지급, 지금까지 200여 명의 수혜자가 나왔다. 책으로 번 돈을 책에 투자하지 않고 다른 곳에 투자해 망하는 출판사도 많았지만 그는 오직 한길을 갔다.

"출판계도 부익부 빈익빈이에요. 너무 쏠림현상이 심해요. 그리고 출판사를 연구해보면 베스트셀러로 성한 출판사는 베스트셀러로 망하는 경우가 있어요. 나는 오히려 잘 나가면 막았어요. 법정스님의 《무소유》는 20년 동안 350만 부 팔렸어요. 범우사는 스테디셀러는 있어도 베스트셀러는 없어요. 삼각형의 밑변을 넓게 잡으면 꼭지가 높다는 생각, 출판은 잘 팔리는 책만 내는 게 아니라 읽혀야 할 책을 내는 것이라는 생각이에요. 저는 제가 읽지 않은 책은 안 내요. 지금까지 세상에 내보낸 책이 5천만 권, 국민 1인당 1권꼴이죠. 그 책마다 제 이름 석자가 찍혀 있다는 사실이 설레죠. 그 맛에 출판인의 길을 걷죠."

고인이 된 친구 정을병은 윤형두를 모델로 〈철조망과 의지〉라는 작품을 썼다. 작품에 윤형두 실명을 그대로 쓰며 그를 정의로운 사람으로 묘사했다. "그래서 내가 꼭 정의로운 사람이 되어야겠다 그랬지요. 그런데 그게 족쇄가 된 거 같아요. 법정이 '윤 사장, 나는 무소유 한 편에 내 인생이 얽매였다. 내가 무소유처럼 살려니까 내가 꼼짝달싹하지 못해' 그랬듯이. 나는 '무소유 때문에 이렇게 유명하게 된 거야'라고 그러면 '맞아' 그랬지요."

법정스님의 《무소유》 출간에 대한 뒷이야기가 이어졌다. "송광사 분원에서 나하고 박연구 선생이 제목으로 무소유가 좋지 않다 했는데 법정이 주장해 그렇게 된 거예요. 또 언젠가 법정스님이 아무 설명도 없이 미리 인세 달라고 해서 미리 줬는데 그게 나중에 알고 보니 맑고향기롭게 재단하느라고 그랬지. 그때만 해도 피천득의 《수필》이 더 잘 나갈 때였는데."

조정래 씨 이야기도 꺼냈다. "젊은 시절, 나한테 부인하고 책 한 권 내려고 왔어요. 《어떤 전설》이라고 범우사에서 첫 책을 냈지요. 김초혜 씨 시하고 조정래 씨 소설을 같이 묶었어요. 범우사에서 첫 책 낸 사람 많아요." 범우사를 통해 책을 낸 작가들이 장안의 지가를 올리고 있다는 사실이 보람이라고도 했다.

수필가 윤형두

"내가 수필 쓰게 된 것도 친구 때문이에요. 고등학교 졸업할 때까지 수십 편의 시와 몇 편의 소설을 썼지만 박연구가 수필 쓰라 해서 등단도 했어요. 수필집만 댓 권 나왔어요. 친구가 문학의 이음새 역할을 한 거죠. 제 수필론을 써주신 피 선생님은 맨날 만나면, '자네 수필 써, 출판사 그만두고 수필 써, 출판은 누구나 할 수 있어. 그러나 일본서 났던 이야기, 홀어머니 모신 이야기, 민주화 운동했던 이야기, 그 시대를 쓸 수 있는 사람은 자네밖에 없어' 그러셨어요. 근데 저는 비명(碑銘)은 죽어서도 출판인으로 남고 싶다고 자꾸 되새김질 하는 거예요. 혹시 쓰지도 못하면서 글 쓴다고 할까봐(웃음). 문학은 이상향으로 그리는 거죠."

범우사 한쪽에 박연구 선생 책상을 놓아주어 수필을 쓰게 하고 수필가들을 발굴해서 수필을 문학으로 끌어올렸다. 김태길, 피천득, 김소운, 박연구, 허세욱 씨 등과의 인연을 이야기해주었다. 나는 평소 존경하는 수필가들의 이름이고 모두 고인이 된 분들의 이야기라 한마디도 놓치지 않으려고 귀를 세웠다.

내가 가난한 생활에도 책을 좋아해 빵과 버터를 살 돈으로 책을 사고 출판인쇄업도 한 벤자민 프랭클린과 닮았다고 하자, "우리나라에서 내가 《프랭클린 자서전》을 제일 먼저 냈어요. 그 사람도 출판인이라 내가 좋아하죠. 그런데 좋아하지 못하는 것은 열세 가지 덕목을 못 지켜 내가 좋이한다는 말은 못 하겠다 그러죠(웃음)."

후회되는 일을 묻자, '잘 살아왔다고 생각해요'라는 말을 낮게 두 번 읊조렸다. "사실 시골서 올라와 출판문화협회회장 하고 세계인명사전에 등재도 됐고 좋은 친구들 많았고, 사기당한 적 없고 원한 맺히게 한 거 없고 그러면 된 거 아니에요?"라고 되묻는다.

앞으로 계획은 1980년대 이후의 이야기를 담은 자서전 후편을 완성하는 것이고, 파주 범우사 2층에 범우출판자료관을 세우는 것이라고 했다. 한글본 박물관 콘텐츠를 위해 일제시대부터 1960년 이전까지 한글에 대한 것은 다 수집하고 있다고 했다. "윤비 유언장, 이방자 여사의 결혼승낙서 등 그동안 모은 희귀서와 초판본들은 우리한테만 와서 볼 수 있는 것이에요"라고 덧붙인다.

그를 이해하는 키워드는 어머니, 친구, 출판이다. 이것들을 관통하는 것은 양심이라는 단어이다. 순수한 사람이 세상을 이끌어간다는 생각을 다시 한 번 했다. 반은 하얗게 세고 있는 눈썹을 바라보며 도사 눈썹이 장수한다는 속설이 사실이기를 진심으로 기원해본다.

—《한국산문》, 2012. 3 정리; 김미원(수필가)

"정가제와 출판인"
— 1977년 월간 《내외출판계》 한국의 출판

어째서 우리의 출판풍토 속에서는 정가제 실시가 어려운가. 무엇이 그 시행을 가로막고 있으며 그 저해요소는 무엇인가. 언제부터 책을 할인하는 비합리적인 관습이 생겼으며 그러한 관습은 누가 만들었는가. 지금 출판계는 무엇을 원하고 있는가. 출판인의 집합체인 출협은 무엇을 하고 있는가. 그 구조적 모순은 어디에 있는가. 모든 출판인의 단합은 그렇게 어려운 일인가.

일시: 1977년 9월 12일 11:30

장소: 본사 회의실

참석자: 고정일(동서문화사 사장)

양평(한국일보 문화부 기자)

윤형두(범우사 사장)

조상원(중앙도서전시관 담당 이사)

사회: 안춘근(을유문화사 주간)

기록: 이병인(본사 편집부 기자)

사회: 오늘의 좌담회는 '정가판매제도' 실시에 대한 문제점과 '유통구조 일원화' 문제 등에 관한 것에 대해 여러분의 의견을 듣고자 마련된 것입니다.

그동안 국내 출판계에서는 그 실시에 대해 여러 차례에 걸쳐 오랫동안 많은 사람들이 노력을 해왔던 것으로 알고 있습니다만 제대로 시행된 적이 없었습니다. 이제 정부에서 모든 상품에 대한 정가제 실시를 강력히 추진해 나가고 있으므로 시기적으로 출판물도 어차피 정가제로 몰고 나가야 될 상황에 놓여 있다고 보겠습니다.

오랫동안 그 문제에 대해 수고하고 계신 서적상조합 이 회장님 말씀 좀 해주시지요.

할인하는 풍토 없애야

이: 6 · 25 전까지는 책을 할인해서 산다는 말이 없었죠. 지금도 4, 50대 사람들은 그런 생각을 갖고 있어요. 할인이 아니라 책값에 1할 정도 가산해서 사는 것이 상식이었죠. 그러던 것이 공보처 시절 도서관법에 납본제도가 있어 책을 납본할 때에 가격까지 신고하게 되었지요. 그런데 그 가격의 기준이 모호하여 도서관법에 시비가 생기기 시작한 것입니다. 그 후 할인판매나 덤핑 등 비정상적인 상행위가 증가, 성행하여 독자들의 불신을 받게 된 것이죠.

제 생각에는 정가판매를 한다고 해도 될 문제가 아니라고 생각합니다. 문제는 독자들의 인식이니까 국가정책의 뒷받침 속에 PR이 선행되어야 할 것으로 봅니다. 또 한 가지는 현재의 가격이 정당한 것인가에 대한 논의가 있어야 할 것으로 압니다. 정말 책값의 정가제는 어려워요.

조: 전에는 약값이나 제수용품의 값은 깎는 일이 없었죠. 그것은 가격 이전에 환자를 위하는 마음이나 조상을 섬기는 마음이 앞섰기 때문이었죠. 책도 마찬가지예요. 책은 가격을 따지기 이전에 '나의 정서와 지식을 위한 것'이라는 생각이 앞서야 될 것 같아요.

결국 책의 존귀성을 깨닫는 것이 중요하다고 봅니다. 에누리해서 산다는 것은 결국 스스로를 해치는 일입니다.

양: 문제는 출판인들이 양식인 것 같습니다. 출판인이나 서점인들이 마음의 양식을 공급하겠다는 신념이 과연 얼마나 작용하고 있는지? 혹은 그러한 의식이 타락되어 가고 있지는 않나 하는 것입니다. 예로 백화점의 잡화류보다 시내 일류의 서점에서 판매하는 서적이 더욱 타락된 상표 취급을 당하는 실정이니까요. 결국, 소비자의 자세를 개선하는 것보다는 소비자가 100% 신뢰할 수 있는 공급자의 공신력을 회복하는 문제가 더욱 크다고 봅니다.

사회: 책은 문화적 사업으로 지금의 현 실정이 타락했다고 할 정도인가는 의문입니다만 다량판매를 하다 보니 그러한 사태가 유발되지 않았나 봅니다. 일본에서는 '출판전쟁'이라고까지 표현하고 있지 않습니까? 공급자의 입장에서도 그 나름대로의 입장이 있으리라 생각됩니다.

할인 풍토, 출판사가 만들어

고: 그보다 앞서 전 이렇게 생각합니다.

왜 정가판매는 이루어지지 않고 있는가 하는 문제입니다. 따지고 보면 할인판매제도는 출판사들이 그런 풍토를 만들어준 까닭으로 밖에 볼 수 없어요.

1950년대 후반에 전국적으로 대규모 서점의 도산사태가 있었던 일을 기억하고 계실 겁니다. 그때 유수한 도매상이 임시에 몰락하게 되니까 재고를 청계전의 조그만 헌책방들에게 일시에 처분했었거든요. 그것을 처분하려니까 싸게 팔아야 되고, 그것을 산 쪽에서는 싸게 샀으니 싸게 팔 수밖에 없었죠. 고객은 그쪽으로 자동 몰리게 되었고요. 그 시절엔 80% 이상의 출판사가 덤핑을 한 셈이었죠. 그때부터 정가 문제는 흔들리기 시작한 것입니다. 그것을 더욱 가속시킨 것은 60년대 전집물 시대를 맞으면서부터 수당과 사고율까지 계산한 정가를 월부물을 경원시하던 유수 출판사가 발행하는 일반 책까지 쫓아가니 웬만한 책은 모두 할인할 수밖에 없었던 것이죠. 그렇다고 혼자서 정가를 고수할 경우 고객은 옆집으로 가니 그것도 안 될 일이었고요.

말이 빗나갔습니다만 일본을 비교해보면 근원적인 문제로 정가를 재조정해야 될 것 같아요. 이를 테면 대중문학적인 도서는 —소비가 많은 도서— 저렴하게, 전문도서는 비싸게 매기는 식으로 말이죠. 그런데 여기서 또 문제가 있어요. 서점이 정가가 싸게 매겨진 것은 뒤로 밀고 비싸게 매겨진 것을 우선 앞으로 내놓아요. 할인율이 높으면 이익이 많게 되니 그렇죠. 종로의 일류 서점도 마찬가지예요. 역시 정가는 전반적으로 재조정되어야 하되 출판사와 서점이 서로 노력해야 될 줄 압니다.

재조정되어야 할 정가 문제

사회: 지금 말씀하신 고 사장님과는 반대의 길을 걷고 있다고 생각되는 범우사 윤 사장님은 정가를 재조정하여야 한다는 의견에 어떻게 생각하시는지요.

윤: 어떠한 물건이든 깎아야 된다는 한국 사람들의 의식구조 자체가 이상해요.

특히 젊은 세대들의 사고방식은 더욱 이해할 수가 없죠. 책을 사는 것을 용돈을 얻기 위해서라든가 아니면 그와 비슷한 2차적 목적으로 책을 사려하거든요.

제 생각에 정가판매를 하려면 첫째로 도서유통구조가 확립되어야 한다고 생각합니다. 영업을 하기 위한 목적의 유통구조는 악순환을 되풀이시킬 따름입니다. 두 번째로 정가 재조정 문제는 여러 가지가 있겠으나 장기적인 안목으로 커다란 목적의식이 있어야 될 것으로 봅니다. 출판을 단기적으로 해결하려면 절대로 해결이 안 될 것입니다.

사회: 그러면 이제부터 유통구조 문제에 대해 말씀해주시죠. 그 일에 가장 많은 노력을 한 것으로 알려진 조 선생님부터 말씀해보시죠.

조: 이 일은 1945년 이후부터 추진해왔던 일이었지만 안 되었어요.

문제는 법인체(주식회사)를 설립할 때는 핵심적인 주도자가 있어야 되는데 그 일이 되질 않아요. 모든 사람이 공판(共販)회사를 원하고 있으나 막상 당하게 되면 하지 않겠다는 묘한 실정입니다. 그래 그것이(공판제도) 안 되는 이유를 몇 가지 들자면 첫째, 업계에 지도자가 없다는 것과 둘째, 자본의 영세성 셋째, 대소(大小) 출판사의 단결력 부족인데 이는 3, 4대 후의 장래를 생각지 못하고 목전의 이익을 생각하기 때문입니다. 넷째는 한국적인 의식구조랄까, 사고방식의 문제랄까 적이라도 합리적이면 동의해야 하나 이 풍토에선 비합리적이라도 친하면 합리적으로 둔갑하는 일입니다. 그러나 결코 바람직한 일은 못되나 관의 뒷받침이 있으면 가능하다는 것과 나 혼자 희생당한다는 각오로 나설 사람이 10명만 되어도 된다는 생각입니다만 그것이 비관적이에요.

사회: 결국 출판문화의 전제조건은 유통구조의 일원화라고 봐야 하겠는데요. 현재의 출판사들의 태도를 보면 출판이 본업인지 판매가 본업인지 구분을 할 수가 없을 정도입니다. 그리고 제가 알기에 일본만 해도 유통구조의 일원화가 되기까지 관의 압력이 작용했던 것으로 알고 있습니다.

이: 정찰제와 유통구조는 서로가 필요충분입니다.

유통구조 문제는 6 · 25 전만 해도 육일과 조선서판 등 두 개의 도매상이 있어 전국의 출판물은 그곳에 넣는 것이 상식처럼 되어 있었죠. 그러던 것이 서울에 20여 군데씩이나 도매상이 난립되니 유통은 말이 아니었죠. 그때 한 지방업자가 "유통체제가 확립되지 않으면 우리나라 출판계는 발전 못 한다"고 탄식했어요. 지금 실정은 더하죠. 서점끼리 경쟁을 하다 보니 도매가 커지고 도매가 커지니 소매상을 죽이는 기막힌 결과가 생기기 시작한 거죠. 이것이 무슨 유통구조입니까. 유통구조 일원화가 이론적으로는 맞는 얘기나 나서서 할 사람이 없어요. 바로 그것이 문제예요. 관에서 지원하면 될 수 있지요.

요는 누가 만들던지 통제를 누가 하느냐가 중요한 것이지요.

출판인은 단합해야 됩니다

사회: 업계의 밖에서 본 양 기자님은 어떻게 보시는지요.

양: 피상적인 얘기 같으나 출판인의 단합 문제가 가장 원초적인 문제 같습니다.

우리나라의 출판계는 리더가 없다는 것보다 대소 출판사 간의 이해 문제가 더욱 심각한 것 같아요. 대규모 출판사들은 현재의 시스템에 별로 불만이 없는 것 같습니다. 결국 군소 출판사나 죽어나는 거죠. 그러다보니 양쪽의 보조가 맞질 않아 그것이 관의 입김을 끄는데 장벽이 되고 있는 겁니다. 요는 단합이 문제예요. 첫 단계도 단합, 두 번째도 단합, 그러면 관을 끌어들일 수 있죠.

고: 지도자가 없다는 데 대해서는 조 선생님과 동감입니다만 어느 분야를 막론하고 그러한 선각자들이 끝까지 책임을 지고 지도자적 입장에서 끌어줘야 될 줄 압니다. 그러나 그런 선각자적 입장에 선 사람들의 정신 자체가 출판인이라는 데의 확고한 신념을 갖고 있는지 의심스럽습니다. 유통구조 문제만 하더라도 외국의 경우 끝까지 신념을 갖고 있는 사람이 있었기 때문에 관에서도 협조를 하게 되고 유통구조가 일원화되지 않았습니까? 군소 출판사를 나무랄 게 아니라 대 출판사가 앞장서서 나서야 될 줄 압니다.

지난번 출협에서 이런 얘기를 제기한 적이 있어요. "우리 업계 자체에서 한 20억 정도의 기금을 확보하면 은행이나 정부에서 도움을 받아 유통구조 문제는 해결할 수 있을 것"이라고 하니까. H씨 왈 "누가 20억을 내놔" 하더군요. 그것이 검인정 사건이 터지자 20억 이상 내놓게 되었죠. 그런 사람들에게 출판해서 번 돈으로 나른 사업을 할 것이 아니라 출판을 기업으로 발전시키려고 생각하는지 묻고 싶습니다. 출판을 부업으로 생각해서는 안 돼요.

리더는 신흥 출판사에서 찾아야

조: 제가 각도를 달리해서 말을 하죠.

최근에 제가 공판기구의 실현 가능성을 타진하기 위해 각 서점에서 유수 출판사 50개 사의 리스트를 작성해보았어요. 그랬더니 판도가 옛날과는 판이하게 달라졌어요. 이름 모를 신흥 출판사들이 출판계를 장악하고 있어요. 즉 과거와는 다르다는 얘기죠.

아까 제가 비관적이라고 말씀드렸지만, 비관적이라고 해서 불구경만 하겠다는 얘기는 아니에요. 비관적이라도 끝까지 밀고 나가겠다는 말입니다. 지금 출판계를 장학하고 있는 신흥 출판사들의 3, 40대 사람들이 하면 된다고 생각합니다. 이들이 집단체제를 형성해서, 서점과 이해관계가 있는 사람들이 앞장서서 —시장의 영향력이 중요하니까요— 하면 충분히 될 수 있거든요. 리더는 신흥 출판사들에서 찾아야 됩니다. 생각하는 방법을 바꿔야 돼요.

윤: 현재 국내 출판사 수 1100여 군데 가운데 의무이행사는 6, 7백 군데밖에 안 됩니다. 이 중에서 군소 출판사가 60%, 대학교재나 부교재를 만드는 곳이 3, 40%정도 됩니다. 그런데 이들의 상호유기관계가 전혀 이루어지지 않고 있습니다. 출협도 노력을 등한시하고 있는 것 같고요.

최근 제가 도서유통협의회를 만들었더니 군소 출판사들의 호응이 상당히 커요. 처음 시작할 때는 10여 개 사여서 절망적으로 생각했었는데 어제까지 43개 사로 불어났어요. 시작할 때 그랬어요. "커다란 이유를 내걸면 해결이 안 될 공산이 크고 그것이 안 되면 협회는 깨지게 되니까 조그마하더라도 서로의 공통분모를 찾아 뭉치자"고요. 그 공통분모가 바로 도매점이 필요하다는 것이었습니다. 회원사의 영업부 직원이 고작 5, 6명밖에 되질 않고 있는데 그나마의 영업부 직원도 수금사원에 불과합니다. 차도 없이 배달을 하려면 여간 큰 골탕을 먹는 것이 아니에요. 도매점이 있으면 간단히 해결이 되는데 그것이 없는 거죠. 도매점이 절실히 요구됩니다. 어쨌든 작은 출판사가 잘 되면 큰 출판사도 호응해주지 않겠어요?

출협의 생태를 고쳐야

사회: 좋은 말씀이신데요. 아무래도 그런 역할을 앞장서서 해야 할 출협이 등한시하고 있는 인상입니다. 이 기회에 출협 문제도 짚고 넘어가야 될 것 같습니다. 기자들이 보는 눈은 어떻습니까.

양: 도서유통협의회가 발족된 것은 지난 4월로 알고 있습니다. 그때도 출협에서는 처음 발기할 때 장소를 빌려주었을 뿐이지 침묵일변도예요. 군소 출판사 몇이 모여 무얼 하나보다 하는 정도이지 간부들도 모른다는 태도입니다.

요즈음 젊은 출판인들이 출협 자체의 체질 개선을 시도하고 있다는 말을 듣고 있습니다. 어떤 젊은 사장 한 분은 출협 이사들의 사표를 비밀리에 받고 있다는 소문도 있고요.

타 업계에서는 재력이나 실력이 선후관계를 맺는데 우리 출판계는 연조와 선후배 문제가 좌우를 하고 있어요. 전근대적인 생태가 배어 있는 것이지요. 사세의 체질 개선을 원하면서도 그것을 넘모르게 비밀리에 진행시키고 있으니 알 만한 거죠.

젊은 출판인들의 움직임이 성공을 해서 출협의 상태를 합리적으로 개선해야 될 것입니다. 혁신적인 사고방식을 갖고 있는 사람이 나와야 될 줄 압니다.

윤: 다른 업종은 대화가 잘 이루어지고 있으나 출협 쪽에서는 아주 고루한 습성에 빠져 그것이 안 되고 있습니다. 즉, 10년 동안 이사(理事)가 개선되고 있지 않는 것만 봐도 알 수 있지요. 이상하게 위계질서가 꽉 짜여 도무지 풀 수가 없어요. ××씨 하거나 아무개 하면 "아 그 사람, 내가 데리고 있던 사람이야" 하든가 "그 친구 우리 회사에서 편집장 노릇했었지" 하는 식입니다.

그렇게 단단히 짜인 틀에 이사 개선을 할 때는 소위 어느 일각만 양보한다는 식이거든요. 선배들께 부탁드리는 것은 젊은 신진 출판사들이 뛰어들어 출판에 매력을 느끼게 해주어야 될 것 같습니다. 대화도 나누고 말입니다.

양: 한 가지 첨언하면 출판은 대개 학문의 발달과도 병행합니다. 그것들은 기존 관습의 혁신을 언제나 일으키고 있지요. 그런데 출협은 반대로 거꾸로 되고 있어요.

사회: 좋게 얘기하면 그것이 동양식 윤리관 아닙니까.(일동 웃음)

고: 저는 1년 동안 출협 이사직을 맡았었는데요. 이사는 10명에 가까우나 자리는 30명 정도 비고 참가하는 사람은 2, 30명 정도밖에 되질 않아요. 그런데 그 자리에선 묘한 분위기에 눌려 하고 싶은 말도 하지 못하게 돼요. 출판계 원로들이 기라성처럼 앉아서, 논리적인 객관성을 띤 말은 인정해야 하는데, "건방지다 넌 어떻게 했느냐?"는 식이니 할 말 없죠. 1년 동안 해보니 말을 하고 비판하는 사람이 별로 없어요. 얘기도 하지 않고요. 그저 회비나 더 내고 외국여행이나 갔다 오자는 식인지 알 수가 없어요. 심지어는 이런 일이 있었다고 해요. 어떤 교과서 업자 아닌 분이 부회장직을 맡고 있을 때인데 회장단 회의 때 그 사람은 제쳐놓고 회의를 했다고 합니다. 그러면 그것이 교과서 업자의 집단이지 출협입니까? 1100 등록회원을 끌고 나가는 것이 이사들의 책무인데 긴요한 안건을 내놓는다거나 의결하는 일은 도대체 없어요.

어떤 분은 그러더군요. 집행부의 간부가 되어보니 관념이 바뀌더라고요. 여러 가지 생활이 바뀌니 구태여 출판을 무엇 때문에 쫓아다니나 하고 말입니다.

출협의 조직 도표 개선해야

조: 얘기가 어떻게 출협 쪽으로 번져 출협을 너무 야단하시는데 출협도 일하지 않은 것은 아니에요. 일 많이 했어요. 그런데 왜 출협이 지도자 역할을 못하느냐 하면 아까 고 사장님께서 말씀하셨지만 그런 문제는 지엽적인 문제고 가장 중요한 문제는 현재의 비합리적인 조직 도표가 가장 큰 문제 같습니다.

사실 정관상으로는 이사를 정기적으로 보충해야 하는데, 출판 실적이 있거나 재력 있고 똑똑하면 넣어야 하는데 그것이 안 됐지요. 그래도 제가 전형위원이었을 때는 젊은 층을 앞장서서 넣어주었어요.

협회의 조직 도표는 영업 생태별로 분류해서 분과위로 나누어 재조직해야 실효를 거둘 것입니다. 이를테면 참고서는 시간 경쟁이고 단행본은 진열장 위치가 문제로 서로 영업 형태가 다른 데 이를 같은 업종끼리 묶어 월부물, 단행본, 참고서 등으로 분과위를 만들어 1인 체제로 하지 말고 분과별로 운영하면 정가제 문제 등 여러 가지 문제를 쉽게 해결할 수 있을 것입니다.

작년에 제가 그런 점을 정관개정 안으로 제출했더니 별 반응이 없더군요. 잡지협회는 그렇게 해서 잘 운영되고 있는데 출협도 그렇게 바꾸어 잘해보자는데 공명하는 사람이 별로 없어요. 현 체제 하에서는 큰 일 못해요. 조직을 바꾸어야 합니다.

사회: 여러 가지 문제가 두드러지게 드러났는데 이 문제들이 업계를 위해서 하루빨리 성형되어 출판문화가 발전하는 데 많은 도움이 되었으면 좋겠습니다.

오랫동안 수고하셨습니다. 감사합니다.

— 월간 《내외출판계》 1977. 10월

진실에서 감동을 주는 작품
— 한국 출판학 박사학위 취득 1호 범우 윤형두 대표

체험의 심장에서 우러난 애수어린 서정성

아직 남아 있는 가을빛을 몰아내려는 듯 제법 매서운 바람이 불던 날 윤형두 님의 사무실에 들어섰다. 수필가이며 출판인의 대명사라는 말이 따라 다니는 님의 사무실은 벽면 가득 고서적으로 채워져 있어 책에 대한 사랑이 어느 정도인지 짐작이 갈 듯했다. 직접 따라주는 국화차를 마시니 가을보다 더 풍성한 마음을 느낄 수 있었다.

'출판학 박사학위 취득 1호'가 되신 것을 먼저 축하를 드리자 겸손의 말을 하며 학창시절을 떠올렸다. 어린 시절부터 문학의 꿈을 키워왔기에 대학 때는 교지 편집도 했다. 1956년 월간 《신세계》 기자로 입사하여 출판계와 첫 인연을 맺으며 책 만드는 작업과 더불어 작가를 키우는 쪽에 의미를 두고자 했다.

'범우사'를 창간하고 1976년 우리나라 최초로 '에세이문고'를 내게 된다. '범우에세이문고' 제1집은 한용운의 《명사십리》를 비롯하여 피천득의 《수필》과 법정의 《무소유》 등 완간 120권을 만들기까지는 10

년이 걸렸다.

우리나라의 출판역사 1300년이 되었어도 제대로 '출판학'이 없다는 안타까움에 금속활자 창조국의 후세인으로서 그 맥을 이어야 한다는 사명감이 오늘의 윤형두 님을 있게 한 것 같았다.

1972년 《수필문학》에 〈콩과 액운〉으로 등단 후 30여 년이 흘렀지만 수필의 사랑은 변함없다면서 감상적인 글과 서정적인 글도 좋지만 생활 속에서 우러나오는 진실된 감동을 주는 수필이야 말로 좋은 독자를 창출할 수 있다고 했다.

요즘도 해마다 정초가 되면 '올해는 꼭 정말 좋은 수필 한 편 써야지' 하고 작심한다는 말에 수필에 대한 사랑이 그대로 드러났다. 그의 글은 고백의 글이라 할 수 있고 체험의 심장에서 우러난 참글이라는 평을 받고 있다. "강직, 온유한 천품이 녹아 있는 애수어린 서정성"이라는 피천득 님의 평도 있다.

> 대학을 졸업하고 12대가 살아온 고향의 군수나 면장이라도 되어 금의환향하기를 얼마나 바라시던 어머니였던가! 그러나 나는 불혹이 다 되도록 돌산 면장은커녕 동장 한 번도 되지 못하고 3, 4년 전에는 《다리》지의 필화사건으로 형무소다, 재판이다, 얼마나 어머님의 가슴을 아프게 하였으며 …… ―〈나의 어머니〉 중에서

윤형두 님은 어머니를 회상하는 글에서 안타까운 사랑을 표현하고 있는가 하면, 고향의 바닷가를 그리는 글이 많다. 그의 글 〈비명(碑銘)〉에서 말해주는 것처럼 '여기 인간답게 살다간 한 무덤이 있다'고 비명에 새겨주길 바란다는 글귀는 그의 삶의 자세를 엿볼 수 있었다.

예리한 안목의 해학적이고 비판의식이 가미된 글

우리 《에세이포럼》 회원도 점점 늘어나고 있고 수필을 쓰는 사람이나 수필지가 양적으로 많다고 보는데요. 이런 점은 어떻게 보고 계십니까?

—수필지나 수필가가 많아지는 것은 좋다고 봅니다. 평지에서 높은 봉우리를 찾기는 어려운 거죠. 크고 작은 산들이 있고 그 중에서 최고봉도 불쑥 솟아 있는 것 아닙니까? 그 최고봉의 사람이 《에세이포럼》에서 나와주기를 바랍니다.

좋은 글을 쓰려면, 최고봉의 수필가가 되려면 어떤 글을 써야 할까요? 요즘 한국수필의 문제점은 어떤 것들이 있을까요?

—요즘 수필이 신변잡기의 글이라는 비난을 받기도 합니다. 그래서 자신의 솔직한 글, 파격적인 글 그리고 사회를 보는 안목을 예리하게 바라보며, 해학적이고 비판의식이 가미된 글을 많이 썼으면 좋겠어요. 앞으로 그런 글이어야만 독자와 가까워질 수 있다고 봅니다.

질문에 대답한 후 "내 나이 80이 되면 수필에 전념할 수 있을 것 같다. 지금은 한 번 써서 내놓아버리지만 그땐 잘 다듬어낼 수 있지 않을까"고 말한 윤형두 님은 바쁜 일정 때문에 수필에 쏟는 시간이 부족함을 알 수 있었다.

"《사노라면 잊을 날이》라는 책에 그 제목의 글은 없네요"라는 질문에 "그때 그 제목은 어머니가 돌아가신 후 어머니를 잊을 수 없을 것 같아 지은 제목인데, 글은 없어요. 이제 연인을 소재로 그 제목의 글을 써봐야겠어요" 했다.

책을 좋아하고 책을 위해 살았다고 했지만 귀한 고서적 2만 권이 넘는 책을 후학을 위해 아낌없이 순천대학에 기증했다. 2남1녀를 두었고 지금도 책이 나오면 가장 먼저 손자에게 주며 책을 많이 읽기를 바라는 할아버지의 사랑이 전해지는 듯했다. 등산과 정원 가꾸는 일을 취미로 살아가는 대단한 검약가로서의 생활을 즐기고 있음을 알았다. 대담 시간이 길어지자 식은 찻잔에 국화차를 더 부어주는 자상함에 내내 취해 일어날 줄을 몰랐다.

―《에세이포럼》 창간호, 2003년 (대담 : 민현옥)

서산대사(西山大師) 휴정(休靜)의 《삼교귀감(三敎龜鑑)》 — 1997년 《고서연구》

책명 : 《삼교귀감》

규격 : 18cm × 12.5cm

저자 : 서산대사

발행일자 : 1564년 월 일

— 내용 —

《선가귀감(禪家龜鑑)》은 불가의 중요한 말들을 뽑아 엮은 불교의 개론서이다. 선가(禪家)와 교가(敎家) 사이에 이견이 심하고 사람들이 불교의 진리를 모르므로 이를 깨우쳐주기 위해 선교의 정의, 선문 5종에 관한 설명, 수선(修禪) 상의 주의사항 등을 기술한 책으로 불도수행의 거울로 삼고 있는 책에 유가와 도가의 사상을 첨부하여 삼가 통합을 역설한 책이다.

— 특기사항 —

이 책은 남애 안춘근 선생이 아끼던 책으로 현재 범우사 자료실에 소장되어 있다.

이 《심교귀감》은 조선조 불교의 고승이었고 임진왜란 때 왜병을 무찌른 서산대사 휴정의 저서이다. 서산대사의 친필을 목판에 붙여 양각을 하여 찍은 목판본이다. 그동안 서산대사의 대표적 저술로 알려진 《선가귀감》이, 이 《삼교귀감》의 일부임이 밝혀졌고 서산대사의 유(儒) · 불(佛) · 도(道)가 궁극적으로 일치한다고 하는 삼교통합론(三敎統合論)의 기초를 이루는 저술로도 높이 평가된다.

이 책은 길이 18cm, 너비 12.5cm의 한적본으로 10행 22자로 3권 1책으로 되어 있다. 특히 서문 끝에서는 《청허당(淸虛堂)》《휴정(休靜)》 등 서산대사의 낙관이 있어 그의 친필본임을 뒷받침해주고 있다.

이 책은 그동안 알려졌던 《선가귀감(禪家龜鑑)》 외에 제2권에 《유가귀감(儒家龜鑑)》, 제3권에 《도가귀감(道家龜鑑)》이 수록되어 있다.

《삼교귀감》의 초간은 명종 19년(1564)에 간행되었으나, 1579년 서산대사의 제자인 사명대사(四溟大師) 유정(惟政)이 다시 찍으면서 《유가귀감》과 《도가귀감》을 떼어버리고, 《선가귀감》만 찍기 시작한 것이 그 후 많은 판본도 《선가귀감》만을 찍게 된 것 같다.

《선가귀감》으로는 선조 12년(1579)에 금화도인(金華道人)이 한글로 번역한 《선가귀감 언해본》(최후의 방점본)과 1590년에 금강산 유점사에서 찍은 국립도서관 소장본, 1605년에 간행한 경상도 원적사본, 1607년에 간행한 전라도 송광사본, 1610년의 보현사본, 1633년의 용복사본, 1649년의 통도사본, 1731년의 보현사본 등이 전해져오고 있다.

그런데 《선가귀감》만으로 된 책에는 《삼교귀감》 속에 있는 여러 부분이 삭제되어 있다. 한 예를 들어 《선가귀감》권지상에 "采玉者 雖千仞之山 無所不上 利在高也 探珠者 雖萬圍之海 無所不入 利在深也(옥을 캐는 사람은 산이 수천 길 높아도 올라가 많은 이익을 얻고, 진주 따는 사람은 바다가 아무리 깊어도 어디든지 들어가 마침내 따내니)" 등의 구절이 삭제되어 있다.

또한 《도가귀감》 끝부분에 "噫 三教通稱一道 道是何物 若究得徹去 方悟儒也 釋也 道也(삼교를 이름하여 도라고 하니, 도란 무엇인가? 꿰뚫어 알면 그것이 유교요, 불교요, 도교다)"라고 했다.

이 책은 서산대사의 유 · 불 · 도의 삼교통합론을 분명히 밝힌 저서로도 높이 평가되리라 본다.

—《고서연구》 제14호, 1997. 3월

"교과서 박물관 하나쯤은…"
— 교과서 박물관 없는 문화 한국 —

아침신문을 펼쳤다. 본지는 온통 난장판인 정치기사와 또한 교통사고와 미아리 텍사스촌 기사 등, 세계적인 비극과 치부는 몽땅 옮겨놓은 것 같은 사건이 사회면을 가득 메우고 있다.

거기에다 별지로 접어놓은 섹션 신문에 검은 삼각표가 아래위로 방향을 표시한 주식시세의 도표자료로 여러 면을 장식하고 있다. TV 화면에도 주식이다, 코스닥이다, 나스닥이다 귀가 따갑다. 거기에다 나라 전체가 정보화에 뒤쳐져서는 안 된다고 인터넷이다, 전자상거래다, 야단법석이다. 이런 법석 속에서 금년에는 건국 이후 처음으로 문화예산이 1%가 넘어 '문화의 시대'가 열렸다고 한다.

93조 원의 1.07%의 9,315억 원의 문화한국건설을 위하여 예산이 배정되었다는 것이다. 그러나 문화저변확대를 위하거나 문화유산보존 및 전시를 위한 예산보다 이벤트성 문화관광 사업에 치중된 것 같다. 남해안 관광벨트 사업(5백 억)을 비롯한 새천년 기념사업, 1천 억이 넘는 각종 문화축제 등 문화가 머물고 느끼는 사업이 아니라 떴다

지나가버리는 사업에 치중된 것 같다.

문화는 우리 생활 가까운 곳에 있으면서 모든 국민이 남녀노소, 빈부의 격차 없이 보고 느끼고 어루만질 수 있어야 한다. 지위와 명예와 재화는 모두가 고루고루 향유할 수 없지만 문화의 혜택은 균등하게 공유할 수 있어야 한다.

나는 얼마 전 일본 규슈(九州)의 아리다(有田)라는 곳엘 갔다. 그곳이 일본 도자기의 시조라 일컬어지고 있는 도조(陶祖) 이삼평(李參平)의 묘소가 있는 곳이라고 하여 찾아갔다. 이삼평 씨는 미야마(美山)에 있는 도사(陶士) 심수관의 선조와 같이 임진왜란 때 한국에서 붙잡혀 간 도공이다.

이삼평 씨 묘소 옆에는 한국의 연산홍과 철쭉나무가 심어져 있다. 참배객이 놓고 간 조화(弔花)가 꽃병 가득히 꽂혀 있었다. 또 아리다 부락을 내려다보는 높은 언덕에 1916년 이 지방 유지들이 '도조 이삼평 비'를 세운 뒤 그 주변에 적은 공원을 조성한 다음 무궁화를 심어놓았다. 그 언덕 밑에는 인구 1만 명도 되지 않는 작은 도시인데도 '아리다 역사자료관'이 아담하게 자리하고 있었는데 거기엔 도자기 역사실을 비롯하여 그 고장의 문화를 일목요연하게 볼 수 있는 유물들이 잘 정리되어 있었다.

이층에는 메이지(明治) 시대의 고문서와 그 당시부터 현대까지 이르는 초 · 중 · 고등학교의 교과서가 전시대 가득히 진열되어 있었다.

나는 역사자료관의 상당 부분을 교과서 전시관으로 활용하고 있는 것이 의아해서 자료관 관계자에게 그 이유를 물었더니, 일본도 젊은 학생들은 옛 선조들의 유물이지만 도자기에는 별로 관심이 없고 선대가 배웠던 교과서에는 호기심이 있어 교과서 전시장을 둘러본 다음 역사유물을 보게 한다는 것이다. 그리고 일본도 요사이 컴퓨터 게임 등으로 책에서 멀어져가는 학생들을 어떤 방법으로든 책과 가까워지게 하려고 정부와 사회각계가 노력을 기울이고 있다는 것이다.

교과서 박물관, 아니 교과서 상설 전시관 하나 없는 이 나라는 언제쯤이나 문화 한국이라고 자랑할 수 있는 날이 올 수 있을까? 일본은 '문화입국 21플랜'을 세워 21세기 문화대국을 지향하면서도 거창한 구호보다도 작고 알차고 국민을 위한 지역문화의 진흥, 전통문화의 계승발전, 예술활동의 장려 등을 중점사업으로 정했다. 문화는 정치와 경제처럼 거창한 것이 아니다. 작고 아름답고 아기자기하고 영원한 것이다. 그래서 문화란 속 빈 고무풍선 같은 것이 아니라 속이 가득 찬 석류 같은 것이리라.

— 동서문학관 《동서문학관 소식》 10호, 2000. 3.—

"월북학자의 희귀저서 복간"
— 1989년 《한국일보》 출판인 인터뷰

요즘 헌책방에도 책이 잘 안 팔린다고 한다. 비단 참고서류 같은 책 이야기가 아니라 예전에 갖다놓기가 무섭게 팔리던 해방공간의 금서들도 잘 팔리지 않는다고 한다.

그 원인은 최근 들어 출판사에서 이런 책들을 발굴하여 말끔하게 새 책처럼 내놓기 때문이란다. 윤형두 씨(54 · 범우사 대표) 역시 이렇게 해서 헌책방 주인을 섭섭케 하는 출판인 가운데 한 사람이다.

범우사는 지난 4월 이래 월북학자 전석담全錫淡의 《민중조선사》(46년 작), 월북학자 백남운白南雲의 《조선사회경제사》(33년), 무정부주의자 박열朴烈의 《신조선혁명론》(48년) 같은 구하기 힘든 책을 잇달아 내놓아 헌책방으로 가던 눈길을 새 책방으로 쏠리게 했다. 이 출판사는 최근에는 최초의 대중소설로 고려 말 의적의 이야기를 다룬 윤백남尹白南의 《대도전大盜傳》(19년)까지 내놓아 아예 복간 출간에 발 벗고 나섰다.

"우리나라 문화가 1961년을 고비로 좌익쪽 연구는 완전히 사장시킨 채 다시 출발하고 있어요. 해방공간과 일제 강점기의 엄청난 학문 축적이 사장되는 게 안타까워서 이 작업을 시작했습니다."

윤 씨가 처음으로 복간 출간한 책은 월북한 미술가 · 미술학사 김용준金容埈의 《근원수필》로 87년 6 · 29선언 직후에 내놓았다. 당시만 해도 월북작가의 작품은 다양하게 소개됐지만 그 밖의 저술 특히 학술서적이 나오지 않아 윤 씨는 그 기회에 학술서적을 내보자는 마음을 먹었다고 한다.

실제로 6 · 25 직전까지 학계의 주류를 이룬 학자들은 대부분 납 · 월북을 이유로 묻히기엔 너무 소중한 책이 많았다는 것. 더구나 이들 학자들의 저술은 북한에서도 주체사상에 밀려 잊혀지는 것 같아 국내 복간 출간을 서두르게 됐다.

"7년 전쯤 일본에 갔더니 옛 책의 지질 · 장정 · 인쇄까지 모두 복원한 복고본이 유행이더군요. 그 정도까지는 못되어도 정신적 유산인 내용까지는 살려야겠다는 생각이 들더군요."

윤 씨는 현재 서울대 교수로 월북한 이명선李明善의 《조선문학사》(47년)를 복간 출간 작업중이다. 그 밖에도 최초의 소련기행문인 이태준李泰俊의 《소련기행》(47년), 이여성李如星의 《조선복식고》(47년), 홍기문洪起文의 《정음발달사》(46년) 등 재미있고 소중한 책이 너무도 많다고 소개한다.

—《한국일보》 출판인 인터뷰, 1989. 8. 22

책 읽는 사회를 만드는 《책과인생》
— 1999년 한국잡지협회 〈잡지뉴스〉 인터뷰

책을 사랑하는 모든 이들의 장場으로! 개인이 발간하는 독서교양지로는 유일한 《책과인생》은 이러한 기치 아래 세상에 태어났다. 그로부터 7년. IMF, 출판잡지계 불황 등 숨 가쁜 고비를 후원자와 편집부 직원들의 노력으로 어렵사리 넘어왔다. 새천년을 100일 앞두고 '혁신호'라는 야심찬 기획으로 제2의 창간을 시도하는 그들의 재기전을 주목한다.

"시민과 학생을 겨냥한 독서전문잡지를 내고 싶다. 이는 출판잡지계에서 번 돈은 출판잡지계로 다시 투자돼야 한다는 생각에서다."

《책과인생》 윤형두(범우사 대표) 발행인의 집무실에 들어서면 셀 수 없이 많은 감사패와 고서들을 볼 수 있다. 그리고 벽면 한쪽에 '出版立國(출판입국)' '讀民濟世(독민제세)'라 쓰인 액자를 발견할 수 있다. 활자 인생을 시작한 지 40년이 지났지만 한번도 뇌리를 떠나지 않았다는 삶의 좌우명이다.

"한 권의 책이 한 사람의 인생을 결정하고, 한 사람의 힘이 온 나라와 세계를 바꾸기도 한다. 벤자민 프랭클린의 독서가 미국의 독립을 가능케 했고, 에이브러햄 링컨의 독서가 노예해방운동의 계기가 되었으며, 인중근 의자의 독서가 침략자 저격을 이루어낸 것이다."

버릴 수 없는 잡지 창간의 꿈

출판사 대표, 수필가, 대학 강사, 고서수집가 등 다양한 이력을 소지하고 있을 뿐만 아니라, 99년 1월에는 세계인명사전에 이름이 오르는 영예를 안았던 그는 잡지 발행에 강한 애착을 가지고 있다.

"피천득 씨는 수필가였지만 그의 영원한 지향은 시인이었다. 나 또한 단행본 출판을 수십 년 동안 해왔지만 영원한 지향은 잡지 발간이었다. 왜냐하면 40년 활자 인생의 첫 발걸음은 잡지기자로 시작되었기 때문이다."

《신세계》의 견습기자로 잡지계에 첫발을 내디딘 그는 월간 《고시계》 편집장대리, 《월간 다리》의 주간을 맡아 활동했다. 그러나 72년 10월 유신으로 당시 그가 다니던 《다리》가 폐간하자 단행본 출판으로 방향을 전환했다.

80년 5월과 87월 6월 항쟁의 격동기를 거쳐 출판잡지계를 옭아매던 규제들이 풀리자 윤형두 발행인은 단행본 사업으로 쌓은 경제력과 노하우를 바탕으로 독서교양지인 《책과인생》(1992년 창간)을 발간하여 오랜 숙원을 풀게 되었다. 그러나 기쁨도 잠시, 잡지계에 불어온 불황의 여파로 《책과인생》은 격월간으로 간별 변경을 해야 했다.

"한때는 서점에서 홍보용으로 서점마크를 책 표지에 넣고 단골손님에게 보너스북으로 사용하기 위해 많은 주문들을 해주어 3만여 부를 찍은 일도 있었다. 종이 값만 주면 찍어드렸다. 그런데 그것도

IMF 이후 서점들의 경영이 어려워지자 주문부수가 현격히 줄었다."

게다가 독서교양지라는 생소함이 독자들의 관심을 전혀 끌지 못하고 있었다. 차 · 포 떼인 형국이란 이런 때를 두고 하는 말일 것이다.

그러면 이런 총체적 위기에도 불구하고 7년 동안 맥을 이어올 수 있었던 힘의 근원은 무엇이었을까. 윤 발행인은

"누가 힘든 일을 한다든지, 보람 있는 일을 한다는 따뜻한 찬사 한마디 보내주지 않는데도 당연히 해야 하는 일로 여기며 한 사람의 독자라도 만들 수 있다면 그것을 보람으로 여기고 잡지를 발간했다"고 말한다.

뜻이 있는 곳에 길이 있다 했던가. 이러한 노력은 독서의 필요성을 절감하는 후원자의 도움으로 그 빛을 발하게 되었고 마침내 98년 문화관광부에서 주관하는 '제7회 우수잡지'로 선정되는 기쁨을 맛보았다. 편집국 내부적으로도 임헌영 편집주간을 중심으로 편집부장 1명, 취재 · 편집기자 3명으로 구성된 체계적 시스템을 구축하여 제2의 창간을 시도하고 있었다.

쉽고 삶의 양식이 되는 잡지

"고급독자 취향의 고답적인 편집이나 엄숙주의를 벗어나 폭넓은 대중독자층과 호흡을 같이함으로써 독서인구의 증대와 출판잡지 시장의 저변확대에 기여하고자 한다."

《책과인생》에는 독특한 편집 철학이 없다. 범우사가 일관되게 지켜온 이해하기 쉬운 책, 다양한 계층이 접할 수 있는 책을 만든다는 것이 유일한 지침일 뿐이다. 교도소, 군부대, 낙도 등에서 생활하고 있는 재소자와 장병, 주민들에게 더없이 사랑받는 책이 될 수 있는

요인은 바로 여기에 있다.

《책과인생》의 글은 외부원고가 80% 이상을 차지한다. 수필가 · 시인 · 교수 등 집필진도 다양할 뿐만 아니라 원고료와 섭외의 어려움에도 불구하고 모두 저명한 인사들로 구성되어 있다. 9월호 발간을 계기로 총대를 잡게 된 편집부장에게 그 이유를 물었더니 다음과 같이 대답했다. "좋은 책을 읽은 결과 인생의 방향이 어떻게 달라졌는지, 좋은 책을 읽은 사람들이 어떻게 성장하였고 어떤 삶을 살아가느냐 하는 것을 알리는 것이 《책과인생》이 독자에게 말하고픈 메시지이다. 특히 귀에 익은 필자들의 경험담이나 주변이야기는 독자들에게 거부감 없이 책의 내용을 흡입할 수 있게 할 것이라고 본다."

21C 출판문화를 선도하는 잡지

현재 국내에 있는 독서교양잡지는 출판금고의 간행물인《출판저널》, 출판협회의 기관지인《출판문화》등 10여 종이 있다. 하지만 대부분 경영난을 이겨내지 못하고 짧은 생애를 마감하고 있다. 외부지원 없이 개인이 발간하는 독서교양지로 명맥을 유지하고 있는 것은《책과인생》하나뿐인 것이다. 이는 신문의 신간안내와 서평지에서 담고 있지 못하는 독서의 결과론과 책에 대한 사전정보를 유용하게 제공하는《책과인생》의 지면이 새로운 것을 찾는 독자들의 꾸준한 사랑을 받아왔음을 증명하는 것이기도 하다.

책을 통해 1000년의 지혜를 얻을 수 있으며, 책을 통해 1000년의 미래를 그릴 수 있다는 말이 있다. 2000년을 준비하는 가을의 문턱, 풍성하게 쏟아진 책과 어울려 새천년의 청사진을 구해보는 것은 어떨까.

— (사)한국잡지협회《잡지뉴스》1999. 10월호

"산을 오르듯 책을 만들며…"
한국출판문화진흥재단 이사장 윤형두

자동차 한 대가 겨우 지나갈 수 있을 것 같은 좁은 골목으로 들어선다. 제대로 찾아온 게 맞는지 잠깐 의아해하는 사이, 붉은 벽돌 건물이 눈앞에 나타난다. 붉은 색 탓일까? 녹슨 난간과 먼지 덮인 유리창들은 만만치 않은 세월의 흔적을 드러내고 있음에도, 건물은 그 속 깊은 어딘가에 단단하면서 따뜻한 중심을 숨기고 있는 듯 보인다. 마포구 구수동 범우사 사옥. 한국출판문화진흥재단의 이사장으로 취임한 범우사 대표 윤형두 회장을 만나기로 한 곳이다. 차 몇 대가 주차되어 있는 제법 널찍한 마당으로 들어서자, 건물 전면에 써붙인 글귀가 눈에 들어온다. 온고지신(溫故知新).

양서의 수요 확보는 무엇보다 중요하다

약속시간보다 오 분 가량 일찍 사무실로 들어서는데, 찻잔을 손에 든 채 서 있던 윤형두 이사장이 함박웃음으로 반긴다. 바닷가에서 연을 날리는 소년의 눈빛이 그 웃음 속에 언뜻 보인 것은, 며칠 전 읽은 그의 수필《연(鳶)처럼》이 아직 내 기억 속에 남아 있던 탓일까?

사십 년 동안 책을 만들어온 사람이 일하는 곳답게 온통 책으로 가득 차 있는 사무실에 윤형두 이사장과 마주앉았다. 그리고 조금 생소하면서 한 번에 기억하기 힘든 긴 명칭을 가진 한국출판문화진흥재단에 대한 설명을 들었다.

"한국출판문화진흥재단의 전신(前身)은 한국출판금고예요. 역사가 벌써 삼십 년이 훨씬 넘었네요. 그때만 해도 영세했던 출판업계에 출판자금 융자를 해주고, 또 문란했던 출판유통 질서를 바로잡고자 하는 취지로 설립되었지요. 당시에는 도서 할인판매 문제가 심각했습니다. 변두리 서점 같은 곳에서는 정가의 50%에도 책을 팔고 그랬거든요. 선배 출판인들의 염원이기도 했던 도서정가제를 정착시키려고 1972년 한국출판금고가 광화문에 중앙도서전시관을 열었습니다. 그곳에서 십여 년간 정가판매를 하면서 도서정가제가 확립되는 계기를 마련했고 그것을 기반으로 기존의 종로서적 외에도 교보문고나 영풍문고 같은 대형서점이 생길 수 있었지요. 도서정가제가 확립되면서 대형서점의 문이 열지 안 했으면, 일반 교양도서를 중심으로 한 우리나라의 단행본 출판이 현재와 같이 융성하지 못했을 것입니다. 그러니 한국출판금고가 큰 역할을 한 것이지요."

한국출판금고는 2002년 12월에 한국출판문화진흥재단으로 명칭이 바뀌었다. 지금도 주력 사업은 한국출판금고의 원래 목적인 양서 출판 지원이다. 약 250억의 기금으로 저리 출판자금 융자 사업을 하면서 출판인들의 은행 역할을 하고 있다.

"옛날에는 반정부적이거나 반체제적인 내용을 담고 있는 책을 출판하는 경우에는 융자를 해주지 않았어요. 하지만 지금은 완전히 자유롭습니다."

그 외에 재단에서는 출판연구소의 세미나, 해외 도서전시회 참가, 우리나라에서 열리는 국제도서전시회 등을 지원하고 있다. 또 청소년 도서 같은 좋은 책들을 구입해서 소년원이나 보육원 등에 보내는 사업도 하고 있다.

새 이사장으로서 앞으로 하고 싶은 일이 있는지 물었다.

"정관도 있고 이사님들도 계시니 제 마음대로 일을 해나갈 수는 없지요. 다만 제가 중요하게 생각하는 것은 책의 수요 창출이에요. 아무리 책을 좋게 만들어도, 사주는 사람이 없으면 책은 휴지에 불과하거든요. 출판이론에서는 책의 탄생에 대해 여러 설이 있지만, 저는 독자를 만나는 순간 비로소 책이 탄생하는 것이라고 봅니다. 서점의 서가에 꽂혀 있던 책도 반품이 되면 폐지가 되는 것이니까요. 우리나라는 작년 프랑크푸르트 도서전시회의 주빈국으로 참가하면서 많은 성과를 거두었습니다. 그런데 그것이 나라 안까지 이어져 독서 붐을 일으키지는 못했어요. 예를 들어, 일본의 아침 10분 독서운동이나 초·중·고등학교에 사서를 두는 운동 같은 것들이 있어야 했거든요. 앞으로 하고 싶은 일은 독서인구 확산운동을 전개하는 것이에요."

책의 수요 창출로 시작된 이야기는 출판시장의 붕괴라는 말까지 나오는 우리 출판계의 오랜 불황에 대한 원인 분석으로 이어졌다.

"책을 많이 읽은 사람이 존경받는 사회가 되어야 하는데, 지금은 그렇지 않거든요. 옛날에 제가 고등학교 다닐 때만 해도, 남보다 소설 한두 권만 더 읽어도 친구들이 대단한 사람으로 대접해주었어요. 그런데 요즘은 대중문화 쪽의 얄팍한 정보를 가진 사람들이 좌중의 분위기를 휩쓸지 않습니까? 독서를 많이 한 교양인이나 지식인이 존경받는 사회가 아니라는 말이지요. 서점의 위기도 문제예요. 한 지역의 대표적 문화공간은 서점이라고 할 수 있는데, 이삼십 년 동안 그 지역 문화를 지탱했던 서점들이 문을 닫는 현상이 벌어지고 있어요. 이렇게 계속되면 대형서점 몇 군데만 남지 않을까 우려가 돼요. 도서관에 책을 납품할 때도 세상이 많이 바뀌었다는 것을 느낍니다. 대학도서관에서도 꼭 있어야 하고 또 구하기 힘든 책들을 우선적으로 사지 않고 대출 빈도가 높은 책들을 중심으로 신간을 구입합니다. 주제가 무겁거나 학문적으로 가치 있는 책들이 소외되는 세상이에요."

또한 그는 중 · 고등학교의 연간 도서구입비가 많아야 천만 원도 안 될 뿐만 아니라 제대로 갖춰진 도서관조차 없는 현실을 개탄했다. 그리고 책이 꼭 필요한 곳인 군대나 교도소 등에서 도서관을 마련하고 장서를 갖추어야 한다고 역설했다. 실제로 1970년대에 그는 군대나 교도소에 책을 보내는 일을 하기도 했다. 40여 년 동안 책을 만들고 팔아온 그가 내린 결론은, 우선 책의 수요가 창출되어야 우리 출판계와 서점이 다 같이 살 수 있다는 것이었다.

출판 인생은 사명감의 길

불황의 늪에 빠져있는 우리 출판계의 발목을 잡는 문제들 가운데 하나가 유통 질서의 혼란이라는 데는 많은 이들이 동의할 것이다. 《출판물유통론》(1989), 《한국 출판의 허와 실》(2002) 등의 저서를 통해 오래전부터 도서유통 구조에 대한 의견을 제시해온 그의 말을 들어보았다.

"제가 주장해온 것은 도서공급 일원화입니다. 출판사에서는 책만 만들고 그 책들을 큰 규모의 도매기구로 넘겨서 소매서점으로 유통시키자는 것이지요. 대형 도매기구는 불량 출판물을 걸러주면서 동시에 서점의 횡포를 조정하는 역할을 할 수 있어요. 한동안 잘 되었는데, 지금은 다시 도매기구들이 조절 능력을 잃었어요. 오프라인 서점과 서로 질서를 지켜가면서 협조해나가야겠지요. 중요한 것은 출판사들이 유통질서를 지키는 것입니다. 그래야 서점도 살고 도매기구도 살아나요. 출판사들이 홈쇼핑을 통해 책을 40~50%씩 할인해서 파는 일 같은 것은 자제해야 한다고 봅니다."

워낙 상황이 어렵다보니, 출판에 대한 사명감이나 자긍심 없이는 힘든 일이라는 생각을 했다. 어쩌면 책을 만들어 파는 일이 그에게는 상품을 팔아 이윤을 남기는 일 이상의 의미였을지도 모른다는 짐작을 하면서, 출판업에 뛰어든 계기에 대해 물었다.

"책이 좋았습니다. 대학 다니면서 고학을 했는데, 잡지사에서 일도 하고 그러다가 동대문에서 고서점을 했어요. 그때 책을 한 권 두 권 보았지요. 그런데 책이 그렇게 좋을 수가 없더라고요. 월북 작가들의 작품도 읽고, 또 집에다 숨겨두기도 하고 그랬지요. 1971년 월간《다리》필화사건 때 0.75평짜리 독방에 있었어요. 모든 걸 다 견디겠는데, 책을 못 보니까 아주 죽겠더군요. 접인 금지, 접물 금지라 책 한 권도 차입 받지 못했거든요. 그때가 2월이라 감방 창문에 바람막이용으로 종이를 발라놓았어요. 교도소에서 발행하던《새길》이라는 잡지하고 성경 같은 것이었지요. 그런데 제가 그 종이의 글을 읽는 거예요. 그거 한두 줄 읽으면 마음이 가라앉고, 또 한두 줄 읽으면 울분이 가라앉고 그랬어요. '야, 이거 내가 활자 때문에 감옥까지 왔는데도 글이 이렇게 좋은 걸 보니 이게 내 숙명인가 보다 나는 일생 동안 책하고 같이 살아야겠다'는 생각이 들더군요."

감옥에서 나와 출판사를 시작하면서 그는 고서를 모으기 시작했다. 누군가는 그를 가리켜 '새 책을 만들고 팔아서 헌 책을 사 모으는 고서수집가'라고도 했다.

"출판인의 권리가 좋은 책을 만드는 것이라면, 선배들이 만든 좋은 책을 수집하는 건 의무라고 저는 생각해요. 우리나라는 다른 나라와 비교할 때 상대적으로 전적(典籍), 곧 책 문화재에 대한 인식이 모자라요. 저는 출판인 스스로가 전적 문화재를 보호해야 책의 중요성을 알릴 수 있다고 생각해요. 남들이 하지 않으니까, 무관심 속에 버려지니까 그게 안타까워서 제가 고서를 모으는 것이지요."

고서수집에서 시작된 이야기는 금속활자본과 목판본, 한자본과 한글본, 활자체, 종이의 종류에 이르기까지 다양하고 해박한 서지학적 지식으로 이어지면서 쉼 없이 흘러나왔다. 넋을 잃고 귀를 기울이다가 문득 그런 생각을 했다. 책에 담긴 내용뿐만 아니라 그 형태에까지 깊은 관심을 기울이는 그는, 책의 영혼과 몸까지를 두루 사랑하는 사람임에 틀림없다고.

"범우사에서 나온 책은 다 읽으셨어요?"

책에 대한 사랑이 지극한 사람이니 독서량 또한 대단할 것이라는 생각에 질문을 던져보았다.

"범우사에서 나온 책의 80%, 그러니까 3,500종 이상의 책을 봤습니다. 그냥 읽은 게 아니라 교정을 본 거지요. 이제까지 제가 말하는 가운데 전문적인 지식이라고 할 만한 것이 나왔다면, 그건 모두 교정을 보면서 얻은 것이에요. 집에 가서도 보고 심지어는 화장실에서도 봤습니다. 요즘에는 6호선 전철에 앉아 종점에서 종점까지 왔다 갔다 하면서 교정을 보고 원고를 검토합니다. 집중이 잘 되니까.”

애서가 산악회 회장

한때 대한산악연맹 부회장을 지내기도 했던 그의 산에 대한 사랑은 알 만한 사람은 다 아는 사실이다. 50대에 일본의 북알프스, 60대에 보르네오의 키나발루와 아프리카의 킬리만자로에 오른 그에게 산에 오르는 것에 대해 물었다.

“제 유일한 취미가 등산이에요. 어떤 사람들은 고서수집이 취미가 아니냐 하는데, 그건 직업으로 하는 일입니다. 정보 수집을 위해서죠. 구간은 신간의 어머니예요. 새 책을 만들려면, 옛 책에 대해 알아야 한다고 생각합니다.”

문득 들어오는 길에 건물 앞면에 써 있던 글귀가 떠올랐다. 온고지신(溫故知新).

“스승이신 안춘근 선생님과 애서가산악회를 만들어서 산에 다니기 시작한 지 이제 삼십 년이 넘었습니다. 제가 다른 자리는 다 양보할 수 있는데, 애서가산악회 회장 자리만큼은 양보 못합니다. 그래서 회장 선거할 때의 표 확보를 위해 제가 며느리 손녀까지 회원으로 다 데리고 다녀요. 주말마다 꾸준히 산에 오르다보면, 이따금 극기를 실험하고픈 생각이 들지요. 그래서 해외의 높은 산에 도전하는 겁니다. 작년에는 일본 후지산을 등반했어요. 제가 어렸을 때 일본에 살면서 일본인들에게 괄시를 많이 받았어요. 그래서 일본의 상징 가운데 하나인 후지산을 언젠가는 꼭 밟아보리라 생각했는데, 작년에야 비로소 후지산을 힘껏 밟고 왔습니다. 한 달 전에는 해발 4,000미터인 대만의 옥산에 올랐지요. 제가 올해 만 70세입니다. 옥산을 등

반하면서 이제 3,000미터 이상은 힘들다는 생각이 들더군요. 하지만 산이 좋으니, 꼭 높은 산이 아니더라도 늘 산에 오를 것입니다. 청산원부동(靑山原不動)이라고, 푸른 산은 항상 그 자리에 있는데 흰 구름이 오락가락하는 것(白雲自去來) 아닙니까? 또 항상 그 자리에 있는 산이지만, 철마다 다르고 날마다 달라요. 그러니 늘 다니던 길을 갈 때도 새 연인을 만나러 가는 기분이지요."

그를 만나고 돌아오는 길에 나는 책과 산에 대해 오래 생각해보았다. 책을 읽는 것은 한 글자, 한 글자를 읽어나가는 일이다. 그렇게 글자 하나씩을 읽다보면 한 장이 넘어가고 한 장 두 장 넘기다보면 마침내 한 권의 책을 읽게 된다. 컴퓨터의 기억장치에 순식간에 문서 파일을 저장하는 일과는 전혀 다르다. 산에 오르는 일도 마찬가지다. 오솔길을 따라, 계곡을 지나, 능선을 타고 한 걸음 한 걸음 오르다보면 어느새 정상에 도달하게 된다. 엘리베이터를 타고 수직으로 올라가는 것과는 사뭇 다른 일이다.

윤형두 이사장은 스스로 단조로운 인생을 살았다고 말했다. 하지만 나는 길고 어려운 책을 읽어나가듯, 높고 험한 산에 오르듯, 한 순간도 허투루 흘려보내지 않은 오롯한 삶을 살아온 윤 이사장을 만났다는 느낌이었다.

— 한국간행물윤리위원회, 《책&》(통권 334호) 2006. 5.
출판인 인터뷰 (정리 : 인물칼럼리스트 부희령)

좋은 만남— 범우사 윤형두 사장
— 2004년 서일대학 《출판 한마당》

한국 출판을 학문으로 만드신 분이 남애 안춘근 선생님이라면 그 분의 뒤를 이어 지금까지 한국 출판의 외길을 걸어오신 분은 바로 범우 윤형두 대표일 것이다. 세월이 흘러도 변하지 않는 범우 윤형두 대표의 나무 그늘 아래 한번 쉬어보자.

[범우사를 말하다]

범우사는 감성적인 면이 강하고 인정이 넘쳐, 마음씨 좋은 시골아저씨처럼 보이는 그가 어떻게 굴욕을 강요하고 강압적인 지배를 일삼던 환경에서 굽히지 않고 상처를 받으면서 인동초로 견디어왔는지 때로 이해 부족을 느낄 때도 있다. (허창성 평화출판사 대표)

'돈을 벌기 위해 내는 책'과 '내는 것에 의의가 있는 책'이 있다. 윤 사장님의 철학과 범우사 모든 분들의 열의로 《마음의 조국, 한국》은 세상에 나올 수가 있었다. 윤 사장님과의 필연의 만남을 꽉 껴안고,

이제부터 아시아로의 끝없는 꿈에 도전하며 살아가겠다. 진심으로 고마움을 담아서 (다카노 마사오)

사실 범우사의 출판목록을 보아도 범우고전선, 범우사상신서, 범우비평판 세계문학선, 범우학술평론, 범우사르비아총서, 범우문고 등 모두가 알차고 오래도록 내용이 변하지 않을 책들이다. 어림잡아 800여 종에서 1,000여 종으로 늘어나고 있는 범우사의 책들은 그 어느 하나도 악서라고 지탄받을 책이 없다는 것은 사주 윤 사장의 인격이 말해주듯 그런 흠 잡힐 책을 결코 펴낼 수가 없는 일이기 때문일 것이다. (김우종 덕성여대 교수, 문학평론가)

내가 범우사보다 더 큰 관심을 갖는 것은 윤형두 대표다. 범우문고로 인연이 맺어졌지만 그와 나는 출판업자와 저자의 관계뿐 아니라 사제지간이나 글 친구 같은 사이다. 그의 성품은 강직하면서 온유 겸허하고 그의 글은 윤리적 이성과 애수어린 서정을 아울러 지니고 있다. (피천득 시인, 수필가)

Q: 윤형두 사장님은 회사의 경영과 함께 수필가이시죠?

A: 예, 맞아요. 1972년 월간 《수필문학》에 〈콩과 액운〉으로 등단하셨어요. 〈10월의 바다〉, 《넓고 넓은 바닷가에》 등 많은 수필집을 내셨어요. 사장님은 항상 메모하시고 책을 좋아하는 분이세요.

Q: 윤형두 사장님은 월간 《다리》지의 필화사건으로 옥고를 치루셨는데요, 그 이야기 좀 해주세요.

A: 1970년대 박정희 대통령 정권시기에는 비판의식이 있는 간행물이 없던 시절이었어요. 이때에 《다리》지는 대학생들과 일반 독자들의 희망이 담겨 있는 지식인의 대변지였죠. 1971년 2월 문학평론가 임중빈 선생님이 기고한 〈사회참여를 통한 학생운동〉이라는 글을 문제 삼아 임중빈 선생님과 발행인이셨던 윤재식 선생님, 주간이셨던 윤형두 사장님 세 분이 반공법 위반 혐의로 구속되셨고 결국 목요상 판사님이 무죄판결을 내리셨는데 이것이 《다리》지 필화사건이에요. 사장님께서는 《다리》지 필화사건으로 100일 동안 서대문형무소에서 옥고를 치르시면서 몸이 많이 안 좋아지셨어요.

Q: 윤형두 사장님에 대해서 많은 분들이 쓰신 글을 보았는데요. 모두들 한결같이 사장님의 인간적인 부분을 높이 평가하시더라고요.

A: 네. 사장님은 참 정이 많으신 분이세요. 또 겸손하고 검소하세요. 회사에서 입으시는 작업복은 몇 십 년 된 거예요. 저는 처음에 사장님 작업복 색깔이 원래 빛이 바랜 색인 줄 알았어요. 사업적으로도 따라갈 사람이 없을 정도로 기획력이 뛰어나시고요.

Q: 윤형두 사장님은 다양한 분야의 책을 몇 천 종 발행하셨고 사회적으로 어려운 시기에 바른 소리의 책을 출간하기도 하셨는데, 다른 출판사에서는 돈이 안된다고 생각하는 책을 많이 출간하신 걸로 알고 있습니다. 그 이유는 무엇인가요?

A: 사장님께서는 당장의 이익보다는 오랜 시간 흘러도 도움이 되는 좋은 책을 발간하시길 원하세요. 많은 시간 동안 양서를 꾸준히 출간하다보니 양이 많아졌죠. 돈이 되는 것보다는 명예와 양서를 더

소중히 여기시는 분이시지요.

Q: 예, 그렇군요. 또한 출판계에 많은 일들을 하시는네요. 범우출판포럼이나 장학회 및 각종 수상대회와 다양한 분야의 도서기증 등 폭넓은 활동을 하시는 기본바탕은 무엇인가요?

A: 얘기하신 다양한 활동에 대한 기본 뜻은 출판 발전을 위한 사장님의 마음과 노력이에요. 사장님께서는 출판 발전을 위해 끊임없이 노력하고 계세요. 그동안 모아오신 고서와 남애 안춘근 선생님의 자료들을 모아 박물관으로 만들 준비를 하고 계시는데 이 또한 출판 발전을 위한 것이죠.

Q: 예. 감사합니다! 이렇게 시간을 내주셔서 고맙습니다.

A: 언제든지 궁금한 점이 있으면 연락주세요.

출판계의 거목이요 책을 참으로 사랑하는 윤형두 사장님과 새로운 세대를 위해 준비하는 젊은 감가의 윤재민 부사장님, 범우사를 너무도 자랑스러워하는 김지선 과장님을 만날 수 있는 좋은 시간이었다. 인터뷰를 통해 훌륭한 출판 선배님들의 뒤를 잇는 멋진 후배들이 되어야겠다는 다짐을 새롭게 해보는 계기가 되었다. 커다란 나무그늘에서 편히 쉬었다는 편안함을 느끼며, 이 거목이 앞으로 영원하길 마음속으로 응원하였다.

— 서일대학교《출판한마당》제5호, 2004년

출판사 탐방— 범우사를 찾아서
— 1989년 《출판하는 사람들》

1980년대는 출판물의 홍수시대라 할 만큼 여러 분야에서 막대한 양의 출판물이 쏟아져 나왔으며, 여기에 비례하여 문단의 활동 또한 두드러지게 나타나 출판사들이 앞을 다투어 베스트셀러를 양산하기에 이르렀다. 이렇듯, 일시적으로 많이 팔리고 많이 읽히는 책만을 만들기에 급급한 요즈음 오래도록 좋은 책 만들기만을 고집하는 일은 그리 쉬운 일은 아닐 것 같다. 좋은 책 만들기에 평생을 바쳐왔으며, 자식은 물론 손자가 태어나도 출판인을 만들겠다는 분이 있다. 바로 범우사의 윤형두 사장이다.

출판을 위하여 외길 인생을 바쳐온 그분의 의지는 범우사의 심벌마크인 독수리에 나타나 있듯이, 긴 안목으로 멀리 앞을 내다보고 전력투구하여 양서만을 만들겠다는 깊은 뜻을 엿볼 수 있었다.

'60년대에는 남들이 꺼리는 책(진보적인 사회과학 서적)을 내기도 했다. 그리고 70년대 이후 출판물의 다양화에 노력하여 가격이 싸면서도 내용이 충실하여 일반인이 쉽게 접할 수 있는 에세이와 소설 등

주로 문예물을 출판하였으며, 근래에는 문학 · 예술 · 사회과학 · 역사 · 아동 등 종합출판의 기틀을 마련하였다. "좋은 책만을 만들었다고 자만할 수는 없지만 최소한 우리가 만든 책에 부끄러움을 느끼지는 않아요. 항상 정성을 쏟아 책을 만들려고 노력합니다"라고 말하는 윤형두 사장에게서 책을 만들 때는 순수한 독자의 입장에서 기획을 하고 기획 방향에 일치하지 않는 원고는 과감하게 버려 출판사의 이미지 관리를 철저하게 하고 있음을 엿볼 수 있다.

범우사에는 출판자료실이 있는데, 고서는 신간의 뿌리와 거름이 된다는 생각에서 3만여 권에 달하는 방대한 양의 도서를 갖추어놓고 체계적인 정리와 전산화 작업으로 자료 관리를 하고 있다. 한국고서동우회 선정 제3회 애서가상을 수상한 것도 평소 책을 아끼고 소중하게 관리한 그의 자세가 높이 평가받았기 때문이다.

단지 좋은 책을 독자에게 전달하는 것에 그치지 않고 독자관리를 위해 많은 배려를 하고 있다. 2만 명 정도의 '범우독서회원'이 있어서 통신판매 · 구정가본 판매(발행 당시 정가) 등의 혜택을 주고 있고 3개월마다 발행되는 《범우》지를 무료로 우송하고 있으며, 독후감 현상모집도 하여 출판사와 독자 간의 교류가 활발하게 이루어지고 있다. "우리나라는 선비를 존경했던 나라에요. 글 읽는 일이야말로 선비가 평생 해야 할 일이었지요. 그런데 요즘은 옛날만큼 독서를 하지 않고 있어요. 정치 · 스포츠 · 오락 쪽으로만 관심을 갖는 사회가 되어가고 있어요. 독서하는 풍토를 만들어나가는 것이 중요합니다. 독서운동을 하여 독자로 하여금 책 읽는 습관을 갖게 하여야 한다는 생각에서 독서회원제를 만든 것입니다. 당장의 효과보다는 지금의 독서회원이 부모가 되어 자녀들에게 독서하는 습관을 가르칠 수 있도록 멀리 보고 독서인구의 저변확대를 위해 노력하고 있습니다. 그런 노력 없이 많이만 팔려고 하는 일부 출판사에도 문제점이 있지요."

독자관리 못지않게 출판의 유통 업무에도 사려 깊음을 서점에 가 보면 쉽게 알 수 있다. 범우사의 책들은 항상 깨끗하고 반듯하게 꽂혀져 있는데 이것은 언제나 깨끗한 책을 독자에게 전달하기 위해서이며, 더러워진 책은 반드시 교환시킨다는 윤형두 사장의 경영철학 때문이다.

"출판사의 승부는 영업에서 결정되지요. 완전한 영업이 되어야 합니다. 그러기 위해서는 좋은 책이 만들어져야 하고 좋은 책을 만들기 위해서는 사원이 마음 놓고 소신껏 일할 수 있어야 합니다."

그 일환으로 범우사에서는 출판사의 수지계산을 공개하여 기업에 대한 신뢰를 주고 현재의 보수는 많지 않으나 자녀 교육문제, 정년과 노후문제 및 사원 복지후생 문제 등의 해결에 관심을 갖고 있어 장기 근무자가 많아지고 있다. 또한 여직원 결혼 문제에 있어도 "결혼 후 여직원이 그만두는 것은 출판계의 커다란 인력 손실입니다. 우리 범우사에서는 결혼 후 다시 오고자 할 경우 언제든지 받아들일 생각입니다"라며 윤형두 사장은 능력 있는 여성이 결혼과 함께 가정에 묻혀 버리기보다 적당한 기회에 다시 직업을 갖는 것이 여성 자신은 물론 사회에도 기여하므로 바람직하다고 보고 있다.

출판계의 대선배로서 이제 막 걸음을 내딛기 시작한 우리들에게 따뜻한 격려와 조언을 잊지 않았다. "출판대학은 갓난아기의 울음소리 같은 것이라고 할까요, 출생신고와 같은 것이지요. 6개월의 짧은 기간 동안 출판 전반에 대해 모든 것을 배울 수는 없습니다. 그러나 업무에 관한 지식보다도 출판인으로서의 긍지와 자부심을 갖는 것이 매우 중요합니다. 현재의 출판계 여건이 좋지 않은 것은 사실이나 멀리 앞을 내다보고 열심히 전진하십시오. 반드시 출판계가 웅비할 때가 올 것입니다."

* 윤형두 사장은 월간 《신세계》, 《다리》지의 주간을 거쳐 1966년 범우사를 설립하였고 수필가로도 활동해 《사노라면 잊을 날이》, 《여백의 예술》, 《넓고 넓은 바닷가에》 등의 수필집을 펴내기도 하였다.
출판대학과 중앙대 신방대학원에서 강의를 맡고 있으며 《출판물유통론》 등의 출판에 관한 책도 내었다.

— 출판대학, 《출발하는 사람들》 제1호 1989.

(정리 : 권영현 · 출판대학 2기)

좋은 책을 만드는 사람
— 활자와 더불어 살아온 40년

종합출판 범우사의 윤형두 사장.

출판사 대표로서, 교수로서, 문필가로서, 장서수집가로서 그가 살아온 삶은 깊고 또 넓다.

하지만 자신은 영원한 '출판인 윤형두'로 남기를 희망한다.

마포구 구수동 21— 1, 범우사의 조그만 한 입간판을 따라 골목길로 들어서면 얼마 전까지 구화학교로 쓰이던 신수중학교 뒤: 건물이 있다. 그 건물 3층 입구에서 범우사의 심벌마크 독수리가 그려진 큰 액자를 만났다. 독수리는 가장 높이 날고, 가장 멀리 보는 새. 조그만 병아리 한 마리를 잡기 위해서도 전력투구한다. 범우사의 윤형두 사장, 그가 원한 건 베스트셀러가 아니었다. 다만 모든 일, 그 어떤 책 한 권에도 전력투구하겠다는 생각이었다. 그래서 어제와 오늘 그리고 내일의 기상 넘치는 독수리들이 범우사에는 모여 있다. 얼마 전에 있었던 출협회장 선거에서 김낙준 회장과의 경합에 쓴잔을 들어야 했던 그이지만, 이제 그 일은 잊은 듯했다. 《뿌리와날개》의 방문에 그는 기꺼이 활자와 더불어 산 자신의 40년을 말했다.

최은주 : 출판계에 몸담으신 지 꽤 오래 되셨죠? 사장님께서 출판계와 인연을 맺게 된 특별한 계기라도 있으신가요?

"전 '54년 고등학교를 졸업하고 '55년 서울로 올라왔어요. 대학에 가고 싶어 상경하긴 했는데 형편도 안 되었고 사고무친(四顧無親)이어서 막상 잘 데도 없었어요. 서울역 대합실에서 상경 첫날을 보내고 여기저기 얹혀살다가 고학을 위해 창평사라는 출판사가 하던 《신세계》라는 잡지사에 취직을 했어요. 친구인 현 민주당 고문 김상현의 소개로 들어간 이 《신세계》는 당시 야당지로 유명했고 주간이 김대중 선생이였어요. 하지만 탄압이 심해 결국 문을 닫았어요. 사실 이때 저의 활자와의 인연이 시작된 셈이죠. 이렇게 해서 '신세계' 견습기자로 시작, '57년 《고시계》라는 잡지의 창간 작업에 참여했고 이어 군대를 갔어요. 제대 후 '66년 어떤 철학이 있었던 건 아니고 단순히 실업자를 면하자는 생각에 출판사 등록을 했어요. 제일 쉽게 할 수 있었으니까."

조규순 : 출판사 설립 후, 가장 힘들었던 때라면 언제입니까?

"여러분은 잘 모르실 텐데 '72년 월간 《다리》지 필화사건이라고 있었어요. 그때가 대통령 선거를 치르기 전이었고 야당에서는 김영삼 씨, 이철승 씨, 김대중 씨가 후보로 출마를 했어요. 이철승 씨는 민주당 신파에 뿌리를 두었고 김영삼 씨는 민주당 구파에 뿌리를 두었었죠. 김대중 씨의 후보 출마는 예상 밖이었어요. 그러니 선거운동을 해야 하는데 중앙당에서는 전혀 일을 안 도와주고……. 그래서 김대중 선생의 연설집《내가 걷는 70년대》를 펴내고 선거운동을 시작했어요. 그때 제가 홍보를 맡았어요. 그분이 강연할 때 우린 피켓, 팸플릿을 이용하고 부록을 제작하는 등 이전에 없던 홍보, 판매 전략을 폈어요. 근데 그게 반응이 너무 좋았지 뭡니까. 그랬더니 정부당국에서 일을 하지 말라고 유혹이 들어오더군요. 하지만 신의를 지키기 위해 그 일을 그만둘 수는 없었어요. 그즈음《다리》지에서는 학생운동에 대한 문학평론가 임중빈 씨의 특집기사를 게재했어요. 근데 그가 통혁당 사건으로 집행유예 중이었죠. 결국 그게 문제가 돼서 반공법 4조 2항을 적용, 1백 일 정도 독방살이를 치렀어요. 형무소에 있는 동안 변호사 접견은 물론 책 차입도 금지되었어요. 제겐 가장 고통스런 때였어요. 그 이후 선거에서 박정희 씨가 당선되고 그 사건은 무죄선고를 받았습니다. 일종의 정치사건이었죠."

이철호 : 38년 전과 지금, 출판환경이 많이 달라졌고 출판계도 상당한 변화를 겪었을 텐데요.

"예전에 비해 정말 많은 출판물들이 나오고 있어요. 신간이 3만 종씩 쏟아진다고 하니 대단하죠. 하지만 최근 출판계는 너무 한쪽으로 치우치지 않나 해요. 전문서적, 전공서적에 대한 기획이 부진하고 마치 하나의 유행처럼 베스트셀러를 위한 출판사들의 단발적인 기획, 대량 광고가 눈에 띕니다. 물론 발전을 위한 하나의 과정이라고 희망을 갖고 있지만……"

이철호 : 그렇다면 우리 출판계가 가진 가장 큰 문제가 뭐라고 보십니까.

"5 · 60년대 생겨나 지금까지 남아 있는 출판사가 대략 10여 개, 70년대의 출판사가 50여 개에 불과합니다. 출판사의 유아 사망률이 너무 높다는 얘기죠. 지금은 출판사가 8천여 개에 달한다더군요. 하지만 생겨나는 것보다 중요한 건 오래된 출판사가 명맥을 유지하고 튼튼하게 정착해야 한다는 겁니다. 외국의 경우와 굳이 비교하지 않더라도 우리 출판사들은 너무 단명(短命)한 것 같아요. 출판사들이 50년 이상 된 데가 두무니까요. 이를 위해선 생명이 긴 책이 있어야 해요. 최소한 5,6년 배나무나 감나무를 기르면 그 열매는 오래도록 따먹을 수 있어요. 제가 바라는 건 일종의 과수식(果樹式) 출판입니다. 그리고 재력이 있으면 수명이 1,2천 년 이상 가는 비석식(碑石式) 출판물을 만드는 출판사로 키우고 싶어요."

이철호 : 지금까지 만드신 범우사의 비서 출판물은 어떤 책입니까?

"《한국의 고지도》《진경산수화》 그리고 올해 나온 《정도 600년 서울 지도》《한국전적인쇄사》 등을 꼽을 수 있어요. 1억 이상을 투자하여 만든 책들로 튼튼하게 만들어 보존해야 할 가치있는 책이라고 봅니다."

최은주 : 사장님께선 고문서나 책 등 역사적 가치가 있는 자료 보존을 매우 중시하시나 봐요.

"이건 우리 모두가 해야 할 일이 아닐까요? (안경을 벗으며) '뿌리를 찾는 작업'은 절체절명의 과제입니다. 벌레 먹고 좀 슬고 젖기 쉬운 우리 고문서, 문화재들을 우리가 보존하는 건 당연한 것 아니겠어요? 프랑스에 있는 우리의 문화재를 찾아오는 것보다 더욱 중요한 건 현재 한국에 있는 문화재들을 제대로 보존시켜야 하는 거죠. 그래서 저희 자체 내에서 오랫동안 발굴해온 방대한 양의 자료들을 정리한, 자료실을 준비하고 있어요."

조규순 : 범우사에서 펴낸 책들이 총 1천8백여 종. 엄청난 양인데요. 많이 펴내신 만큼 많이 벌어들이기도 하셨어요?

"전 대자본으로 출판하는 것은 아니라고 봐요. 언제나 넉넉하게 출판한 적은 없어요. 단지 한탕주의를 노리지 않기 때문에 특별히 많이 벌 생각은 하지 않았고, 쌓아두는 것도 없었어요. 제가 나름대로 자부심을 갖는 거라면 범우사는 책으로 번 건 다시 책에 투자를 해왔다는 점입니다. 사실 출판으로 번 돈은 출판에 투자를 해야 하는데 많이들 그러지 않고 있어요. 최근 번역물을 들여오기 위해 몇 억씩이나 계약금을 주었다는 얘길 듣고 깜짝 놀랐어요. 물론 젊은 사람들과 의식이 다를 수 있다는 건 인정해요. 하지만 전 왜 그 좋은 돈을 외국 사람들에게 엄청난 로열티를 주고 버리나 하는 안타까운 심정이 들더라고요. 그게 국민정서에 보탬이 된다거나 문화적 소양을 높이는 것도 아닌데."

최은주: 현재 출판학회 회장을 맡고 계시죠? 그것 말고도 이제까지 출판계에 종사하시면서 하신 많은 일들, 소개 좀 해주시겠어요?

"먼저 '78년 한국유통협의회를 만들어 정가판매제를 정착시켰어요. 그로인해 대형서점들이 생겨났고 도서유통이 조금 개선되지 않았나 해요. 또 독서진흥법을 만들었고, 출판협회의 제안으로 출판연구소를 만들었죠. 그리고 작년을 한성순보 이후 1백10년 만에 '책의 해'라는 의미 있는 해로 제정하는데 기여했어요. 올해로 23년 된 출판학회는 처음 안춘근 선생이 외롭게 만드셨어요. 출판이론의 정립이 필요하다는 생각에 만든 이 학회는 그렇게 호응이 좋은 편은 아니었어요. 하지만 학문적으로는 상당히 인정을 받고, 국제출판학회 활동은 활발하게 진행되어 왔어요. 동아(東亞) 3국이 주축이 된 국제출판학회는 올해로 제6회를 맞아요. 작년 제5회 출판학회가 중국에서 열렸는데 거기에서도 우리나라의 출판환경이 아직 얼마나 열악한가 여실히 드러나더군요. 당장 출판학회가 생긴 지 10년이 채 안된 중국만 해도 대학에 27개의 출판과가 있으니, 출판인구의 질적 향상과 저변확대를 위한 그들의 노력을 알 수 있게 하죠. 이에 비해 우린 전문대 출판학과가 10여 군데, 4년제 대학은 없고 대학원에서는 환영받고 있으니, 피라미드형이 되어야 할 그 분포가 호리병형을 보이고 있어요."

이철호 : 아시아가 주축이 된 국제출판협회라고 하셨는데요. 요즘 어딜 가나 서구화, 세계화를 강조하잖아요.

"아시아 내에서도 한국, 중국, 일본이 문화뿐 아니라 경제적, 정치적 유대를 더욱 강화시켜야 한다고 봅니다. 특히 중국은 종이가 처음 나온 나라로 책의 역사가 대단히 길어요. 전 개인적으로 지리적, 정서적, 역사적으로 가까운 이 동아 3국이 주축이 되어 세계를 이끌어야 한다고 믿어요. 실제 세계무대에서 그 비중이 점점 더 커지고 있는 실정이고."

출판유통 구조 개선에 사활을 걸어야 한다.

조규순 : 40년 가까운 사장님의 '출판 외길 인생'. 과연 건강이 없었다면 그게 가능했을까요? 특별한 건강관리법이라도 있으세요?

"저는 20년 이상을 관악산만 다녔어요. 가끔 인수봉 바위타기 연습도 하고 알프스산, 에베레스트산 트래킹도 다녀왔어요. 어렸을 땐 살기가 어려워서 공부를 하고 싶어도 못하게 하시는 거예요. 어느날 어머님께서 나무를 100짐 해오라고 하시더군요. 결국 그 나무하기를 마쳤더니 어머님께서 학교를 보내주셨어요. 그렇게 시작된 저의 산행은 지금까지 계속되고 있는데 산이 좋고 산 친구들이 좋아요. 변화무쌍한 산, 꾸준하게 한길을 타는 산은 곧 인생을 말해주는 것 같고…… 지금도 '애서가산악회'라는 모임을 통해 매주 산에 가고 산에서 책에 대한 이야기, 시국에 관한 이야기를 많이 나누는 편이에요."

이철호 : 가족 얘기 좀 들려주세요. 예전에 출판계에서 일한 사람들은 결혼도 어려웠다던데요.

"결혼생활도 매우 가난하게 시작했어요. 하지만 상황이 나아진 지금도 외국 한번 같이 못나가고, 행여 지방엘 가도 제가 벼룩시장이나 고서를 찾아 헌책방을 뒤지기 바쁘니 전혀 동행을 못해요. 책에 미친 사람 때문에 아내는 행복하지 않았을 겁니다. 맨날 싸가지고 오는 거라곤 맛있는 빵, 음식이 아니라 냄새 풀풀 나는 고서들뿐이었으니까. 그래도 이해를 잘 해줬어요. 하긴 싫어도 어떻게 합니까. 이젠 아이들까지 모두 출판계에 종사하고 있는 걸."

조규순 : 지금 사장님 주변에 든든한 자녀분들이 측근으로 포진해 있다고 하던데, 그야말로 출판 가족이라고 할 수 있지요? 그렇게 되기도 쉽지 않을 것 같아요. 혹시 모종의 압력이 있었던 건 아닙니까?

"(목소리에 힘을 주며) 압력이라뇨? 전 무죄입니다. 자라온 분위기가 영향을 미치지 않았나 해요. 좀 심하게 얘기해서 전 책이 곁에 없으면 허전해서 견디기가 힘들어요. 제가 워낙 책을 좋아하다보니, 자연스럽게 보고 배운 거죠. 현재 범우사에서 상무로 재직 중인 큰 아이는 좀 예외였던 것 같은데 그러나 지금은 범우사에서 함께 일하면서 서일전문대에서 출판학 강의를 하고 있어요. 둘째가 경인여전에서 출판학 전임강사를 하고 있고 막내는 범우사에서 미술부 차장으로 일하고 있습니다."

조규순 : 그렇다면 대권(?) 이양은 어떤 식으로 할지, 그게 언제일지 궁금한데요?

"금년 중에 범우사를 주식회사로 전환하고 규모가 좀 더 커지게 되면 경영사장제를 도입, 하나의 합의체를 만들고 싶어요. 일단은 제가 평생을 바쳐 해온 일인 만큼 큰 아이에게 그 일을 넘겨주고 싶군요. 그게 솔직한 심정입니다."

최은주 : 책을 즐겨 읽는 분으로서 독자들이 선별력을 가질 수 있는 독서법을 위해 한마디 해주세요.

"전 독자들이 무작위로 많은 책을 읽는 건 불필요하다고 봐요. 자기에게 필요하고 자기가 좋아하는 책이라면 그 책을 선택하여 계속 읽어요. 유행에 휩쓸리지 말고 여러 가지 읽는 것보다는 자기한테 피가 되고 살이 되는 걸 읽는 게 중요하죠."

조규순 : 지금 강단에 서고 계시고 글도 쓰시고 출판사도 운영을 하시고…… 정말 끝까지 남기고 싶은 건 어떤 직함입니까?

"그 어떤 수식어보다 출판인 윤형두로 남을 수 있다면 그걸로 족합니다."

이철호 : 시장 개방을 앞두고 해결해나가야 될 문제가 많이 산재해 있습니다. 특히 가장 중요한 사안이 뭐라고 보시는지요.

"우선 출판계 주변의 지원이 필요해요. 전 우리나라 신문들이 문제가 많다고 생각합니다. 광고가 많으면 출판사 광고는 빼고 광고가 없으면 출판사 광고를 집어넣고, 그건 잘못된 거죠. 영상매체가 활자매체를 마구 공격해오는 요즈음 활자매체들은 서로 공존할 필요가 있어요. 넓게 보면 출판이 살아야 신문도 살 수 있지요. 그렇지 않으면 신문은 죽을 수밖에 없어요. 한편 출판사는 출판사대로 독자개발을 위해 다양한 방법들을 찾아야 해요. 그런데 그보다 더 결정적인 문제는 유통입니다. 한 권의 책이 만들어져서 독자의 손에 들어가야지만이 책은 '탄생'되는 거라고 생각해요. 출판계가 상당히 발전했다고는 하지만 우리의 출판유통 구조는 1950년대 수준이죠. 나쁜 책은 막 팔고 좋은 책은 팔리지도 않고…… 문제가 심각합니다. 우리의 경우 유통 구조가 필요치 않은 학습지, 교과서, 전집물들이 시장을 비대하게 차지하여 별다른 개선의 여지를 찾지 못하고 있어요. 일본은 대형출판사들이 공동투자로 원활한 도서유통의 초석을 만들었죠. 물론 이 과정에서 자기 책들도 성장했고요. 이젠 우리도 서점인, 대학, 출판학과 학생들 할 것 없이 출판에 관련된 모든 사람들이 자발적인 힘을 모아야 해요. 그것은 누가 해주길 바랄 게 아니라 우리 스스로 풀어나가야 할 과제입니다."

그의 방에서 풍겨난 그윽한 내음이 그것이었을까. 오래되어 빛바랜 책들과 창호지 바른 창문 그리고 결 고운 나무 바닥…… 서도(書圖)를 품고 다니던 옛 선비의 책 사랑을 오늘, 그에게서 본다.

—《뿌리와날개》, 1994. 8월

독자 인터뷰어/ 이철호(29세, 메카커뮤니케이션 근무)

조규순(25세, 학원강사)

최은주(23세, 인하대 가정관리학과 졸업)

진행/ 권정선

도서정가제의 필요성과 업계의 역할
— 1999년 《서점신문》

책(도서)이 인류와 문화의 향상발전에 기여한 공로에 대해서는 새삼 강조하지 않아도 좋으리라.

그런 점에서 도서정가제는 문화적 다양성을 보장해주고, 국민의 문화와 정보복지 향상에 기여하는 제도적 장치로서, 출판업자(생산자)나 서점(유통업자)을 위해서가 아닌 독자(수용자)의 입장에서 반드시 존재해야 한다. 아울러 유통질서의 확립을 위해서도 필수불가결한 장치가 아닐 수 없다. 현제 '독점규제 및 공정거래에 관한 법률'에 임의조항으로 되어 있어 할인판매 문제가 야기되고 있는 '도서정가제'를 의무규정으로 입법화해야 한다는 소신에 변함이 없는 것도 그런 이유에서다.

그동안 20년 이상 별 탈 없이 실시되어 왔던 도서정가제가 최근 들어 할인판매에 따른 부작용 여파로 위기국면을 맞는가 싶더니, 대통령의 도서정가제 원칙이 지켜져야 한다는 소신과 공정거래위원회의 재판매가격유지 제도에 대한 유지 견해가 표명된 것은 그나마 다행이 아닐 수 없다. 하지만 그것이 2002년까지의 한시적 장치라는 점이 우려가 완전히 가신 것은 아니다.

따라서 이제야말로 업계의 자발적인 협조 아래 도서정가제를 확고하게 유지하기 위한 제도적 장치가 마련되기를 바라며, 그에 따르는 나름대로의 방안을 제시해보고자 한다.

우선 시행방법에 있어서는 도서정가제만을 규정하는 단독법률 또는 특별법보다는 현재 문화관광부에 의해 추진되고 있는 '출판진흥법'에 도서정가제 의무규정을 명문화하는 것이 바람직하다고 생각한다. 출판산업의 장기적인 발전을 도모하고, 출판문화의 인프라를 구축하기 위해서는 분산되어 있는 출판문화 진흥정책을 일원화하는 것이 보다 합리적일 것이기 때문이다.

아울러 1981년 8월에 제정된 '프랑스 서적 가격법(랑법)'을 살펴보면 우리 입장에서 시사하는 바가 적지 않음을 알 수 있다. 즉, 개인이나 법인이 도서를 출판하거나 수입할 때에는 반드시 소매정가를 책정하여야 하며, 이 경우 정가는 일반인이 알아볼 수 있도록 공시되어야 한다는 규정 등을 위반하였을 경우에는 이를 제재하는 금지규정 및 벌칙(별도로 규정)이 부과되며, 이는 출판업자 및 관련단체의 고발에 의한다는 것 등을 음미해볼 만하다.

이 같은 내용을 포함한 도서정가제 의무규정이 법제화되기 위해서는 관련업계의 자발적인 협조를 통한 공조체제의 구축이 선결과제인 바, 이를 위해 구심점 역할을 해야 할 곳이 바로 한국서점조합연합회일 것이다. 1977년 12월 1일 당시, 해방 후부터 무너져버린 도서정가제를 다시 정착시킬 때에도 서점의 집합체인 서련이 앞장서고, 단행하였다.

본 출판사들의 모임이었던 한국도서유통협의회가 경제적인 것을 비롯하여 강력한 지원으로 뒷받침함으로써 성사시킨 바 있다. 그러므로 이번에도 서련을 중심으로 업계와 학계 그리고 주무당국이 공감하는 절차를 통해 강력한 법제화가 실현되어야 할 것이다.

—《서점신문》 1999. 6. 30

이는 길을 새로운 마음으로 꾸준이 걷는 지혜
— 2000년 《좋은 생각》 인터뷰

"살아난 게 기적이지요." 지난 7월 아프리카 킬리만자로 등정길에 올랐다가 복막염에 걸려 그곳의 의료시설이 마땅치 않아 급히 귀국, 마취도 하지 않고 수술을 받은 윤형두 님(66세). 생사를 넘나드는 급박했던 순간을 이야기하는 그의 말씨엔 조금의 미동도 없다. 막 우려낸 찻물처럼 단아한 빛이 떠오르는 그의 얼굴에서 삶을 관조하는 옛 선비의 모습이 느껴지는 건, 사방이 그가 지난 35년 동안 만든 수천 권의 책으로 둘러싸여 있기 때문일까?

윤형두 님의 또 다른 이름은 '범우汎友', 모두가 친구라는 뜻이다. 아마도 7,80년대에 사춘기를 보낸 이라면 '범우사'라는 단어가 낯설지 않을 듯하다. 미국에는 펭귄북, 일본에는 이와나미문고가 있다면 우리에겐 범우문고가 있다. 초콜릿빛 띠를 사각에 두른 범우사의 문고판 책들, 《적과 흑》《죄와 벌》《생활의 발견》 등 세계문학선과 피천득 님의 《수필》, 법정스님의 《무소유》까지 책이 귀하던 시절에 범우사의 책들은 늘 친구처럼 가까이에서 젊은이들의 지적 갈증을 풀어주었다.

“좋은 책 한 권은 한 사람의 스승입니다. 나라가 발전하려면 국민들이 먼저 깨우쳐야 한다는 생각이 들었습니다. 간디 같은 위대한 지도자가 있다고 해도 국민이 성숙하지 못하다면 소용없는 일이지요. 그래서 참 열심히 책을 만들었지요.”

1966년 범우사가 문을 연 이래 지금까지 낸 책의 가짓수는 모두 3천여 종, 숫자로는 3천만 권. 그 분야도 인문, 문학, 예술 등 지성의 분야를 두루 망라하여 그 자신이 읽지 않은 책은 출간하지 않는다는 신념으로 만들었기에 대부분의 책이 지금까지 살아 있다. 우리나라 한 사람에 한 권 꼴, 그 수많은 사람들에게 즐거움과 희망, 지혜와 지식을 담아준다는 것은 참으로 아름다운 일이 아닐 수 없다. 헌책방 점원으로 발을 디뎌 출판계의 거목으로 자란 오늘에 이르기까지 그가 오롯이 출판의 길만 걸어온 힘은 어디에 있는 것일까.

전남 여수 돌산이 고향인 그는 어린 시절부터 책을 좋아했다. 1948년 여순항쟁이 일어나고 좌익이니 우익이니 하며 서슬 퍼렇던 시절, 어머니는 ‘배운 놈은 다 죽는다’며 이웃한 조선소에서 일하기를 바랐지만 그는 학교에 가겠다고 졸랐다. 결국 어머니는 나무 100짐을 해오면 보내주겠다 약속을 하고, 다음날 새벽부터 지게를 지고 60리 길을 오가며 하루에 나무 한 짐씩 100일을 한 끝에 순천농업학교에 진학했다. 이런 남다른 우직함은 그의 삶 굽이굽이에 서려 있다.

“일생을 걸만한 일이라고 판단되면 꾸준히 그 길만 가는 거지요. 어느 길이건 어려움이 있기 마련이에요. 그때 방황하지 말고 그 길을 계속 가는 거예요. 무엇이든 30년 이상을 꾸준히 하면 그 방면에서

일가를 이루지요."

박정희 정권 시절 그가 주간으로 있던 월간지《다리》에 반정부 내용이 수록되어 있다는 이유로 고문을 받고 옥고를 치르기도 했다. 유신정부에 협조하면 쉽게 사는 길을 열어 주겠다고도 했다. 그러나 진실을 담지 않은 일을 하는 것은 사람이 아니라는 생각으로 야합하지 않았다. 훗날《다리》를 인연으로 만난 많은 민주인사들이 함께 정치를 해보자고 여러 번 청했다. 명 수필가 피천득 선생이 그의 글을 아껴 이제 그만 글쓰는 일에만 매달리라는 충고도 했다. 그러나 협박과 회유 등 온갖 유혹 앞에서도 그는 한결같이 출판인으로, 범우사 발행인으로 남았다.

"제 삶은 책이 먹여 살려주었지요. 그러니 책을 위해 살아야지요…… 허허. 책에는 천 년의 지혜가 담겨 있습니다. 책을 읽으면서 저는 천 년의 삶을 살았고, 앞으로도 천 년의 미래를 내다보며 책과 더불어 살아가겠지요. 죽어서 제 비석에 '한 출판인의 무덤'이라고 적히길 바랄 뿐입니다. 한 사람의 독자가 남더라도 책을 펴낼 것이고요……."

그가 오랜 세월 공을 들여온 일은 고서를 모으는 일이다. 틈만 나면 장한평, 인사동을 돌아다니며 고서를 수집하여 그의 집 지하실 서재에는 2만여 권의 고서들이 차곡차곡 쌓여 있다. 그것을 모아 자료도서관을 만드는 것이 그의 꿈이다. 또 하나《한국의 고지도》,《겸재 정선 진경산수화》,《서울 지도》,《한국의 목공예》,《한국서화가 인명사전》등 비석처럼 영원히 길이 남는 책만을 만들겠다는 생각으로 제작비가 수억 원이 드는 고서들의 영인본을 제작하고 있다.

"새 책 팔아 헌책 사느냐는 소리를 많이 듣습니다. 그러나 옛것 속에 새로운 것이 있습니다. 인터넷 시대라고 세상이 시끄럽지만 인터넷의 토대는 이전부터 늘 있어왔던 것입니다. 옛것을 소홀히 한다면 미래는 없을 것입니다."

산을 좋아하는 그는 일요일마다 관악산에 오른다. 벌써 30여 년 가까이 한결같이 오르는데 매번 정상 정복이 아닌 같은 산길을 오르다가 내려올 뿐이다. 새로운 산을 정복하는 것은 산을 오르는 재미인데 왜 산허리나 맴돌다 돌아오는 그런 무의미한 산행을 하느냐 싶지만 그에겐 매번 새롭고 다른 산이다. 마치 우리 인생처럼.

그렇게 매양 같은 산을 새로운 마음으로 꾸준히 오르듯 그저 '아는 길을 걸어왔을 뿐'이라는 출판인 윤형두 님. 배웅을 나온 그는 돌아서자마자 '철컥철컥' 책 찍는 소리가 요란한 인쇄소로 곧장 들어갔다. 그 뒷모습 위로 그의 수필 한 자락이 겹쳐진다. 외길만을 걸어온 강하고도 아름다운 모습 위로…….

"나는 오래된 속옷을 즐겨 입듯이 옛것을 소중히 여기지요. 그리고 결코 뭔가를 꼭 하겠다고 결심하지 않는답니다. 술이나 담배를 끊어보겠다는 결심 한번 해본 적이 없습니다. 하루 일에 충실하고 하루에 만족함으로써 삶의 보람을 찾겠다는 쉽고도 어려운 일을 되풀이하며 살아가고 싶습니다."

— 글 김성경 (좋은 생각 2000. 10월호)

매체 변화 속에서 출판 존립을 위한 장기대책 세워야
— 1993년 《출판문화》 출판현장 점검과 전망

《출판문화》는 지난 '92년 3월호부터 〈출판 현장 점검과 전망〉이란 제목으로 특집을 마련, 이번 호('93년 6월호)까지 모두 15회에 걸쳐 장기 연재해왔습니다.

출판 현장의 각 부면을 광범위하게 짚어본 이 특집은 출판기획, 편집·디자인, 제작 등 14개 분야를 정해 현 실태와 문제점, 전망 등을 사계의 전문가들을 모신 좌담회를 통해 충실하고 충만한 내용들로 꾸며왔다고 생각합니다.

지적된 문제점들은 기본 인식과 접근방법 그 자체를 개혁적으로 바꿔 하나하나 고쳐가고 잘된 것은 더욱 발전시켜 우리 출판문화가 더욱 발전될 수 있는 계기로 삼았으면 합니다.

그동안 애독해주신 여러분께 깊은 감사를 드립니다.

▷때 : 1993년 4월 28일(수)

▷곳 : 출판문화회관 회의실

▷참석자 : 이중한(사회, 서울신문 논설위원)
윤형두(출협 부회장, 범우사 대표)
이상문(경향신문 문화부 차장)

이중한 : 좌담회가 중요한 의미를 지니는 것은 이전까지 출판문제를 애기하던 기본 태도, 관점은 확대해서 이전까지 논의되지 않았던 많은 문제를 광범위한 시각에서 제기하는 계기가 되었다는 것입니다.

우선 기획, 유통, 제작 등 출판계의 구조와 제작 여건이 전근대적 수준에 머물러 있음을 확인할 수 있었습니다.

취약한 유통구조와 인재 부족, 단적인 예로 도서용 용지조차 없는 열악한 제작 여건에다 제작자와 저작자의 관계도 전근대적 관계에 있습니다. 이런 출판계 내적인 문제 이외에 책의 사회적 가치평가에서도 문제를 안고 있습니다. 읽기 교육에 소홀한 교육과, 그에 따른 독자층의 부재로 책의 사회적 가치는 축소되고 막연히 책에 대한 중요성을 언급할 뿐 실제로는 중요하게 다루어지지 않고 있습니다.

이런 상황에서 그렇다면 문제를 타개하기 위한 출판계의 태도와 노력은 어떻게 나타나고 있는가도 중요하다고 할 수 있는데, 문제 극복의 의지가 아주 안이하게 나타나고 있습니다.

출판사들은 개척적이고 창조적인 태도로 출판에 임하기보다는 다른 출판물을 모방한 유사 출판, 중복 출판으로 과당경쟁을 일으키고 있으며, 이것은 출혈을 무릅쓴 광고경쟁의 원인까지 되고 있습니다. 또한 유통의 경우 우리나라는 소형서점 채널에 한정되어 있는데 이에 대한 문제점도 소형서점과 대면하고 제기하고 있을 뿐입니다. 그러나 소형서점만으로 해결점을 모색할 수는 없습니다. 혁명적으로 문제를 타개할 수 있는 방안을 찾아야지요.

마지막으로, 첨단미디어의 발달에 따라 출판도 멀티미디어와 함께 계속 존립할 수 있는 입지를 구축해야 함에도 출판계에는 아직까지 그러한 노력이 부족합니다.

이런 출판계의 전반적인 외적, 내적조건을 전제로 오늘 이 시간에는 이 상황을 혁명적으로 타개하기 위한 방안과 그 방안의 필요성에 대해 말씀을 듣도록 하겠습니다.

출판기획자와 자료실에 투자할 때

윤형두 : 좌담회에서 자주 언급되었던 문제 중에 하나가 '중복출판'입니다. 이것은 심각한 문제이고 곧 출판계에 기획력이 부재함을 의미합니다.

일본의 고단샤 자료실에는 방대한 자료가 구비되어 있어 오히려 도서관이나 일본 굴지의 기업들이 자료협조를 요청하곤 합니다. 기획력이라는 것도 이전까지 축적된 자료, 정보를 바탕으로 이루어지는 것인데 우리 출판사들의 경우는 기획력도 부재하거니와 자료실조차 없는 경우가 허다합니다. 기획역량이 떨어지다보니 기획자나 제작자가 필자를 선택해서 발간계획에 따라 원고를 요청하는 것이 아니라 필자가 가져온 원고에 따라 제작을 하는, 기능인 이상의 역할을 못하고 있습니다. 이제는 출판도 기획만 있으면 나머지는 대행으로도 이루어질 수 있기 때문에 더욱이 기획자와 자료실이 중요합니다. 외국에는 '기획'이 생명이라 인식하고 기획에 많은 투자를 하고 있습니다만, 우리는 어떤 책을 만드느냐보다는 무엇이든 영업자가 잘하면 팔 수 있다는 생각으로 임하고 있다는 생각이 듭니다. 우리 출판계도 이제는 출판사에 사장보다도 기획자와 자료실이 더 중요하다는 것을 인식해야 합니다.

이중한 : 다른 상품기획과 출판기획의 가장 큰 차이점은 출판은 불확실성에서 확실성은 끌어내는 작업이란 점입니다. 다른 산업의 경우 더 잘 만들면 더 잘 팔린다는 논리로 확실성에서 출발해서 더 나은 기술적 접근을 하는 기획인데 반해 출판의 경우는 느낌은 있지만 장담은 할 수 없는 불확실성에 의한 기획을 합니다. 출판기획은 다분히 모험적이고, 실패에 대한 위험부담을 안고 있습니다. 이것이 출판기획의 핵심이고 그래서 출판기획이 어려운 것인데, 현재는 출판입지가 워낙 불리하다보니 확실성만 가지고 접근하려고 합니다. 그래서 어렵게 기획하기보다는 다 만든 원고를 출판하려고 하고, 중복 출판, 유사 출판이 만연하게 된 원인이 되었습니다.

이상문 : 저는 출판계의 인재문화와 출판 관계인들의 인식이라는 두 가지에 대해 말씀드리려고 합니다.

출판인의 인식을 언급하는 것은 사주의 의식에 큰 문제가 있지 않나 하는 생각 때문입니다. 많은 출판인들이 출판에 대한 사명감, 왜 출판을 하는가에 대한 자기 점검조차 안 된 상태에서 상업적으로, 작위적으로 출판에 종사하고 있는 듯합니다. 이것이 오늘의 출판풍토의 가장 큰 문제점이라고 봅니다. 기획력은 오늘의 시대가 무얼 요구하고 앞으로 어떤 시대상황을 만들 것이냐에 대한 인식으로부터 출발합니다. 예컨대 해방 직후에는 우리말, 우리글을 살리기 위한 출판물들이 많이 나왔다면, 60년대에는 산업화, 근대화와 관련된 것, 그 후에는 민주화와 관련된 출판물이 주를 이루고 있습니다. 이렇게 시기 상황마다 관련된 이데올로기가 있고 출판은 이것을 반영해왔는데 현재는 그것이 이루어지지 않고 있습니다. 중복출판, 상업출판의 문제도 여기에서 비롯된다고 생각합니다.

한 나라의 출판을 책임진다는 생각을 하는 출판인이라면 적어도 그 시대를 인식하고 그것을 출판물에 반영하는 일을 해야 합니다. 서두에 '혁명적'이라는 표현을 사용하셨는데 저는 '시대를 반영하며 미래를 창조하는 노력이 있어야 한다'는 면에서 그 표현이 아주 적절하다는 생각입니다.

자본주의 사회이기 때문에 인재문자라는 것도 자본과 적지 않은 연관이 있고 해결이 쉽지 않습니다. 그렇지만 인력, 인재의 부재 문제도 출판계에 '시대의식'이 건재하면 어느 정도 해소가 될 수 있으리라고 봅니다.

일전에 일본에 이와나미문고의 사장과 이야기를 나눌 기회가 있었는데요, 자신이 출판에 종사하고 있는 것에 큰 자부심을 갖고 있더군요. 많은 인재들이 자긍심을 갖고 출판을 직업으로 택하고 있기에 오늘날 일본이 출판대국이 될 수 있었다는 생각입니다.

윤형두 : 출판정신의 근간은 장인정신이고 장인정신이라는 것은 곧 전통입니다. 일본의 교과서 출판사에 가보면 옛날 명치유신 때부터 시작해서 시대별로 교과서를 모두 모아놓은 것을 볼 수 있습니다. 축적해놓은 자료, 지식을 바탕으로 전통을 세우고 출판에 임하고 있는 것이지요. 그런데 우리는 축적된 노하우로 만든 것이 아니라 그때그때 집필자나 시대상황에 따라 교과서의 내용과 양식이 달라졌습니다. 발행자의 인식도 부재하고, 기획의 일관성도 없으며, 이것은 우리 양식을 부재하게 만들었습니다. 장정 하나만 예로 들더라도 우리

식이라고 할 수 있는 양식은 실종되고 없습니다. 일본식 장정에 미국식 판형, 미국식 판면 그런 식입니다.

좋은 인재도 중요하지만, 이제는 출판사마다 일관성에 기초를 두고 개성을 살려 기획하는 것이 필요합니다. 그것은 중복출판, 유사출판을 근절하는 한 방법이 될 수도 있습니다.

출판진흥책의 현실화

이중한 : '출판의식이 부재하고, 그 원인은 사회 속의 책의 가치 취약이지만 출판인의 긍지 부재도 영향을 미치고 있습니다. 출판문화의 한국적 주체성이 없다'는 지적을 해주셨는데요, 여기에 덧붙일 것은 정책적인 문제입니다. 출판을 뒷받침해줄 정책이 거의 없다시피 하고, 그래서 출판계에서는 정책 입안을 요구하고 있습니다만, 과연 요구의 방법과 내용이 현실성이 있는가라는 의문을 제기하게 됩니다.

요구하는 내용은 책을 구입하여 판매를 보장하라는 것, 출판연구를 활성화해서, 출판 진흥책을 내달라는 것 등 3가지 정도로 볼 수 있습니다만 구체적인 방안은 없고 막연하기 때문에 현실성이 없습니다.

책을 구입하는 것은 현재 개인 출판사에 대한 차원에서가 아니라 '도서관 진흥'이라는 차원에서 생각해야 합니다. 도서관자료가 거의 없다시피 한 우리나라 도서관에 자료를 채워 넣는 것이 개개 출판사를 지원하는 것보다는 기본적인 치유입니다.

출판연구라는 것도 '변화'를 염두에 두었을 때는 적절한 방법이 아닙니다. 문제를 인식시키는 한 방법일 뿐 정책에 반영하고, 대응하는 데는 가장 늦습니다. 문제를 인식시키는 데라도 기여를 했는가 하면 그렇지도 않습니다.

윤형두 : '도서관 진흥'을 말씀하셨는데 '도서관 의무 실시 조항, 도서관 자료 구입 의무화, 자료실 설치 의무화' 등은 바람직하다고 생각합니다. 그렇게 되면 출판사들도 자연히 도서판매 활로가 열릴 것입니다.

일본의 동경출판판매(주)에서는 출판에 관련된 연구를 활성화하기 위해 지원을 아끼지 않고 있으며 그 연구결과를 실행에 옮깁니다. 우리도 지금까지 제각기 대응책을 마련하려고 하던 노력에서 벗어나 업계 전체적으로 연계하여 연구를 행하고 또 그것을 단지 연구로만 그치지 않도록 실지 발전에 반영할 수 있는 체계가 되어야겠습니다.

그리고 연구기관의 역할도 중요하지만 출판사 스스로 연구하고 홍보하는 것이 무엇보다 중요합니다. 출판사를 알리는 가장 기본적인 방법은 '도서목록'을 제작해서 배포하는 것입니다. UCC 가입 이후에 외국에서 상당히 많은 도서 홍보팸플릿이 오고 있는데요. 우리의 경우는 시장개발을 위해 도서목록이나 팸플릿 제작에 힘을 쏟지 않고 있습니다.

범우사에서도 《한국의 고지도》를 발간하면서 팸플릿을 만들어 일본에 보냈는데, 250여 권이 팔리는 좋은 성과를 거두었습니다. 유사성 출판물을 만드는 데 출판사의 능력을 소비할 것이 아니라 창조적인 출판물을 만들고 목록 제작으로 판로를 개척하는 출판사의 모습이 되어야 할 것입니다. 목록도 분야별로 책자를 만들어 관련된 단체나 사람들에게 홍보하는 등 더욱 전문화할 수 있습니다. 얼마 전 '국사 전문홍보지'가 나온 것을 본 적이 있는데 국사 관계 자료는 모두

수록하고 있어 전문서적을 전문적으로 홍보하는 좋은 방법이라는 생각이 들었습니다.

이중한 : 유통의 시작은 목록을 안내하는 것임은 말할 나위 없습니다. 그리고 그것은 사실 출판사보다는 도서관에 일차적 책임이 있습니다.

외국의 공공도서관은 베스트셀러, 아동용 도서, 주부대상 도서, 신간 심지어는 정서불안 아동용, 회복기 환자용 등으로 분류, 전시해서 독자들이 책을 선택하는 데 도움을 주고 있습니다. 우리나라에는 도서관이 전혀 그런 역할을 못하고, 다만 몇몇 대형서점들이 그 기능을 하고 있습니다. 그러나 서점공간의 협소라는 면에서 보나, 그 공공적 기능면에서나 도서관이 수행해야 할 몫입니다. 그것은 또한 개별출판사 단위에서 한다는 것은 무리가 잇습니다. 출판계가 자구를 위해 행해야 할 것은 출협을 중심으로 해서 아직까지 어디에서도 하고 있지 않은, 책을 전체적으로 소개하는 기능을 하는 것이고, 장기적으로는 도서관이 제기능을 하도록 요청하는 것입니다.

이것은 물론 혁신적인 대책안은 아닙니다. 그러나 우리나라 출판계는 아직 기본적인 여건 조성도 안 된 상황이기 때문에 이런 대응책으로도 큰 효과를 거둘 것이라고 봅니다. 그리고 이것보다도 기본적으로 우선되는 것은 출판사 개개의 양식입니다. 출판사들이 기본적인 자세가 되어 있지 않고서는 조직화가 이루어지더라도 잘 운영되기는 어렵지요.

이제 책을 소개하고 중요성을 인식시키는 언론매체의 입장에서 책을 안내하면서 겪는 어려움에 대해 말씀 좀 해주시지요.

언론매체의 서평과 독서운동

이상문 : 매체에의 출판, 독서의 비중은 점점 높아지는 추세입니다. 기본적인 프로그램은 다양하게 많이 수용하는 것입니다만, 여기에는 쏟아지는 정보 중에서 선택을 해야 한다는 것과 다양한 독자층을 상대로 책의 수준을 맞추어야 한다는 어려움이 있습니다. 출판사 홍보자료를 토대로 저자, 출판사 등 외형적 측면으로 일차 선택을 하고 머리말, 저 · 역자 약력 등을 읽어보고 결정을 합니다. 그런데 출판사에서 보내오는 다양한 신간을 모두 읽어보고 판단을 할 수는 없는데다 신문 독자의 수준, 취향에도 맞추어야 하기 때문에, 특히 종합지의 경우는 각계각층의 독자층 중 어떤 대상에 책 수준을 맞추느냐는 중요한 문제가 되고 있습니다.

여기에 광고와 인맥의 영향도 무시할 수 없는 요인으로 작용하구요.

이중한 : 광고에 영향을 받거나, 베스트셀러 위주로 소개하는 것 등은 어찌보면 당연한 현상이라 말할 수 있습니다. 외국에서도 마찬가지이고 수요가 있는 책을 중심으로 소개하는 것은 당연한데요, 다만 여기에서 문제되는 것은 '균형'이라는 부분입니다. 꼭 소개해야 하는 책에 대한 기준과 그런 책을 소개할 수 있는 방침을 마련해야지요.

윤형두 : 외국에서는 서평의 신뢰도를 높여주기 위해 각 서평마다 기명으로 하고 있는데 반해 우리는 서평을 할 만한 사람도 손에 꼽을 정도입니다. 게다가 장정, 레이아웃, 교정, 그 책의 사회적 의미 등에 이르기까지 종합예술적으로 접근하여 서평을 할 사람은 더욱이 없다고 할 수 있습니다.

신문에서도 과감한 혁신적 변화가 일어나야 합니다. 일본 신문들은 국보급에 못 미치는 보물급의 책이 발견되었다고 해도 그것을 경쟁적으로 1면에 보도합니다. 그런 언론매체의 태도는 시청각매체에 잠식당하는 현황에서 결국 같은 인쇄매체끼리 공동 전선을 펴야만 공존할 수 있다는 생각에서 출발한 것입니다. 우리의 경우는 광고만 해도 출판광고는 신문지면 메우기용밖에 안 되는 푸대접을 받고 있는데 신문사를 경영하거나 데스크에 있는 사람들이 의식을 바꾸어야 합니다.

이중한 : 뉴욕타임즈가 하고 있는 북리뷰 같은 경우 우리도 시도해볼만 하고 또 신문사 차원에서도 충분히 할 수 있습니다.

윤형두 : 올해 책의 해를 맞아 독서에 대한 인식을 심어주는데 신문들이 많이 기여를 하고 있다고 생각합니다만, 이렇게 신문들이 독서운동을 권장하는 분위기가 계속 이어지고 증가해야 합니다. 독후감 모집, 출판상 운영 등도 좋은 방법 중에 하나이고 신문사에서 운영하는 문화강좌 중에 독서강좌를 개설하는 것도 생각해볼 수 있습니다.

이상문 : 아직까지 우리나라에는 독서운동을 체계적으로 하는 곳이 없다는 생각입니다. 독자들에게 책을 홍보하는 역할을 상당부분 서점이 하고 있는 것이 현실인데 사실은 매체와 도서관이 해야 하는 것이지요. 다양하고 복잡한 사회에서 그 복잡한 양상을 반영하려면 신문지면이 늘어나는 것은 당연한데요, 그렇게 늘어나는 지면에 서평, 소개 등 책에 대한 지면도 많이 할애를 해야겠지요.

경향신문에서도 '북리뷰지'를 만들기 위해 여러 번 의견이 나오고 구체적으로 검토를 하기도 했지만, 아직까지는 언론계의 인식이 국민독서의 중요성을 깨달을 정도에는 이르지 못하고 있는 듯합니다.

윤형두 : 출판, 서적, 인쇄, 제본계 등 출판과 관련된 직업에 종사하는 인구가 100만 명 정도가 됩니다. 이것은 직업인의 비율로 봐서도 큰 비중을 차지하는 숫자인데요, 이제는 다수 직업인 집단에 대한 봉사 차원에서라도 북리뷰지가 만들어져야 하지 않는가 생각합니다. 일요판 신문에 부록으로 끼워 넣는 것 정도는 큰 개혁이 아니고라도 할 수 있지 않습니까.

이상문 : 책을 홍보하고 독서 분위기를 만드는 것은 언론과 도서관이 해야 할 역할인데, 지금까지는 언론이 그 부분에 미흡하다는 말씀을 하셨습니다. 이제 공공도서관을 살펴보면 국민독서를 위해 책을 제공하고 홍보해야 할 책임을 가진 공공도서관이 역할을 하지 못하고 있는 것은 출판 정책이 부재하다는 사실과 무관하지 않습니다.

단적인 예로 체육진흥기금과 출판금고의 기금은 비교도 할 수 없을 정도로 차이가 나고, 그것은 곧 출판에 대해 정책적 배려가 없다는 뜻입니다. 긍정적으로 해석한다면 이전까지는 경제적 성장을 위해서는 노동력 즉 체력이 따라주어야 한다는 생각에서 체육에 대한 관심이 맞물려 많은 기금을 투자했지만 정보화 시대에서는 두뇌노동 즉 머리에 의존해야 하므로 정책부터 달라져야 하고 달라질 것이라고 기대합니다.

제 나름대로는 이렇게 긍정적으로 바라보는 면이 있는데 어쨌든 출판계에서는 이런 것을 자꾸 언급해서 정부에 출판정책의 중요성을 환기시켜야 합니다.

이중한 : '두뇌로 노동하는 시대'라는 중요한 지적을 하셨는데요, 이것은 컴퓨터가 아무리 보급되고 정보사회가 발전해도 자기사고능

력이 없으면 활용할 수 없기 때문에 컴퓨터의 발전 자체가 무의미해진다는 뜻입니다. 그리고 자기사고능력은 바로 구식 인쇄매체를 통해 배우는 것이지요. 그래서 마지막으로 생각해볼 것은 '독서 능력 혹은 읽기 능력을 누가 담당할 것이냐'입니다.

사실 생활의 양식이 이미 형성된 성인에게는 책을 읽으라고 강조하는 것이 별로 호소력이 없습니다. 초등교육부터 접근해야 책을 가까이 하는 것을 어릴 때부터 습관화시킬 수 있는 것이지요. 전 세계적으로 독서교육이 중요하게 대두되고, 강화되는데 반해 우리에게는 읽기 교육이라는 것이 전혀 없습니다. 그래서 현재 이미 젊은 세대는 '쉬운 책'만 읽으려 하고, 그렇다보니 본격 문학이 사라져가고 있습니다. 사고하지 않고 손쉽게 읽을 수 있는 책만 성행하게 된 것은 명백히 교육이 책임져야 할 문제입니다.

윤형두 : 선조들의 읽기 교육은 〈천자문〉 읽기부터 시작되었다고 봅니다. 입에 익숙해지도록 계속 크게 읽으면서 머릿속에 그 의미도 새겨나가는 것인데 우리는 교육에서 점차 읽기 연습을 시키는 것조차 사라져가고 있습니다. 초, 중, 고 시절에 자꾸 읽는 습관을 들여주고 스스로 책을 찾는 환경을 마련해주어야 합니다. 더불어 가정에서도 부모들이 공부만 강요하는 것에서 벗어나 먼저 책을 읽고 자녀에게 권장하는 의식 전환을 이루어 보조를 맞추어야 합니다.

출판존립 위한 장기대책 세워야

이중한 : 이제까지 15회의 좌담회를 통해 언급됐던 문제점들을 종합적으로 점검하고, 좋은 안도 많이 내주셨는데요, 마지막으로 출판의 발전 나아가 국민의식의 성장, 발전을 위해 장기적인 관점에서 노

력해야 할 것은 어떤 것인가 짚어주시지요.

저는 유통의 경우 공공도서관을 활성화해야 하고, 교육은 읽기 교육을 강조해야 하며 그것은 '구체적 요구'로서 교과과정안과 같은 현실적인 안으로 내놓고 교육이 수용하도록 만들어야 한다는 말씀을 드리고 싶습니다.

여러 번 언급되었습니다만, 여기에 덧붙일 것은 매체의 변화 속에서 출판이 존립하기 위해 장기적인 대책을 세워야 한다는 것입니다.

윤형두 : 중, 대형 등 서점을 활성화하는 것부터 우선돼야 합니다. 지금처럼 상당부분 참고서류에 의존하는 형태를 탈피해서 전문화된 서점으로, 또 비싼 땅값을 고려해서 교외에 자리 잡은 서점 등으로 새로운 전환을 통해 존립의 근거를 모색해야 합니다.

이상문 : 지금 말씀하신 방안을 좀더 발전시켜 교외에 전문화된 소형서점들이 모인 서점거리를 조성하는 것도 생각해볼 수 있지 않을까요. 높은 임대료 문제, 교통 혼잡에 따른 배송문제 등을 해소하고 전문화로 질과 양에서 더욱 풍부한 도서를 다룰 수 있다는 점에서 독자에게나 서점측에 바람직하다고 봅니다.

이중한 : 좋은 안을 많이 내주셨는데요, 이런 좋은 의견들을 출협, 서련, 유통단체 등이 협력해서 책의 해인 올해부터 구체적인 실천으로 이끌어가기를 바라며 좌담회를 마치겠습니다.

—《출판문화》1993. 6월호, 출판문화회관

그 이름만으로도 우뚝 선 한국 출판계의 비석
— 2003년 《북&리더스》 범우사 탐방

범우사. 그 이름만으로도 국내출판계 역사의 한 페이지를 장식하고 남음이 있는 역사와 전통을 자랑하는 대표적인 출판사다.

지난 9월 26일 창립 37주년을 맞이한 범우사 대표 윤형두 대표(68)는 "책이 좋아 책하고 살았다"며 "지금도 책만 보면 흐뭇하고 책을 손에 잡고 있어야 편안하다"고 책에 대한 그의 외사랑을 고백한다. 청춘과 고난을 바친 대신 한숨과 기쁨을 교차하며 그에게 출판인으로서 명예와 자존심을 안겨준 책 사랑의 외길은 원래 잡지로부터 출발한다.

그의 나의 스물두엇 때쯤. 격변의 역사를 온몸으로 감당해야 하는 당대 젊은이들의 인생을 예고라도 하듯, 윤 대표는 그의 인생에 있어 첫 필화사건을 겪는다. 숭실대 학보사 출신이었던 그가 쓴 논문 〈대통령 긴급명령에 관한 논거〉가 그에 경찰서 정보과에서 수사대상으로 올랐던 것.

어느 날 외숙부가 싸늘한 주검이 되어 돌아온 사건의 배후에 '보도

연맹'이 있었음을 접하며 그의 양심은 시대에 눈을 떴고 언론인으로서 자신을 자각하게 되었다.

"누가 이 외숙부를 죽였니. 왜 외숙부는 죽을 수밖에 없었나. 해변가로 밀려온 외숙부의 시신을 보며 그 죽음의 배후에 '보도연맹' 사건이 있음을 깨닫고 글을 썼지요. 진실을 밝히기 위해……."

보도연맹은 일제가 사상범을 다룬 방식을 그대로 차용한 것으로, 이승만 정권에 반대하거나 빨갱이로 소문난 사람들을 '국가안보'를 위협한다는 죄명으로 6·25 와중에 20만 명을 집단적으로 죽인 최초의 대규모 민간학살이다. 문제는 이 보도연맹에 가입한 인사 중 순수한 공산주의자나 반정부인사가 드물었고 대다수는 지역할당제에 의해 강제로 혹은 이장이나 면장 등의 권유로, 혹은 자신도 모르게 명단에 올랐다가 참극을 당한 사람들이 대다수였다는 것. 일부에서는 '빨갱이더라도 이 보도연맹에 가입하면 살려준다'는 소문이 파다했다.

"약한 국민은 약한 정치를, 위대한 국민은 위대한 역사를 쓰게 되어 있습니다. 이 사건을 계기로 국민계도에 이바지해야겠다는 결심을 하게 되었습니다."

야당지로 소문난 잡지 《신세계》의 견습기자로 그의 신념은 활자화되기 시작했고 저 유명한 《다리》지 필화사건으로 옥중고초를 겪을 때까지 잡지를 향한 기자로서의 신념은 꺾일 줄 몰랐다. 1970년대 서슬퍼런 독재정권을 향해 날카로운 펜대를 휘둘렀던 《다리》지에는 리영희, 한승헌 등을 비롯한 당대의지식인과 민주인사들이 관여했고 그는 에디터로 활동하던 시기였다. 그러나 박 정권의 언론통폐합 정책은 잡지기자로서의 그의 인생을 출판인으로 돌려놓는다.

"글을 쓰고 싶어도 낼 수가 있어야지. 정말 탄압이 심했어요. 그래서 할 수 없이 범우사라는 출판사를 통해 국민계도를 계속하자, 그렇게 결심하고 첫 책으로 이어령, 양주동, 김대중, 양병규 등의 수필을 엮은 《사향의 염》을 내게 되었습니다."

《다리》지 필화사건을 겪으며 고초가 심했던 70년대에 그는 오히려 '2000년대를 향하여 꾸준하게 양서를!'이란 모토를 내세우고 본격적인 단행본 출판에 몰두한다. 휘어질지언정 굽힐 줄 모르는 그의 신념과 철학은 오늘의 범우사는 물론 고질적인 도서유통의 불합리한 점을 개선하고 선진출판의 모범이 되는 후학들을 길러내는 데도 일조하고 있다.

잡지사 기자를 하면서도 66년 정식 등록한 출판사 '범우사' 간판을 항상 달고 다녔다는 그. 72년부터 본격화된 단행본 출판에는 그의 사회성과 시대성을 반영하는 내용들이 빼곡히 들어차 있다. 부정부패 척결, 정의사회 구현, 민주화 등 시대를 일깨우는 그의 지성과 열정은 필리핀 인권운동가 막사이사이, 터키의 아버지 케말 파샤, 평화운동가 간디의 전기를 읽거나 직접 번역하면서 구체화된다. 이 때문에 정치권으로의 유혹이 있을 법도 했으련만, 지금까지 곁눈질 한번 하지 않고 오로지 책을 지키고 출판을 키웠다. 그 선택에 결코 후회가 없다고 강조하는 윤 대표.

"한 사람의 정치인보다 한 권의 책이 역사발전에 더 기여하지요. 한 권의 책에는 위대한 한 사람의 사상은 물론 거대한 역사박물관을 수용할 만큼 크고 넓으며, 한 대학을 키워내는 무한한 에너지와 자양분을 갖고 있습니다. 위대한 정치인에 비견할 바가 아니지요. 지금이야 인터넷이 모든 것을 연결해주지만 그때만 하더라도 책의 과학, 철학, 교육, 문학 등 모든 문화의 기본이었습니다. 그야말로 인간 삶의 기본이 책이었고 책을 통하지 않고서는 아무것도 할 수 없었던 시대였습니다."

출판인으로서 그가 얼마나 큰 자부심을 지니고 있는지 엿볼 수 있었다. 일생을 자기가 좋아하고 사랑하는 책과 함께 더불어 누리는 윤 대표에게도 그러나 아픈 돌부리가 있긴 있었다. 몇 년 전 출마했던 출판협회 회장 선출에 마셨던 고배다.

"일단은 제 부덕의 소치였습니다. 한 번 기회를 주었으면 한국 출판계를 위해 좀 더 위상을 높이는 데 기여를 할 수 있었을 터인데 지금도 조금은 안타깝습니다."

말을 아끼는 그의 입을 빌지 않더라도, 99년 국민의 정부는 그와 오랜 인연을 맺었던 과거가 있고 그때의 문화부 이해찬 장관은 자신의 출판사에서 함께 일했던 동료였다. 굳이 뉘앙스가 좋지 않은 '한국 사회의 인맥'을 들지 않더라도 최소한 문화정책, 그 중에서도 출판정책을 한 단계 성숙시키고 발전시키는데, 정부와 관련 주요부처의 협력을 이끌어낼 수 있는 절호의 기회를 놓쳐버렸다는 것은 안타까운 일이다.

출판계를 위해 아낌없이 봉사하고 싶었던 그의 의지를 그는 현재 장학회 사업과 고서보존 출판 관련 자료수집으로 이어가고 있다. 범우출판장학회에서는 해마다 재능 있는 출판인을 발굴하고 장려하면서 한국 출판계를 위해 직접적으로 기여할 수 있도록 장학금을 지급하고 있으며 독서인구의 저변확대를 위해 해마다 범우독후감 현상공모를 실시하고 있다.

37년간 4,000종 4천만부 이상을 출간하면서 범우문고를 비롯하여

사르비아총서, 범우거작선, 범우 비평판 세계문학선, 범우사상신서 등 주옥같은 책들과 《눈으로 보는 책으 역사》《한국의 고지도》《600년 서울지도》 등 역사성과 대중성을 함께 갖고 있는 무게 있는 책들이 범우사에는 참으로 즐비하다. 문학과 역사, 철학서를 중심으로 약간의 사회과학 도서와 인문서가 거의 90%에 달하지만 이중 80%가 윤 대표의 머리와 가슴에서 나왔다.

“베스트셀러로 뜬 출판사는 베스트셀러로 망한다는 출판계의 속설을 다 아시지요? 저는 그래서 잘 나갈수록, 책이 많이 팔릴수록 자제합니다. 《자기로부터의 혁명》이 하도 잘 나가서 광고를 멈췄어요. 법정스님의 《무소유》는 지금도 광고를 하면 더 나가겠지만 그렇게 하지 않고 그저 잊혀지지 않을 정도로만 조절하고 있습니다. 고전에 주력하는 것도, 당장의 베스트셀러보다는 저변을 넓혀놓기 때문입니다. 삼각형은 밑변이 넓을수록 쉽게 쓰러지지 않거든요.”

한 권 한 권 책을 낼 때마다 이 책이 최소한 5년, 10년은 갈까 고민한다는 그. 그래서 한 권을 내더라도 세계를 향해 한국의 대표적인 출판물이라고 후손들이 자랑스러워 할 책을 내고 싶다는 그의 출판 철학은 ‘비석식 출판’으로 학계에서조차 높이 평가하고 있다. 비석을 세우듯이 회사의 이미지를 오래 간직하면서 그 뜻과 철학이 오래도록 유지되는 비석과 같은 책을 출판하겠다는 그의 출판 철학은 20여년의 대학원 강의를 통해 출판 후학들에게 고스란히 전수되고 있다.

현재 준비 중인 ‘비평판 한국문학선’은 이런 의미에서 범우사가 준비하고 있는 또 다른 역작 중의 하나다.

“지금까지 출판된 문학전집 중에서 안 들어간 작품을 발굴해내는 작업입니다. 1800년대 개화기부터 1940년 근대까지, 숨겨졌던 보물을 찾아내는 것이지요. 지난 2년여 간 50여 명의 국문학자가 수고하고 있는데, 조만간 얼굴을 보일 겁니다."

출판인이자 잡지인임을 한시도 잊어본 적이 없다는, 또한 그 자신 글쟁이인 윤형두 대표만이 할 수 있는 한국 출판계의 또 다른 거탑을 그는 오늘도 이렇게 고서냄새 가득한 곳에서 한 층 한 층 쌓아가고 있다.

— 북센, 《북&리더스》 42호, 2003. 10. 10

5장
칼럼 및 기타

상상을 초월한 중국 도서문화
— 중국 출판계와 베이징 서점가를 돌아보다

최근 중국 출판계를 둘러보기 위해 베이징에 다녀왔다. 나의 생각으로는 1인당 국민소득 5천 달러에 달한 우리나라에 비해 불과 300달러에도 미치지 못한 중국의 생활은 분명 10분의 1 정도로 차이가 나겠지 했다. 또한 공산주의의 종주국인 소련에서도 생활필수품의 부족으로 국민들이 상점마다 줄지어 서 있는 모습을 볼 수 있는데 하물며 중국에서야 하는 생각과, 문화혁명으로 진시황의 분서갱유 같은 10년 난리를 겪었으니 만큼 문화의 불모지나 다름없는 지경일 것이라는 선입관을 가지고 베이징에 도착했다.

베이징 인구 1천500만 명에 자전거가 900만 대, 자동차가 30만 대라는 안내자의 말마따나 퇴근 무렵의 큰길 옆으로는 수많은 자전거 행렬이 큰 물줄기를 따라 강물이 흐르듯 움직였다.

도착 다음 날 우리는 중국 국가도서관인 베이징도서관을 방문했다. 1975년 3월 주은래周恩來의 제의에 의해 신축계획이 수립되고, 1987년 7월에 건물이 준공되었으며 10월 15일에 개방된 도서관이라고 했다. 건물 면적은 14만m2, 소장 능력은 2천만 책이라는데 30개의 열람실과 3천 개의 열람석이 있어서 하루 평균 7천여 명을 수용하고 있었다. 장서 수는 1천500만 책이었는데 우리나라 국립도서관 장서 수는 150만 책으로 그 10분의 1에 해당하며 우리나라 국회도서관 장서 수도 600만 책에 불과하다.

베이징도서관 직원 수는 1천625명에 그 중 전문사서가 1천132명인데 비해 우리나라 국립도서관 직원 수는 227명이며 그 중 사서직은 116명에 불과하다. 열람실마다 깨끗하고 조용한 분위기여서 우리나라 국립도서관의 시장바닥 같은 분위기와는 너무나 대조적이었다.

인구 12억 명이나 되는 사회주의국가이며 문화대혁명으로 문화가 모조리 파괴된 나라라는 선입관은 베이징도서관에서부터 무너지기 시작했다. 나는 이어서 중국 도서의 수출입을 맡고 있는 중국도서진출구총공사中國圖書進出口總公司를 방문하여 진위강陳爲江 총경리에게 중국 도서 출간 현황을 알아보았다. 1989년도 중국 도서의 출판종수는 7만 4천974종에 발행부수 58억644만 책이며 잡지는 6천78종에 발행부수 18억 4천437만 책인데, 매년 3~4%씩 늘어가는 추세라고 하였다.

그들이 내놓은 전국출판사업발전강요全國出版事業發展綱要에 의하면, 서기 2000년쯤이면 중국의 도서출판 종수는 8만~10만 종에 발행부수 173억 책으로 한 사람 평균 14책 수준이 되고 잡지는 7천~8천 종으로 한 사람 평균 5책을 발행하게 된다는 목표를 세워놓고 있었으며, 발행분야는 과학기술 쪽에 치중하고 있었다. 그리고 출판이론과 기술의 향상을 위해 북경대학 복단대학 등 일류대학을 비롯하여 27개 대학에 출판학과가 신설되어 있다고 했다.

—《세계일보》1991. 8. 16

'21세기 위대한 아시아인 500명'으로 선정
— 대한산악연맹 윤형두 부회장

윤형두 대산련 부회장(범우사 대표)이 미국 배런스 후즈 후 출판사가 선정한 '21세기 위대한 아시아인 500명' 중 한 사람으로 선정돼 2001년판 세계인물연감에 수록되었다. 윤형두 부회장은 1935년 12월 27일 일본 고베에서 출생하였고 1954년 순천농림고등학교 졸업과 1963년 동국대학교 법학과를 졸업한 이래 1966년부터 범우사를 설립하여 줄곧 출판업에 종사하며 때로 대학 강단에 서왔다. 지난 1984년부터 86년까지, 92년부터 94년까지 두 차례 대한출판문화협회 부회장을 비롯하여 91년부터 99년까지 중앙대학교 신문방송대학원 객원교수를 역임하였고 89년부터 95년까지, 그리고 다시 99년부터 현재까지 한국출판학회 회장을 맡고 있다. 주요 시상 경력으로는 1991년 저술상, 92년 서울시 문화상, 95년 국민훈장 석류장 그리고 2000년에 간행물 윤리대상을 수상하였다. 우리 대학산악연맹에서는 지난 98년부터 부회장직을 맡아왔고 현재는 대산련 40년사 편찬위원장을 겸임하고 있다.(이산미디어, 《mountain》No.7, 2002. 5.)

세계의 명문 200선
— 월간 《기아》 회보

책과 나는 전생에 연이 있었다면 어떤 관계였을까 하는 생각을 가끔 한다.

일어나 눈을 떠보면 베개 맡에 책 한 권이 언제나 놓여 있다. 불을 켜고 손을 뒤로 내밀면 쉽게 책 한 권이 손에 잡힌다. 엎드려서 베개를 가슴패기에 놓고 책을 읽는다. 그 책은 길어야 2주일 짧으면 3일 만에 바뀐다. 또 출근길 승용차 좌석 뒷전에 꼭 한두 권의 책이 있다. 《U.S.A. 투데이》이라는 신문을 창간하여 몇 년 사이에 《뉴욕타임즈》 등을 능가하는 신문으로 키운 언론계의 영웅 앨 뉴하트가 쓴 《어느 S.O.B의 고백》이라는 책이나, 그렇지 않으면 《역사산책》이라는 잡지가 나의 눈을 기다린다. 짧게는 40분 길게는 한 시간 정도의 거리에서 나는 한 자라도 놓칠세라 열심히 책을 읽는다.

책을 만드는 것이 내 직업이니 만큼 사무실에 와서도 나는 직업상 책을 보거나 원고를 읽어야 한다. 어느 때는 먼 옛날 선조들이 읽었던 한적을 만지작거려야 되고 또 어느 때는 구투로 된 한말 때의 책을 읽어야 한다. 그것들은 현대어로 책을 만들어서 요사이 젊은이들에게 읽히기 위한 하나의 작업이다.

직업적인 과정을 마치고 집에 돌아와서는 으레 첫 번째 들르는 곳이 2층 서재다. 거기에는 내가 대학원에서 강의를 해야 할 출판관계 이론서가 가득하다. 제목이나 서문 정도라도 읽고 넘어가야 직성이 풀린다. 평생 읽어도 다 읽지 못할 책들이 나를 주눅 들게 하고 있다. 그 모퉁이에 내가 몇 번씩 읽었던 《삼국지》, 법정스님의 《무소유》, 피천득 선생의 《수필》, 또 불서인 《묘법연화경》이 자리하여 그때그때 내 심경의 변화에 따라 선택된다.

주말이나 공휴일이면 꼭 지하에 있는 서고에 내려간다. 곰팡이 냄새 같은 것이 풍겨오지만 역겹지가 않다. 오히려 옛 친구를 만나는 것 같이 정겹다. 잘 읽지도 못하고 뜻도 모르지만, 우리 선조가 몇십 년 또는 몇 백 년 전에 밤낮으로 읽었던 긴 역사를 간직하고 있는 책들이라 더없이 귀하게 여겨진다. 그곳에서는 한국고서목록의 고서해제나 규장각도서목록과 씨름을 한다.

이 책은 어느 때 찍은 것일까, 이 책은 금속활자본인가 목활자본인가, 금속활자라면 갑인자인가, 현종실록인가, 전사자인가 또 목활자라면 인경목활자인가, 훈련도감자인가를 가려본다. 훈련도감자 중에도 경오자체 훈련도감자체인가, 갑인자체 훈련도감자체인가를 가리기에 고심한다. 그러다가 어느 때는 지하서고에서 고서에 파묻히고 심취되어 밤을 지새울 때도 있다.

이렇게 책 속에서 눈을 뜨고 또 잠을 청하는데 한 권의 책을 말하라면 나는 오늘 아침에 읽었고 또 내일 아침에 읽을 《세계의 명문 200선》을 이야기하지 않을 수 없다.

이 책은 1983년 2월 25일에 운암사라는 곳에서 펴낸 책인데 편자는 시인인 박재삼 씨다. 언제 사놓은 것인지 모르지만 얼마 전에 책을 정리하다 한번 읽어봐야겠다는 생각이 문득 들어 잠자리가 있는 안방에다 옮겨놓고 읽기 시작했다. 808쪽이나 되는 묵직한 책인데 반쯤 읽었다. 그중에서 고유섭 씨의 《조선고대의 미술공예》, 김법린 씨의 《정교분리에 대하여》라는 글 등은 좀 난해하지만 한 번 읽은 것이 예술과 종교를 이해하는 데 보탬이 되었다.

그리고 김구 선생의 《백범일지》 속에서 발췌해 실은 《나의 소원》은 몇 번을 읽어도 새로운 맛을 준다. 옛날 일본에 갔던 박제상이 "내 차라리 계림의 개돼지가 될지언정 왜왕의 신하로 부귀를 누리지 않겠다"고 한 인용문이나 "나는 어떤 의미로든지 독재정치를 배격한다. 나는 우리 동포를 향해 부르짖는다. 결코 독재정치가 아니 되도록 조심하라고. 우리 동포 각 개인이 십 분의 언론 자유를 누려서 국민 전체의 의견대로 정치하는 나라를 하자"고 하는 언론의 자유가 민주주의의 기틀이 된다는 주장이 눈길을 끈다. 또 "오직 한없이 가지고 싶은 것은 높은 문화의 힘이다. 문화의 힘은 우리 자신을 행복되게 하고 나아가서 남에게 행복을 주겠기 때문이다. 지금 인류에게 부족한 것은 무력도 아니요 경제력도 아니다. 자연과학의 힘은 아무리 많아도 좋으나, 인류 전체로 보면 현재의 자연과학만 가지고도 편안히 살아가기에 넉넉하다. 인류가 현재에 불행한 근본 이유는 인의가 부족하고 자비가 부족하고 사랑이 부족하기 때문이다. 이 마음만 발달이 되면 현재의 물질력으로 20억이 다 편안히 살아갈 수 있을 것이다. 인류의 이 정신을 배양하는 것은 오직 문화이다"라고 과학의 발달과 경제적 풍요가 곧 인류의 행복을 가져올 수 없고 오직 문화를 귀중히 여기는 문화국민만이 영원히 행복을 누릴 수 있다는 문화입국론도 내 머리에 남는 부분이다.

그리고 김동리 소설가의 〈문학적 사상의 주체와 그 환경〉이라는 글에서는 1930년대의 우리 문학사조 중 '얻은 것은 사상이요 잃은 것은 예술'이라고 보는 경향문학에 대한 비판과, 문학은 시간과 공간을 초월할 수 있어야 하고 시대적 · 사회적 의의 또는 공리성 이외의 시대와 사회를 초월할 수 있는 다른 영구적인 사상을 가져야 한다는 이론 전개 같은 것은 문학을 하는 사람에게 도움이 되는 이론인 것 같다. 이 외에도 김동명 시인의《테러리즘의 윤리》, 김윤경 교수의《한글 전용을 생활화하자》등 우리의 상식을 넓혀주는 글들이 좋았다.

아직도 이 책에서 읽어야 할 글들은 많다. 우리나라 분이 쓴 글 중에서 안재홍의《독서개진론》, 신규식의《한국 혼》, 손병희의《삼전론》, 양주동의《문장론》, 조지훈의《지조론》등 허다하며 외국 사람의 글 중에서도 도연명의《귀거래서》, 노신의《신사론》, 소동파의《적벽부》, 알랭의《행복론》, 베이컨의《학문》, 기싱의《봄의 수상》등 읽고 싶은 글들이 아직도 많다. 나는 앞으로 일주일 정도는 이《세계의 명문 200선》속에 파묻혀 있을 것이다.

누가 이 책을 훔쳐가겠는가? 이 책이 내 옆에 있는 한 나는 행복할 것이다. 풍요로울 것이다. 시름도 걱정도 잊어버릴 것이다. 한 권의 책, 이것은 한 우주요 한 삶이다. 책은 참 고마운 은혜다. 내게 또한 영겁의 내세가 허락된다면 그때도 나는 제일 가까이 책을 놓고 읽고 만지며 즐길 것이다.

— 월간《기아》회보, 1991. 12월

“구슬을 꿰는 마음으로 동문회가 부담 안 되게” - 1986년 중앙대 신문방송대학원 학보

“구슬이 서 말이라도 꿰어야 보배 아닙니까. 동문회는 바로 구슬을 꿰어 진가를 발휘하도록 하는 것이 주임무입니다.”

신문방송대학원 동문회장을 맡고 있는 윤형두 동문(범우사 대표 · 출판잡지 83년 9월 졸업)은 동문회의 역할을 이렇게 말했다.

△진로개척 △정보교환 △인간적인 친숙 등을 내걸고 “역사는 길지 않으나 하는 일은 많다”고 털어놓는다. 윤 회장은 “동문회가 스스로 참여하여 즐거움을 줄 수 있어야 한다”면서 “강요하거나 부담이 되지 않도록 배려하고 있다”고 밝혔다.

윤 회장이 특히 역점을 두고 있는 장학사업도 이 같은 맥락에서, 생산적인 방법으로 동문회에서 펼치고 있음을 강조하고 ‘뜻있는 일’을 도모하는 것이 동문회의 주역할이라고 말했다.

“시청각이든, 연극영화이든 모두 대중매체를 다룬다는 점에서 각 정공별로 공통점이 있다”는 윤 회장은 “각 전공별 동문회의 구성을 권장하고 있다”고 밝혔다.

특히 졸업생에게는 "우수한 논문을 남기는 것이 무엇보다 시급하다"고 충고하면서 "그러기 위해서는 동문 각자의 적극적인참여가 요구된다"고 덧붙였다.

동문의 금전적 부담에 대해 윤 회장은 "현재 동문회비도 받지 않고 있다"고 전제, 모임 시에만 1만원씩 받고 있음을 내세웠다.

교학부에 대해 바랄 것이 없느냐는 질문에 "이제 우리 대학원도 대학원 전임교수가 있어야 할 것"을 지적했다.

지난 84년 9월부터 출판 · 잡지를 맡고 있으면서 "대학원은 특히 교수-학생-도서설비 삼위일체가 돼야 한다"고 말했다.

본 대학원 출신으로 강의를 맡고 있는 제1호 강사인 윤형두 회장.

그는 후배에게 한마디 덧붙인다. "절대 하루도 결석하지 말라"고.

취미는 물론 인생 전체가 책 속에 파묻힌 그는 책 모으는 애서가이면서 산악을 찾는 산악인.

동국대 법학과 졸.

– 중앙대 신문방송대학원 학보 1986. 9. 1.

“창조경제, 인문학에 달렸다”
인문학적 상상력 확산이 성장동력 키울 열쇠
— 정부, 인문학 부흥 위해 독서생태계 살려야

인간의 욕구는 물론 기호와 감정, 그리고 라이프스타일까지 반영한 상품이 주목받는 시대에 살고 있는 요즘, 기술 중심적인 사고에 바탕을 둔 상품은 더 이상 통용되지 않는다. 그 좋은 예가 스티브 잡스가 이끌었던 애플사의 제품 탄생 과정과 결과에서 찾을 수 있다. 즉 인간이 무엇을 좋아하고 열망하는가에 대한 심리를 정확히 꿰뚫고 그 안에 담긴 이야기가 함께 반영된 제품만이 시장 속에서 살아남을 수 있는 것이다. 이런 측면에서 ‘인간이란 무엇인가’에 대한 본질적인 의미를 탐구하는 인문학적 상상력이야 말로 이 시대에 가장 중요한 화두가 아닐 수 없다.

박근혜 대통령은 ‘국민행복, 희망의 새 시대’라는 국정비전을 실현하기 위한 핵심 국정 과제로 창조경제를 채택했다. 창조경제란 상상력과 창의성을 과학기술과 정보통신기술(ICT)에 접목해 새로운 성장동력을 만들어내고 그것을 바탕으로 새로운 일자리를 창출하는 경제

체제라고 한다. 많은 학자는 창조경제 실현은 인문학적 사고에 기반한 창의성과 아이디어로부터 출발해야 한다는 점을 강조한다. 즉 미래의 국가 성장을 주도하는 전략적 추진 동력의 밑바닥에는 인문학적 토대가 필수적이라는 의미다.

그래서 이제부터라도 우리 국민에게 인문학의 가치를 새롭게 인식하게 하는 계기가 됐으면 하는 기대를 해본다. 문제는 인문학적 상상력이 창조경제 조성에 어떻게 발휘되고 반영되느냐는 점이다. 이는 하루아침에 생겨나는 것이 아니며 과학기술처럼 공식과 수치에 의해 발명되는 것도 아니다. 인문학적 발상의 발현을 위해서는 당연히 인문학 부흥이 전제돼야 한다.

그렇다면 인문학 부흥을 위한 가장 효과적이고 쉬운 방법은 무엇일까? 바로 책 읽기다. 책이 사람들이 생각을 서로 공유하고 배우고 반성할 수 있는 사고의 근간을 이루는 가장 효과적인 학습의 장이자 가장 쉽게 접할 수 있는 매체라는 점은 아무도 부인하지 못할 것이다. 책이야말로 시대를 기록하고 공유하며 후대에 계승하는 매체이기도 하다. 그럼에도 사람들의 책 읽기는 해마다 줄어들고 이로 인한 출판업계의 불황과 인문학의 몰락은 어제오늘의 이야기가 아니다. 우리 협회가 발표한 2012 출판통계에 따르면 출판 종수는 전년 대비 10%, 발행부수는 20%나 감소했으며 통계청 자료에 따르면 2012년 전국의 2인 이상 가구의 서적 구입비 지출은 월 평균 1만9026원으로 전년 대비 7.5% 감소했다. 그래도 다행인 것은 독서생태계를 살리기 위한 노력이 곳곳에서 포착된다는 점이다.

오는 19일부터 열리는 '2013 서울국제도서전'도 그러한 노력의 일환이다. '독서하는 사회 분위기 정착'이라는 목표 아래 19회째를 맞이한 서울국제도서전은 전 세계 26개국 500여 개 출판사가 참여하는 국제행사로 매년 출판과 관련된 다양한 프로그램들로 독자들의 관심을 끌고 있다. 여러 지역에서도 책을 읽는 도시를 선포하는 등 적극적인 활동을 펼치고 있다. 군포시가 책 읽는 도시 만들기를 선포하고 SK건설이 독서경영을 실시하는 것도 매우 고무적이다.

하지만 새로운 시대가 시작되는 현 시점에서 출판업계의 부활, 더 나아가 인문학 부흥을 위한 노력이 더 이상 관련 협회, 지역 그리고 기업에만 의존할 수는 없다. 인문학 부흥을 위한 노력은 결코 일시적인 유행이 아니며 그 의미와 중요성은 날이 갈수록 더욱 커지고 있지만 아직도 그 결과는 미미하다.

이제부터라도 정부는 국민이 책으로 즐거운 경험을 할 수 있도록 정책적 지원을 아끼지 말아야 할 것이다. 독서생태계의 부활이 인문학 부흥으로 이어지고 이를 통한 인문학적 상상력이 사회 전반에 확산될 때 비로소 창조경제는 성공할 수 있을 것이다.

– 《중앙일보》 2013. 6. 19.

汎友 尹炯斗 文集 XII
책의 길, 소원의 길

초판 1쇄 발행 2020년 11월 10일

지은이 윤형두
펴낸이 윤형두
펴낸곳 범우사

등록번호 제 406—2003—000048호(1966년 8월 3일)
(10881) 경기도 파주시 광인사길 9—13 (문발동)
대표전화 031)955—6900, 팩스 031)955—6905

홈페이지 www.bumwoosa.co.kr
이메일 bumwoosa1966@naver.com

ISBN 978-89-08-12464-6 04810

*이 도서의 국립중앙도서관 출판시 도서목록(CIP)은 e— CIP홈페이지 (http://www.nl.go.kr/cip.php)에서 이용하실 수 있습니다.